JN058531

The *memoirs* of Georges Cziffra
Cannons and Flowers

ジョルジュ・シフラ回想録
大砲と花

ジョルジュ・シフラ 著
八隅裕樹 訳

彩流社

本書の刊行にあたっては出版社および翻訳者の双方で権利者に関する情報収集に尽力いたしましたが、有力な情報を得られておりません。権利者に関する情報をお持ちの方は下記までご連絡くださいますようお願い申し上げます。

<連絡先>

〒101–0051　東京都千代田区神田神保町3–10　大行ビル6階
株式会社　彩流社
TEL: 03-3234-5931 FAX: 03-3234-5932 E-mail: sairyusha@sairyusha.co.jp

株式会社彩流社 編集部

目次

各章末にまとめられている註は、訳者が独自に付したものです。また、本文中の補足的な挿入句のいくつかについては、訳者の責任で、文意を明確にするために傍註として頁の左端に整理した箇所があります。

前奏曲（プレリュード）

　順風のなかで穏やかに海洋を旅する――。私の過去を振り返るとき、そのような恵まれた音楽家の姿など想像のしようがない。この〈前奏曲（プレリュード）〉も、まさにそうした類（たぐ）いの誤解を取り除くためのものである。

　読者の方々は、破壊者と犠牲者、罪人と英雄、それに恐怖と偉業といったような戦争の描写には、もう辟易（へきえき）していることだろう。

　それでも、あの頃の人生について思い起こそうとすると、たちまち、第二次世界大戦にまつわる大小さまざまな出来事が私の頭を過（よぎ）っていくのだ。炎に包まれ血に塗（まみ）れた当時のヨーロッパの記憶が、頭のなかで絡み合い、疼（うず）き、そして消えていく。あの時代のヨーロッパは、倫理観の失墜から、深い闇のなかへ突き進むこととなった。

　あの長い夜こそが物語っている――なぜ私の人生の大部分が、世界中のコンサート・ホールの舞台上ではなく、おぞましい戦域において過ぎていったのかを。ブダペスト(1)に住んでいた多くの市民、それにパリや他の都市の人々……。いったいどれほどの人が平和の奇跡を待ち望み、切望していたことか。

これから語るそうした出来事の数々が、私が本能的に思い出したものか、それとも何らかの定めのもとで運命的に思い出されたものなのかは、わからない。私のなかには、互いのことを何も知らない二つの世界が同居し、それら相容（あいい）れることのない記憶の断片は、対象軸すらもたず、永遠に、二つの異なる軌道をめぐり続ける。

時とともに、自分のこの無秩序な記憶について、ある明白なことに気が付いてきた。なぜ過去と現在の間に繋がりを見出だせないのか――？　なぜ自分自身の内部が二つの世界に分裂しているのか――？それらを統一して説明できるものは、もはや純粋な物理法則以外には存在しないのだと。

それゆえ、あるときは子供として、あるときは兵士として、という形によってしか、自分の過去を明かしていく術がない。戦争や、家族に降りかかる欠乏のただなかにあっては、芸術や音楽といったものの出番など存在しなかった。私はそうしたときに、過去からも未来からも切り離されたのだ。戻れない青春を思い嘆いたり、将来を夢見たりするような余裕はどこにもなかった。他人との関係さえ、まったく動物的で、機械的で、反射的なのだった。そのため、読者の方々にはあらかじめ断っておきたい。私が自分の過去について語るのに、〈見えざる意志によって地獄の業火（ごうか）からお守りくださった神に感謝の思いを馳せつつ、安全な高みから古きよき日々の恐怖や不条理を眺めていく〉というような立場の平穏な語り手になど、なれるはずもないのである。

本書に描かれるのは、頭に浮かぶような〈ピアノの前に腰かける青年〉ではなく、〈戦場で戸惑う一介の兵士〉の姿である。長く続いた戦争の間には、かつて自分が鍵盤に触れていたことさえも忘れていた。私の手は他の兵士と少しも違うところがなかった。それは武器を振り回す手であり、食料を掴(つか)む手であり、必死に生き延びようとする手であった。また、機関銃を向けられてとっさに頭上に挙げた手であり、背中の後ろで無慈悲に拘束された手でもあった。音楽家らしいしなやかな手の記憶など、どうして思い出すことができようか。

＊　＊　＊

私の人生には、何かの予兆だと考えたくなるような、不思議なめぐり合わせがある。別れや帰還といった感情的な瞬間こそ、あらゆる理解を超えて時空に結集する一連の過酷な出来事のなかにあっては、唯一の目印となりうるものだ。今もなお私を追い回し続ける、こうした神秘的な暗示の数々は、息子ジョルジ(2)がごく幼いうちから、彼を通して目にすることができた。そして、自分でも気付かぬうちに、次第次第に、ほんの瞥見(べっけん)や無言のなかにおいてさえ、彼に自らを委ねるようになっていった。

今日、こうした私の過去が日の目を見て、書籍の形で世に出られたのは、多くの方々の格別のご理解のおかげである。

訳註

（1）Budapest. ハンガリーの首都。

（2）ジョルジ・シフラ・ジュニア（György Cziffra Jr., 1943–1981）。指揮者として活躍した。

第一章　貧困の筏

容赦のない貧困によって、私は、母や姉たちとともに、当時住んでいた一つの小さな部屋へと押し込められた。その壁やバスタブ——私の生まれ落ちた場所——には貧窮の雨がひっきりなしに打ちつけ、それとともに、最悪のものである飢餓が私たちを襲った。一般には〈繁栄の日々〉として知られる時期のことだ。

私が八歳になる頃まで、貧困は私たちを執拗に苦しめ続けた。ときには意思や感覚がすっかり麻痺してしまうことさえあったが、それでも、そうした窮乏の日々は、小さな少年であった私をだめにすることも、その健康を蝕むこともなく、通り過ぎていった。

取るに足らない私たちの存在を意地悪く追い回し続けた〈無慈悲な虐待の亡霊〉は、私が大人になってからもたびたび夢に憑いては現れてきたが、当時の恐ろしい出来事の数々をある程度客観的に眺められるようになるまでには、それなりの期間を経なくてはならなかった（無論、その間にも人生の輝かしい場面に特段多く遭遇できたというわけではないが）。私たちは本当にあの信じられない苦難を受けなくてはならなかったのか——？　あの苦しみは本当に存在したのか——？　それとも、すべては、私たちを勝利の栄光へと誘う神の定めによって雲散していく、ただの悪夢にすぎなかったのか——？

過去の光景を思い浮かべるとき、現在の感性でもって統一的にそれらを眺めることは、私にはできない。どうしても、当時の経験を少しずつ追体験していくようなやり方になってしまう。

私の人生を説明するのに単純な物理法則がもっともふさわしく思えるというのは、まさにこうした意味においてなのである。その法則だけが、貧困に見舞われた過去に一貫した説明をあたえることができ、また、ここで読者に語りかけている人間とその過去との間にある無限の距離を埋めることができる。私という主体はもはや、一つの肉体のなかで、二つの意識へと分断されてしまっているのだ。

人生が絶えず展開しているということを忘れ去る能力こそが、私たちが厳しい宿命に抗えた理由なのかもしれない。実際、その驚くべき適応能力は、ときには身体と精神の両方の機能さえ変えてしまったほどだった。ただ一方で、どんな災難のなかにあっても私たちの生存を助けてくれたその順応性は、心惹かれるようなものすべてを意識のなかから追い出し、私たちがそのときと違う生き方について考えることを許さなかった。

私にとっての回想は、単なる炉端での思い出語りや、古いアルバムを涙ながらにめくっていくこととは異なる。私が徐々に解読を進めている奇妙で謎の多い世界へ向かって、沈み込んでいくことにほかならない。そこには橋も、道さえもない。反対側へたどり着きたければ、異世界へと飛び込み、現在の世界との交信を絶たねばならない。

＊　＊　＊

神の懲罰によって貧困の筏(いかだ)に乗せられたのは、私たちだけではなかった。ほかにも数えきれないほどの家族が、どこかの人道主義団体によってブダペスト郊外へとかき寄せられ、その団体が〈仮設居住区〉と名付けた不衛生な傑作である白い木造の小屋のなかで、もがき続けていた。そのあたりはもともと〈天使の土地(ランド・オブ・エンジェルス)〉と呼ばれていたが、人々がその粗末な住処(すみか)を〈天使の庭(エンジェル・コート)〉と名付けるのに、それ以上の事実は必要とされなかった。

母と姉たちは、私が生まれる何年かまえに、その危なっかしい建築のぐらつく小屋へ引っ越すはめになった。無論、退去自体は簡単なことだった——持ち出すべきものなど何もなかったのだ。しかしどうして、ほんの少しまえまではパリのきちんとしたアパートに暮らしていたにもかかわらず、こんなありさまへと落ちぶれてしまったのか？　きわめて単純な答えは、第一次世界大戦が一九一四年に始まった、ということである。

宣戦布告がなされるとすぐに、フランス政府は、敵国出身の外国人居住者を国外へ追放すると発表し、彼らの財産を取り上げた。ハンガリー市民であった父も、例に洩(も)れずすぐさま刑務所に放り込まれ、その後、同じく〈敵国側の〉国籍をもった数百人の人々とともに特別収容所に抑留(よくりゅう)された。母には、〈特別護送車両によってフランス領を遅滞なく離れる〉べき旨が通知された。一人あたり五キログラムの荷物の携行が許されたので、母と姉たちの三人は、その一五キログラムの荷物のうちに、父が以前キャバレーの演奏家として貯めていたわずかばかりの金銭を真っ先に詰め込んだ。残りは、調度品や家族の思い出の品、それにこれまでの幸せな生活の断片を思い起こさせるものなら何でもと、さっと手に取ったものだった。

冬の霧に包まれたブダペスト駅への到着は、とても喜ばしいものとはいえなかった。同じ過酷な運命のもとで道程をともにした人々は皆、目の前の世界を力なく絶望的に見つめていたが、彼らの大半と同様に、母には行くあても頼る人もなかった。母はこの移動によって精神的にも肉体的にもすり減ってしまった。ずっと次女を抱えたまま、通路に置いた荷物入れの上に座っていないといけなかったのだから、無理もないことだった。長女は母の近くの床で横になっていた。席数の二倍にもおよぶ乗客が詰め込まれたために、同じ立場でフランスを出発した人々の多くはこうしたひどい状態での移動を余儀なくされた。当時三八歳であった母は、何を目的にどこへ行くべきかもわからないまま、半ば捨て鉢になりながら列車をあとにすることとなった。母と姉たちは観念して、しかし何らかの奇跡が起こることを強く祈りつつ、出口へ向かった。

ハンガリー赤十字社から派遣された数名の職員が、プラットフォームの端に立ち、完全に事務的な様相で、これから選り分けるべき、途方に暮れた人々の到着を待っていた。母たちもそこへ集められ、住むところがいるか、とだけ尋ねられた。

母は疲労困憊のなかで、場所や条件については一つも聞かずに、ただ頷いた――私の人生がまさに始まろうとしていたとき、母の苦難の日々もまた幕を開けたのだった。
しかもこれは、この先何年も彼女に触手を巻きつける困窮、それに脅迫的な飢餓の亡霊が引き起こす絶え間ない不安の、ほんの前触れでしかなかった。

＊＊＊

私の最初の家である不安定な棚屋(スティルト・ハウス)は[1]、不思議な、おぼろげな後光に包まれた情景のなかで思い出される。本当になぜ、どこか別のところではなく、この家に生まれることになったのであろうか？　私にはわからない。しかしその家こそ、私と運命との待ち合わせ場所であり、また、父がフランスの収容所から帰りついたときに私たちを見つけ出した場所であったのだ。果たして、この世に生を受けたことは、〈天使の庭(エンジェル・コート)〉の少年への最高の褒美(ほうび)であったのか、それとも究極の懲罰であったのか、私は未だに答えることができないでいる。あるいはその両方なのかもしれない。

幼少期の私の周りには、長々とした描写が似合うような優美な情景は広がっていなかった。両親や姉たちとともに暮らした窮乏の泥沼の中心には、頼りない脚柱(スティルト)の上に造られた、揃いも揃って急場凌(しの)ぎの建物が、私たちを取り囲むようにして数十軒立っているだけだった。もともとその辺りの地面がぬかるんでいたので、市議会は気まぐれな人道主義をきかせて、それらの建物――こうしてぐらぐらと朽ちることになった建物――を脚柱(スティルト)で持ち上げることにしたのだと聞いている。建物は四軒をひとまとめにして、通路の役割をする木製のデッキによって繋げられた。そして、一軒は六×七メートルの寸法からなる三つの小部屋へと仕切られ、それぞれの壁にはそっくり同じ形をした小窓が中庭を見下ろすように取りつけられた。その窓からは、秋には泥の海を、冬になるとスケートリンクを眺めることができた。後者は子供たちにとっての天国であったが、老人には煉獄（れんごく）も同然であった。

住人のために設けられた唯一の階段は、そのような当座凌ぎのなかでも特にお手本と呼ぶべきものだろう。それは完全な後付けで、製粉屋にあるような梯子（はしご）を持ってきて、もともとの横木を厚板に置き換え、象徴的ともいえる手すりを付け足した代物であった――子供や老人は決してそれに掴まるべきではなかった。このような居住まいは人格面の劣化をただ助長するだけであったが、それでも保健当局は、良心に恥じることなく、落ちぶれ果てた失業者やその家族――貧困に見舞われた大家族――を次々とそこへ詰め込んでいった。子供の数も健康状態も考慮されることはなく、どの家族にもただ一部屋が割り当てられた。しかも、それぞれの場所を占有する〈権利の享受〉が認められたことを別にすれば、生活上の利点など一つも存在しなかった（もしあるとすれば、近くの沼地から漂う不浄な空気が私たちを〈治療〉してくれたことくらいだ）。

室内は信じられないほど湿っていたが、それでも冬の晩の暗がりのなかにあっては、そんな部屋こそが、虐待の餌食（えじき）となる宿命を背負った人々にとっての最後の安全網（セーフティ・ネット）なのだった。人々は、あてがわれた小屋に閉じ込められて不自由な生活を送るうちに、すべての希望を捨てていった――そして、私たち家族はまさにそうした人々に囲まれて暮らしていたのである。そのため、そこでの生活の快適さについて語ろうとしても、話は続かない。〈快適さ〉という言葉自体、私たちの語彙（ごい）にはなかったし、また同様に、あの貧民地区を開発した不動産業者の華麗なる精神構造のなかにも存在してはいなかった。その業者はコンロを設置するためのほんのわずかな場所をとっておくことさえ考えなかったので、時々ではあったものの、母や近所の人たちは廃材や紙の切れ端を使って調理を間に合わせたものだった（この方法を知っているのは本当の貧乏人だけだろう）。〈天使の庭（エンジェル・コート）〉の井戸水もまた、それを掘った保健当局の男の整髪料（ヘア・リキッド）が飲用できないのと同様、飲めたものではなかった。やはり、周りに広がる沼地のせいで汚染されていたのである。〈天使の庭（エンジェル・コート）〉では、大人も子供も、男も女も一様にごたまぜにされ、部屋の隅のバケツのなかで体を洗っては排便をした。バケツの中身は毎晩、その一帯の、私たちの家とは反対側（なんと幸運なのだろう！）の端に設置された窪（くぼ）みへと捨てられた。まだ健康な人たちは、病人のそばで横になり、皆の見えるところで異性と情を交わした。こうした生活――このような底辺でも生活と呼びうるならの話だが――は、あっという間に人々から躊躇（ちゅうちょ）や恥じらいといった感覚を根こそぎ奪い去った。

　この粗末な棚屋（スティルト・ハウス）が並ぶ地区では、少なくとも一世帯に五人が暮らしていた。母や姉たちは、最初のうちは、部屋を特別に窮屈だとは感じなかったらしい。三人で住むうえでは、満足とはいわないまでも、十分に生活していけるだけの広さがあったのである。それでも、父が戻って人数が増え、私も生まれたことで、結局その部屋には五人が暮らすこととなった。

　近所で、台の上に古いマットレスを敷いて寝るなどという贅沢にありつけたのは、一部のもっとも恵まれた人たちだけだった。折り畳み式のキャンプベッドを運よく拾ってきたような人もいた。私はというと、他の大半の家族と同じく、そこまで幸運ではなかったから、両親が麦藁（むぎわら）〈それが柔らかく心地よい寝床を作ってくれるのだ〉を詰めた古い麻袋の上で眠ったものだった。

　貧困の筏は、巨大な堕落の渦（うず）に吸い込まれ、見る見るうちにスピードを速めていった。それでもなお、人々はまったく気にすることなく〈天使の庭（エンジェル・コート）〉で暮らし続けた。失業者は相変わらず職がなく、夢見る人は夢想したままだった。空腹の人は相変わらず腹を空かせ、厭世家（えんせいか）は悪夢に魘（うな）されていた。実際のところ、彼らは何も必要とはしておらず、ただ目を開けて辺りを見回せるだけで十分だったのだ。それから少しあとになって、上の姉が教えてくれた。私が生まれる以前に三番目の姉がいたが、ひどい窮乏のせいで結核に罹（かか）って死んでしまった、と。

　また、母がのちに語ったことでは、私がちょうど二歳を少し過ぎた頃に、二番目の姉にまったく予期しない幸運——私たちを乗せた筏から抜け出す好機——が訪れた。母は急いでオランダ赤十字社の用紙に記入し、一定数のハンガリー国籍の子供に対して〈一時的な住まいがあたえられる〉慈善事業に申し込んだ。慈悲深いオランダ人家族が学校の授業料や食事、宿などの面倒を見てくれる、という話だった。〈特別に困窮している〉と認められる子供だけが対象とされ、上限は一家族につき一人まで。それでも、困窮に関する条項のチェック欄は次々と埋まっていった。子供の少なくとも一人が助かると知ったとき、母の安堵の気持ちがどれほど大きなものだったのかは、想像にかたくない。そしてある日の朝、次女はオランダへと発（た）った——これまでの欠乏とは無縁の、幸せな幼少期を過ごすために。それから少しして、両親はホストファミリーから一通の手紙を受け取った。姉の養子縁組に必要な手続きを進めてほしい、という内容だった。両親は強い反感を催(もよお)したが、しかし胸を痛めながらも、最後には受け入れた。そうする以外に何ができたというのか。不十分な食事の場にいつも現れる〈栄養失調の恐怖〉という招かれざる客、そして〈悲惨な飢餓〉という日々やってくる亡霊のために、その決断をするしかなかったのだ。子供の誰かが元気をなくすと、〈天使の庭(エンジェル・コート)〉に住む親なら誰でも無力感や苦悩が込み上げてきて泣きたい気持ちになったものだが、きっと両親は二度とそんな感情を味わいたくなかったのだろう。

　やがて時が経ち――幼くして国を移った子供が皆そうなるように――姉はすぐにオランダ語を話すようになり、そして同じだけすぐに母語を忘れていった。最初のうちは定期的な便りがあったが、それもだんだんと減っていき、ついには完全になくなった。

　それでも少なくとも、彼女は私たちを乗せてゆっくりと沈んでいく小舟から抜け出したのだ――一方の私たちは依然としてそれにしがみついたままであったが。こんな状況がいったいあとどれだけ続くのだろうか？　さらに悪いことに、私の父は健康状態がよくなかったので、フルタイムの職に就くことができなかった。その代わりに、キャバレーでの仕事を見つけることに固執して、ブダペスト市街へと繰り出し続けたが、どの店の返答も同じもので、「募集していない」か、「最後の募集がつい先ほど埋まった」か、そのどちらかであった。日が暮れると、父は肩を落として、ポケットのなかと同じだけ実入りの少ない古パイプを咥(くわ)えながら、来た道を帰っていった。そして家に着くと、部屋の角にある低い椅子に腰かけ、がっかりした様子で、虚ろな目をしてじっと考え込むのだった。

父の仕事が見つからないことは、母にとっても大きな心配の種であった。その一方で、まだ幼児であった私には、父が静かにいなくなっては急に戻ってくるのがなんとも不思議なことのように感じられて、父が戻ってくるのを見るたびに、驚き、喜んでいた。実際、父はあちこち歩き回るのを苦にしない人で、ランプに毎晩火を点すのに必要な灯油代を賄うために、そこかしこで小銭を拾ってきてくれた。もし両親がともに手ぶらで帰ってくることがあれば、私たちは日没とともに寝入った。よくいうではないか、眠れるものは空腹を忘れる、と。母は私を肩かけに包み、数少ない家具であるマットレスの内側へと滑り込ませることで、私を凍傷から守ってくれた。しかし、そうした暗闇のなかで過ごす夜は、まるで通夜ほどにも長く感じられるのだった――しかも温度計は摂氏零度よりもずっと低い数値を示していた。

別の夜には、嘘ではなく、何かの〈祝いの席〉が設けられたこともあった。ドラムスティックのように細い胴体をした私は、そのときの贅沢な料理をもう一度最初から食べていく夢を見ながら、大きな満足感に包まれて眠ったものだった。

ある日、母が幸せに包まれた様子で帰ってきた。母は、部屋で横になっていた私に近付くなり、優しく掴んで引き寄せ、戸惑う私を抱えて何曲かのワルツを踊った。そして、その唐突なふるまいを説明するかのように、ワルツと同じだけ弾むような声で笑いながら、とろけるほど美味しい何かを私の口のなかにひょいと放り入れた――当惑する私の顔に浮かんだ満面の笑みほど、そのときの喜びを雄弁に伝えるものはなかっただろう。嬉しそうに笑う唇の端からは、初めて口にしたチョコレートが滴(したた)り落ちた。すると、母は急に真剣な表情になり、私の目を見て言った。

「これからはもっとたくさん食べさせてあげられるわ。とうとう見つけたのよ、仕事を。」

この頃、私はすでに三歳になっていたと思うが、痛々しいほど小さく弱い身体をしていたために、常に横になっていて、ほとんど寝たきりのようだった。目が頻繁に眩(くら)む呪いに侵されて、ひどく憔悴(しょうすい)していた――たった数歩進もうとしただけで、すぐに頭からばたりと倒れてしまうありさまであった。そのため、障害を抱える子の多くがそうであるように、肉体的な弱みを埋め合わせるかのごとく、精神面だけは早熟した。

私は幼いながらに、周りの大人たちが〈仕事〉という言葉を発する際に見せる宗教的なほどの畏怖から、その言葉のもつ根本的な重要性を感じ取ることができた。加えて、満たされているより空っぽであることのほうが多い自分の腹からも、正確な意味すら理解しないうちに、その言葉の重みを感得した。

その地区の反対側の端には、脚柱(スティルト)に持ち上げられていない唯一の建物が離れて建っていた。その壁は古い再利用のひび割れた煉瓦(れんが)を並べて石灰で塗りたくっただけのものであったが、幸いにも、基礎だけはしっかりとしたコンクリートで固められていた。この建物こそ、貧困地区のためにとどこかの卓抜なる都市計画者が思いついた、急ごしらえの食料品店なのだった。貧民窟の〈最低限の生理的欲求を満たす〉ことが、その建物の役割であった。だがその店にはごく限られた食料品が置かれていただけで、地元産品などあるわけもなく、ついでにいうなら、〈天使の庭（エンジェル・コート）〉はあれほど過密であったにもかかわらず、その店で物を買うだけの金銭（かね）を持っていたのはふざけたほど少数の人だけだった。しかし（こういうときにも〈しかし〉といえることがあるものだ！）、その店を経営する夫婦には子供がなかった。彼らは、〈奇跡の庭（コート・オブ・ミラクルズ）〉(2)にも劣らない私たちの凄まじい困窮ぶりを見て心を動かされ、なんと、時々母に仕事を恵んでくれたのだ。娘の一人は医療と食料に手が届かなかったために幼くして命を落とし、小さい息子は起き上がれないほど貧弱で、別の娘は飢えから逃れるために国外へと移ることを強いられた。しかも、長女は働くにはまだ若く、最近になって収容所から釈放された半病人の夫も未だに無職の状態であったから、母は絶えず帳尻合わせに悩まされていた。*

　このようにして、親切な夫婦の哀れみのおかげで、ついに母はささやかな仕事に就くことができた。週に三回ほどは、家事や洗濯や店の手伝いをしに出かけた。母の稼ぎはたかが知れたものであったが、私たち家族にはそれが唯一の収入源なのだった。食卓は見違えるようになった――長い窮乏の日々のなかで初めて、十分な量の食事を、そしてさらに大事なことに毎日、摂れるようになったのだ。母は私との約束を忘れず、夕食後に至福の時間をもたらす甘いお菓子を持ち帰ってきてくれた。

　実際のところ、居住区に住む家族の一般的な収入は、毎月郵便で届けられる失業手当であった。ちょうど五キログラムのパンが買えるほどの金額である。それはたしかにわずかな収入にすぎないが、それでも、その地区の人々にとっては十分なものであった。だが、それらの紙幣の市場価値がきわめて低いということに人々が気付くやいなや、運命という名の銀行家が姿を現し、取りたてを始めた。

紙幣にはあまりにも多くの〈〇(ゼロ)〉を含む美しい文字が印刷されたが、その数字は紙幣自体と同じだけ無価値なものであった。

つまり、物価急騰(インフレーション)が始まったのである。

ハンガリーにおける物価急騰(インフレーション)の影響は凄まじいものであった。非常な動揺のなかで、とにかく少しでも早く紙幣を使いきろうと、すべての社会階級が、そしてすべての給与労働者が、雪崩(なだれ)を打つようにしてあらゆる商品の前に殺到した。紙幣の価値が紙切れも同然になると、今度は一段と豪華な新紙幣――虹のような色の紙幣――が登場するのであった。一番小さい額面のものでも五万か一〇万、大きいものでは一〇〇万や一〇億、挙句の果てには、一兆というものまで存在した。(3) 当時幸運にも職に就いていた人々は、紙幣を満杯に詰め込んだ大きな袋で日々の給与を受け取るはめになった――それでなんとか数キログラムの砂糖を買うことができた。しかも、その袋の中身はあっという間に新聞紙以下の価値しかなくなってしまうので、なるべく早く使いきる必要があった。見事なまでに〈〇(ゼロ)〉の

＊私が大げさに語っているのではないかと疑う人もあるだろうが、そんな高尚な見識を備えた御仁(ごじん)には、ただその幸運を祝福するしかない。この時期の私の人生を、きっとある種のジャーナリストがその置かれた状況を愉(たの)しみながら過ごしたようなものだろうと考えている人々に対して、ここに言明しておく。私としても、あのような環境で日々生活するよりは、快適な肘掛椅子の上でこの本を読む側でありたかったのである。

文字が並んだあの素晴らしい多色刷りの紙幣を、私は今でも思い出すことができる。少しの間だけであったが、途方もない金持ちになったような気分にさせてくれたものである。

＊　＊　＊

そのような状況下、〈天使の庭(エンジェル・コート)〉の生存者たちに降りそそぐ苦しみは嵐のように凄まじく、その豪雨から逃れるには、殻に閉じこもって自らの人生に無関心を貫くしか方法がなかった。

この時期には、ただ観念して耐え忍んでいたのだと思う。記憶という鏡に映る過去が、真実なのか、それとも歪曲されたものなのかは、わからない。それでも、この何年かまえから母や姉たちが不幸に縛りつけられて〈もはや逃げられない〉と悟(さと)るようになり、少しずつ時間や人生という概念を手放していったのは、おそらく真実であったはずだ。

今となっては、粗末な貧民地区へと押し込められた人々を包み込むあの強制収容所のような雰囲気も、それなりにためになったと感じている。彼らは互いに貧苦を分かち合うことで、冬の時期のひどい困難を乗り越えていったのだ。

その後の人生において、私は時折（そして今もなお）考えてきた。あの狂ったような貧困は、ひとえに戦争によって引き起こされたのだろうか、と。そうだとしても不思議はない。

私にとって、貧窮する人間に向けられる天の怒りほど恐ろしいものはない。ただ深刻な状況に直面させ、あらゆる希望を奪い、ひどく消耗させるというだけでなく、彼が自らその健康を虐げるように仕向けてしまうからだ。当初は外的なものであった貧困は、いつしか不治の病のようになって、彼の存在そのものを蝕んでいく。

世を拗ねているように見られることも、人知を超えたものと向き合うのを避けることも、したいとは思わない。しかし、次のことは明確な事実なのである。意志の力が堅くその肉体に繋ぎとめられていないかぎり、精神と肉体とに存在するブラックホールの深みからは絶対に抜け出すことができない。

四歳か五歳になって初めて気付いたのだが、母と姉は深い悲しみのせいでまったく生気がなく無感覚になってしまっていた――周りに住む人々と同じだけ生き延びる見込みが薄い、ということを自然と理解したに違いなかった。何より、そうした確信はあきらめの気持ちに繋がる。そうなると、すべての不幸の原因とも思えるような〈ヨブ記〉[4]を彷彿とさせる途方もない困窮にすっかり道を譲りきるまえから、人は過去や未来、それに現在という概念を失い、さらには時間の感覚さえも徐々に心から消し去さってしまうものなのだ。

すべてのことは密接に結び付いているのである。

母はいつも、夕方になると、小さな部屋のなかで果てしない諦観に包まれ、深く悲しむ聖母マリアのような顔をして頭を垂れていた。そして、毎夕の祈りで家族全員の名を口にすることを一度たりとも欠かさなかった。

＊　＊　＊

ところで、同じ区画に住んでいた人々は頻繁に互いを訪ね合っていて、時々は私たちの部屋にもやってきた。面会はいつも決まった慣例に従った。まず、それぞれが自分の〈椅子〉――大抵の場合は少し手の加えられただけの古い木枠――を持参する。次いで、誰かを待つ間には、あとに着いた人間が最初に着いた人間の愚痴を聞いたり、あるいは、皆でこぞって自身の運命や貧困、未来、そしてもちろん政府を、口汚く呪ったりする。それから、どうにか全員が落ち着いたら、もっとも豊かな者がポケットからいくばくかの煙草（たばこ）の吸い殻を取り出し、古新聞の上でその切れ端を巻き上げていく。彼は巻紙の端を舐め、専門家のような目で吟味してから、火を点ける。そして、愛想のない笑みを浮かべながら深く吸い込むと、重々しい態度でその煙草をとなりの人へ回すのである。その間には、自分の番を待つ人たちは、将来機会があればどんな料理を食べてやろうか、と小さな声で互いに言い合っている。煙草は回され続け、部屋にはきつい臭いが立ち込めていく。そうした頃合いになると、突然、美味しいシチューや絶品のロースト肉の話を遮（さえぎ）るかのように、皆の空っぽの腹がコンサートのように鳴り響き、別の話題を選ぶように強いるのだった。空腹に荒れ狂う胃を鎮めるために、皆は小さな端くれとなった煙草を最後に一度ずつ吸っていく。そして、すぐにそれぞれの家へ戻り、数分まえに夢見たご馳走を夢のなかで消化する――。社会生活といえば、そんなものにすぎなかった。

長い間、すべての人が二つの願望――職を得ることと、価値の安定した貨幣を手に入れること――

によって導かれていたが、終わりの見えない物価急騰（インフレーション）のために、双方とも道半ばで挫折（ざせつ）した。そして、必需品への欲求こそが〈天使の庭（エンジェル・コート）〉の法となった。泥棒や殺人が頻発したこともそれを裏付けていた。そんな環境であったから、気を確かにもつことや誠実であり続けることを誰かに期待するのは、無責任かつ無謀なことでしかなかった。

状況は、またもや厄介なことになった。この頃、幸運の女神は私たちに向かって微笑み、一三歳になったばかりの姉に助けの手を差し伸べていた。どこかの企業か団体の食堂で、食器洗い係として雇われたのである（辺鄙（へんぴ）な場所であったことはいうまでもないが）。姉は毎日、寝坊することなく夜明けに起き、二時間かけて職場へ通った。そして、いつも決して忘れずに、大きなシチュー鍋を持ち帰った。姉は夜遅くに家に着くと、食堂の残り物を詰め込んだそのシチュー鍋をテーブルの上に置き、私たちの錫（ブリキ）の皿へとたっぷり盛りつけてくれた。

そのとてつもない量の食事によって、家族は本来の陽気を取り戻すことができた。全員が喜んだ――ただ父を除いては。父は気質上、自分が〈役立たず〉だと感じることに我慢がならず、頻繁に感情を爆発させるようになってしまったのだ。まだ学校に通うような歳の子供に、〈家族を扶養する〉という一家の長の役割を奪われたことで、決して癒えないほどの苦痛を受けたらしかった。そしてついには、毎晩の〈饗宴〉の間、私たちと並んでテーブルに着くことさえ拒むようになった。父は部屋の角に座り込んで私たちに静かに背を向け、両手に頭を埋（うず）めては、時々、何かを責めるかのようにこぶしを振り上げていた。先の収容所において痛ましいほどにすり減っていた父の神経は、もうほとんど限界なのであった。

　初めのうちは、姉が帰ってくると、母は父の気持ちに共感するように涙を流していた。だが、無駄な抵抗だと徐々に悟ったのか、次第に母の緊張はほぐれ、いつもの陽気が戻るようになった。私を膝の上に乗せては、昔に覚えた有名なワルツやオペレッタ、それにオペラの曲を透き通る柔らかい声で歌ってくれた。

　私はそうしたひとときをとても鮮明に覚えている。心を消耗させながら暖めてもくれる、不思議で言いようのない幸福感が体のなかに広がっていったのだ。

　これまで話してきたように、私の身体は事実上、何の抵抗力ももたずに生まれてきた。だから、その弱々しい臓器は、幼児期に罹る様々な疾病の病原菌や細菌の千軍万馬（せんぐんばんば）に攻め入られるなり、あっという間に接収されてしまった。私が悩まされていた症状を正確に診断できる人はいなかった。〈天使の庭（エンジェル・コート）〉においては、上質なステーキ肉や抗生物質のペニシリンについて考えるのは、夢想に等しい行為であった――前者はまったく手が届かないほどに高額であったし、後者はまだ発見されてもいなかった。それに何より、医者にかかること自体、私たちの収入に見合うものではなかったのである。保健当局の役人たちも、貧民地区に立ち入ることを恐れて、無料診察の職務を怠っていた*。私は麦藁の詰め込まれた古い袋の上で何か月も続けて横になったが、それでも健康状態は一向に改善しなかった。私の身体は、古いスカーフや肩かけ、それにマフラーによって、すっかり巻き上げられていた。

時々、熱が出て震えのとまらないことがあった。私はそのあとにどんな症状が続くのかを知っていたので、無駄な抵抗はせずに、ただ冷静に、感覚がぼんやりとしてくるのを待った。私だけが観られるショーが始まろうとしていた。無気力な視線を天井に向け、じっと見つめた。灰色の継ぎ接ぎ模様がだんだんと色鮮やかになり、ほとんど視認できないほどゆっくりと動き出した——もう何度見たかもわからない悪夢がまた始まるのだ。私が必死に吐き気を抑えようとすると、その継ぎ接ぎ模様は炎に包まれた怒れる顔面へと変化した。その顔にはいくつかの種類があった。深紅色の怪物、べとべとした緑色の悪魔、そしてもっとも醜悪な、青紫色の猿のような化け物。少しするとぼやけてくる、目を眩ますような白い眼光が、その化け物たちの共通点であった。どの顔も今にも崩れてしまいそうな様子であったが、それでもなぜか消えずに留まり、ただ濃淡だけが変化した。すると突然、化け物たちの求めるものが理解できたような気がして、恐怖のあまり体が麻痺してしまった。不気味に笑う顔は淡い青緑色のゼリー状の液体へと姿を変え、絶えず崩れてはもとに戻り、ぞっとするようなかたまりとなってぐるぐると回りながら、私の顔に向かって壁から滴り落ちてくる。心臓の鼓動は破裂しそうなほどになり、血は打つようにして頭へ押し寄せた。冷や汗でびっしょりと濡れた私は、命乞いを

*もっとも、その救急箱には聴診器と埋葬許可証の冊子しか入っていないというのがよく知られた事実であったため、誰も彼らを家に入れようとは思わなかったのだが。

しながら、ねばねばした液体が自分に触れるのではないかと恐怖に震えた。その醜く恐ろしい幻覚がまさに私を飲み込もうとしたとき、痺れていた身体は電撃に打ちつけられ、私はマットレスの上へ引き戻された。ひどく嫌な気分のなかで、頭はくらくらして、歯はがたがたと音をたてて鳴った。

母はその様子を見るなり部屋の端から慌てて駆け寄り、窒息感が和らぐようにと、背中に手をまわして私を起こしてくれた。こうした症状がどんなときにも襲ってきたので、母は私の面倒を見るために、しばらくの間は職探しをあきらめなくてはならなかった（この頃にはふたたび失業していたのだ）。それでも時々、水を汲みに行くという程度であったが、私をひとり部屋に残すことがあったので、そんなときにまた悪夢に襲われたらと考えるとひどく恐ろしかった。高熱に侵され、ばらばらに壊れてしまいそうなほど痙攣するぼろぼろの身体を、自分の力だけで持ち上げるのだと思うと、ぞっとした気持ちになり、手の届かない料理のことなどを考えて気を紛らせなくてはならなかった。

父はとうとう仕事を見つけて、少しの間は気性が穏やかになった。古びたピアノを奏でながら、ひょろ長く見窄らしい年配のヴァイオリニストと一緒に粗末な酒場を盛り上げ、安物の葡萄酒の香りを美化する仕事だった。二人の演奏家がリズムを速めると、それに合わせて客のグラスも空いていったので、酒場の主人はたいそう喜び、父は家族が次の日も食べていけるだけの稼ぎを毎晩得ることができた。演奏家たちの一番の贅沢は、酔いどれ客が感謝を込めて渡してくれる煙草の包みであった。自分でも買えるだけの余裕ができたときにかぎってそのように恵まれるというのは、なんとも皮肉なことであるが。

哀しいかな、こうした時期は長続きしなかった。強制収容の苦しみから生じた父の神経症は、以前よりもひどくなっていた。もがき続けることに嫌気がさしたのか、父はますます長い時間を家で過ごすようになった。しばらく疲れ果てていたかと思うと、急に極端な興奮状態になり、そうしたことが交互に繰り返された。支離滅裂なことをつぶやきながら、錯乱状態で狂ったように部屋を歩き回っていた。そして不意に少し立ちどまっては、恐ろしい目つきで壁の一点を見つめるのだった。私は父のことを心から愛していたが、それでもこの頃には恐怖しか感じなかった。麦藁の袋の上で横になってきつく目を閉じ、できるだけ父の気を引かないようにしていた——私が父を見られないなら父もまた私を見られないのだと、自分に言い聞かせて。しかしあるとき、父が憑かれたように怒鳴り出し、ひどい威嚇(いかく)を始めたので、私は自分の考えを忘れて大きな声で泣き喚(わめ)いてしまった。父は自らの声すら聞こえないようなありさまであったが、時々、ふと我に返っては静かになった。幸い、そこまで深刻な状態になることは稀であった。今になって振り返ると、そうした父の症状によって、私たちが特別にひどい目に遭ったというわけではなかったのかもしれない。その頃までに私たちの筏を襲ってきた数々の大嵐に比べれば、ティーカップのなかで微風(そよかぜ)が吹いているという程度のものであったはずだ——何にせよ、私たちはまだ全員で筏にしがみついていられたのだから。しかし、絶え間なく続く痙攣のせいで父はまったく仕事ができなくなり、私たちはあらゆる点で彼に悩まされた。父がそんな状態であったために、私たちは十分に希望をもつことができず、前を向いて進むという決心もいつの間にかひどく蝕まれていた。〈天使の庭(エンジェル・コート)〉では気力を保つことが何より重要であるにもかかわらず。

＊＊＊

姉のヨランドは皿洗いの仕事に熱心に取り組んで、気前よくあたえてもらった残り物を家に持ち帰っては、母の作るシェパーズパイ(5)の材料としていた——そうでもしないと、姉のわずかな初任給ではパンを買うくらいしかできなかったのだ。それでも、私たちには長いトンネルの出口が見え始めていた。食料不足に苛まれる日々に、ようやく終わりが訪れたのだ。

雇用主たちは、姉の出勤記録に感心し、同時に、少しは教養があるらしいと気付いてきた。拭かれるのを待って積み上がる巨大な食器の怪物を前にして正気を保つために、大半の同僚がそうしたように、姉はよく仕事をしながら歌を口ずさんでいたのだが、その歌というのが、驚くべきことに、フランス語のものであったのだ。

〈天使の庭(エンジェル・コート)〉ほどの悪名高い場所に住む少女が、その盗賊の住処のような場所から数キロメートルのところにある薄汚れた工場の台所で、完璧なフランス語の歌を口ずさんでいるなどというのは、父のポケットに入っている紙幣と同じくらい場違いなのであった。一口にいえば、姉は事務所へ異動になり、給与が上がったのだ。そしてある晩、姉は仕事から帰るなり、これからピアノを賃借しようと思っているの、と宣言して、両親をひどく驚かせた。姉の決意は重大なものであったが、父は黙って母のほうへ視線を向けた。内心では姉の考えに喜べないはずがなかった。なんといっても、彼は音楽

家なのだ。母は自らの複雑な心境を物語る青い瞳で父を見つめながら答えた、

「ええ、たしかにパリにいた頃はピアノを持っていたわよ……。でも、こんなありさまでピアノなんて……。もし仮にそんなことができたとしてもね……。」

父は疲れたように瞼（まぶた）を閉じた。母のそうした考えはよくわかっていたが、それでも父は思いがけない一筋の希望を分かち合いたかったのだろう。それが時宜（じぎ）を得ているのか、本当にそのようなことが可能なのか、というような議論は別にして。しかし、結局のところ、母の控えめな抵抗は姉の熱意あふれる決断の前では少しも意味をなさなかった。ほどなくして家の裏手に一台の荷馬車が着けられた。泣きすがるような不気味な音をたてて階段が軋（きし）むのが聞こえ、そして、興奮に目を輝かせた姉が戸口に現れた――後方には二人の男が大きな四角形の荷物を持ち上げているのが見える。両親は口をきけないほどに驚いて、目を見合わせた。

私はそのピアノをじっと見つめていた。それが何であるのかも知らずに。

訳註

（1）高床式の住居。柱を用いて床面を地面（もしくは水面）より高くしたもの。
（2）乞食や障害者、泥棒などの巣窟として知られていた中世パリの貧民街。
（3）ハンガリー・コロナ紙幣のこと。オーストリア＝ハンガリー帝国の崩壊に伴って旧通貨オーストリア＝ハンガリー・クローネが廃止され、一九一九年から一九二六年までこのハンガリー・コロナが使用された。
（4）旧約聖書第一八章。〈不当な試練〉にさらされる敬虔な信仰者ヨブの苦悩を記している。
（5）ミートパイの一種。

スイスのチューリヒ湖に存在した棚屋（スティルト・ハウス）

第二章　サーカスリングにて

ヨランドは毎晩、仕事を終えると急いで家へ帰った。そして愛するピアノに向かうと、持ち前の忍耐力と粘り強さで、鍵盤上での手指の位置や形といった基本的な約束事を習得していった。思い通りに動かない指をある程度独立させるための練習（飽き飽きするような退屈な練習）に取り組んだあとで、すぐに音階（スケール）の往復（これはこれでひどく単調で終わりがない）ができるようになった。姉の両手はとまることなく鍵盤を行き来し、徐々に上達していった。

マットレスの上で横になりながらではあったが、私も姉と一緒に練習していたので、このときのことは鮮明に覚えている。壁ぎわで横になったまま、毛布の下で、すべての指の動きを丹念に真似したものだった。そして音階（スケール）の難題――親指をくぐらせる動き――に出くわしたところで、姉の出かけているときを見計らい、意を決して、父から上達の秘訣（ひけつ）を聞き出すことにした。

しかし、父はいつもの消極的な調子で、ピアノを弾けるのはもう少し大きくなってからだと親身に諭（さと）して、息子の逸（はや）る気持ちを抑えようとした。ただその代わりに、私が泣き出さないように、数年もすればどんなことでも教えよう、と約束してくれた。

「いずれにせよだ」、父は続けた、「そんな弱い体では教えようにも教えられないじゃないか。自分の足で立つことすらできないで、一日中ずっと寝たきりだというのに。」

そして、虚ろな目をして、付け加えるように言った、

「毎日何時間もピアノの前で過ごすのは楽なことじゃない。上手いピアニストなら誰でもよく知っていることだ。」

私はすでに三歳になっていたので、父の言い分もある程度は理解できた——たしかに父はあたりまえのことを口にしただけだ。だが、それは私にとってはとても悔しいことだった。

そこからまた、悲しく、退屈で、終わりのない日々が始まった。私は誰に対しても何事に対しても無関心を貫くようにして、食事さえ拒み、顔を壁のほうに向けて横になった。姉が何時間もまじめに練習している間にも、自分の悲しみに見合うだけの苦しみを受けようと思って、努めてほかのことを考えるようにした——まったく無駄な努力であったが。ピアノを見ないで済むようにと反対側を向いていたにもかかわらず、気付けば姉の弾くピアノの音に心を奪われて、毛布の下であらゆる指の動きを真似していたのだ。間もなく、音階(スケール)の弾き方も会得した。このときは、用心深く、誰にも一言たりともそのことを伝えずに、大満足のなかでそっと眠ったのだった。そして、しばらくはこのような日々が続いた。姉が上達すれば、私も上達した。姉が鍵盤の上で行なうのとまったく同じことを、いつも毛布の下で行なった。

ときには幸運が連れ立ってやってくることもあるものだ。ある朝、いつになく気分よく目が覚めた。どうやらあの手強い軍隊、日夜私の体を蝕み続けた寄生体の群れは、とうとう本拠を移す決断をしたようだった。私はすぐに母を呼び、身支度をして服を着せてほしいと頼んだ。母は嬉しそうに手伝ってくれたが、それでも、私の体を洗いながら、延々と忠告をした。外に出ないこと、風邪を引くようなことはしないこと、身体が熱くなるといけないので部屋で走ったりしないこと。ほかにも同じようなことを次々に言うので、結局、私はふてくされて、また寝床に戻ってしまった。あまりに長い時間を病床で過ごすと、誰でも床より天井のほうに愛着を感じるものなのだ。加えて、私は機嫌が悪く、ほとんど何も話さない孤独な子供であったから、訪ねてくるような同じ年頃の友達もいない。その日の夜、私はわざと壁のほうを向いて、家族の会話に加わらないようにした。私は母のことを無言のうちに尊敬していたが、そんな母でさえ、このときの私を元気づけることはできなかった。

それでも私の病気はいくらか役に立ちもした。寝たきりの息子が絵本に強い執着を見せたので、母は首尾よく読み書きの基本を教えることができたのである。おかげで、四歳になる頃にはそれなりの読み書きができていた。これで将来はそれほど友人の輪から外されることもないだろうと思えて、嬉しい気持ちがしたものだった。無論、中庭で遊ぶ同年代の子供たちがたびたび発する、あの自由で幸せそうな叫び声のことは、まだ羨ましく思っていたが。私に許されていたのは、字を読むことと夢を見ること、それだけだった。中庭の子供たちが全身で動き回りながら喜びに浸っているというのに、私にできるのは手指を動かすことくらいだ。私は小窓から中庭の楽しそうな様子を眺めては、考えるのだった。どうしてあれほど恵まれた子供たちがいて、自分はこうも惨めなのだろうか？　そんな感情を覚えながら、私は手に取れるものならどんなものでも読み進めた。絵本や古びた寓話選集のなかから美しい挿絵や見知らぬ人物があふれ出しては、私の空想の世界に住みついた。

　私はすぐに悟った。ボール遊びに加われないことへの神からの埋め合わせで、このように早熟になれたのだ、と。そしてとうとう、姉がピアノを弾くのを横で見たあとに、自分も交代して弾かせてもらえるようになった——もちろん、今度は父の許しを得て。私は姉の手のあらゆる動きを近くで観察しては、ぎこちないながらも、自分の番でその動きを真似することができた。これには自分でも驚き、勇気づけられた。それから私は、父の手ほどきのもとで、魔法のような音色と入り組む鍵盤とに背中を押されながら、ピアノ音楽の世界に足を踏み入れていく。私はいつも、毎晩のレッスンがあっという間に終わってしまうのを残念がって、すぐに実践できるようなことをもう少しだけ教えてほしい、と父にねだっていた。多様なピアノ音楽の虜になった私は、なかなか丸椅子から降りようとしなかった。そのうちに姉の腕前にも追いついて、二人は同じ練習をするようになった。そして、その状態は長く続かなかった。すぐに私は有名な小品のいくつかを完璧に正しく弾けるようになったのである——しかも自ら考えた左手の伴奏も添えて。

　もはや飽くことを知らないようだった。かつてあれほど長く感じた一日は、今となってはとても十分な時間があるとはいいがたかった。私は見る見るうちに上達した。その頃は楽譜を持っていなかったが、それは大した問題ではなかった——どのみち、音符を読めなかったのだ。私はその代わりに、レパートリーを増やすために、何か曲を歌ってほしいと母にせがむのだった。母はいつも快く歌ってくれたので、私はたくさんのオペラやオペレッタの一節を知ることができた。大抵の場合は、一度聴くだけで旋律を覚え、さっと鍵盤に指を走らせて、その曲を自分のものにした。それらはすべて私にとっての遊び（もちろん文字通りの意味で）なのだった。鍵盤上での〈鬼ごっこ〉や〈かくれんぼ〉のおかげで、片手ずつのときも両手のときも指はすぐに自ずから動くようになり、自信を得た私はどんどん面白い弾き方や響きを試していった。魔法のような音階の世界、神秘的な和音の風景、そして、無限に広がる転調の地平。それらに一歩ずつ踏み入るごとに、音楽の奥深さに気付き、喜びも倍増していった。野心も高まった。小曲に自分で考えた序奏を加えたり、次々と装飾を施したりするようになった。左手が右手と同じだけすばやく動くようになると、変奏にも取り組み始めた。

このとき私はまだ五歳であったが、教えられたことをすぐに吸収することができたので、父はさらに複雑でなじみのない和声を教えてくれるようになった。それらの和声は当時の私には奇妙かつ強烈な不協和音のように感じられたが、それでも一旦響きに慣れてくると、自信をもってそれらを短いワルツや小曲――遊び半分で作った曲――の飾りつけに用いることができた。

《カルメン》(1)に登場する主題や、私が憧れていた作曲家であるグノーの作品の主題も覚えていった。《ファウスト》(2)のあの素晴らしいワルツも耳で聴いて習った（しばらく経ってパリに住んだ頃、私はリストの見事な編曲(3)に触れ、この曲がどれほど悪魔的な美しさに満ちているかを知った。そして、子供の頃の記憶が甦った記念にと思い、急いで練習して録音したのだった）。特に、五歳になってからは、あの素晴らしいシュトラウス一族やオッフェンバックなどの名曲の数々を、ひたすら即興的に弾いていった。それはもはや単なる楽しみの域を超えていた――そうすることで、いつでも〈天使の庭(エンジェル・コート)〉から逃避することができたのである。

＊　＊　＊

この頃に私が受けた音楽の手ほどきについて、どのようなことがいえるだろうか？　確かなことは、楽譜を読めないうちから本格的なピアノ練習を始めたとしても、特別な悪影響は生じないということである。むしろ、そのまったく逆といってもいい。理論ではなく実際の音と向き合うことで、手指の反射神経が開花し、見る見るうちに上達していくに違いない。様々な概念を無理やり覚えさせようとしたところで、せっかく高まった集中力を台無しにしてしまうだけだろう。音楽自体への集中を維持してこそ、もっとも効率的にピアニストとしての反射神経*を鍛えていくことができる。

勘違いしないでほしいのだが、私は何も音楽理論や初見演奏に異を唱えているわけではない。ただ、それらをあまりに早い時期から教えることには賛成しかねるというだけである。独学ながら非凡な演奏技術をもつ生徒に出会ったことのある教師なら、間違いなくこのことに同意してくれるはずだ。そして、そのような生徒をもった教師は、彼の弾き方の癖を無理に矯正するのではなく、その弾き方のままで上達できるように見守ってやらねばならない。そうすることで、教師が考えるのとは違うやり方で、彼は自分にとって無理のない自然な奏法を見つけていくことだろう。

やがて子供は、鍵盤との結託を通して征服した空間を、自らの両手によって表現される〈意思〉が自由自在に動き回る、という感覚を得るようになる。初見演奏の神秘に突き進むのはそれからのほうがずっといい。このやり方は私自身の場合にも素晴らしい効果があった。指を動かし続けたことや、即興演奏に費やした多くの時間のおかげで、私の手は、あっという間に、目で見ずとも動くようになった。そして、弾くべき音を譜面と鍵盤の両方から同時に見つけ出すという苦難を免れることができた私は、記録的な短期間で、多くの初学者を苦しめるあの複雑な見た目の神秘的な黒点の意味を理解したのである。こうして、私は少しの時間も無駄にすることなく、何に熱意を削がれることもなく、ただ楽しみながら急速な進歩を遂げることができた。「それは例外的な才能をもつあなただから可能だったのです」などとお世辞を言うような人にこそ、異端ではあるが確かな効果のあるこのやり方をすすめたい。どんな生徒に対しても――決して平均水準にいたらないような、未熟な生徒に対しても――驚くべき進歩が見られることを、私は請け合ってもいい。私の場合でも、この試みがあらゆる予想を上回る成果を生んだことは疑う余地がない。父によると、五歳当時の私の実力は、技術面でも理論面でも、優れた青年奏者のそれに比肩するほどであったらしい。そしてその後も、まるで魔法にか

＊私はこれをあらゆる演奏技術の基礎だと思っている。

けられたかのような、人知を超えた勢いで上達していった。

　こうした時期のすぐあとであったと思うが、あるときに、片脚を引きずった怪しげな行商人が〈天使の庭(エンジェル・コート)〉に現れたことで、それまで私の〈大好きな遊び〉にすぎなかったピアノ演奏はいよいよ〈生涯の仕事〉として定められることとなる。もっともこの行商人は、二〇年後にもふたたび現れて、今度はその天職を邪魔だてして私を刑務所へ送り込むのであるが、これらの出来事についてはまたあとで述べよう。

＊
＊
＊

　ピアノはいつしか私の聖堂となり、その白い象牙の祭壇には貧しい子供の熱情が日ごとに捧げられた。悩ましい連符の世界に出会ったり、手の小ささを補うよい方法がないものかと相当な時間考え込んだりしたのも、この頃だった。そんな不利な面があったにもかかわらず、なんとか運指を完璧にすることですべての調の音階(スケール)や、三度、四度、増四度からなる分散和音(アルペジオ)の組み合わせや、半音階を、見事に弾けるようになった。もちろん日々の即興も続けていたので、自作した様々な小曲にこうした新たな技巧を組み入れていった。私の両手は日に日に高まる喜びに包まれながら、鍵盤の上を飛び跳ねた。もはや鍵盤は私というたった一人の支配者にその運命を委ねているかのようだった。

　ある晩、父と姉が帰ってきたとき、二人を驚かせようとして〈華麗なる大幻想曲(グランド・ファンタジー・ブリランテ)〉という即興演奏を披露した。覚えたての技巧を誇示できるように工夫したものだった。父はいつも通り黙ったままであったが、私を評価するように頷いた。それを見た私は、自信を得て、続けざまに他のロマンティックな即興曲も弾いてみせた。横には姉が立っていたが、私は演奏に精いっぱいで、姉の表情を確かめることができなかった。それでも、私の喜びと同じだけ大きな悲しみに襲われて、心を痛めているに違いないことは伝わってきた。そして、弾き終えると、黙って姉の顔を見上げた——頬が真っ赤になり、目は涙であふれている。姉は無言のままこちらに背を向けて、寝床のほうへとよろめきながら歩き、崩れ落ちるように横になり、途端に大声で泣き出した。私はひどく動揺した。姉のもとへ走り寄ると、どのように慰めるべきかわからないまま、ただ一緒になってむせび泣いた。

姉はすぐに顔を起こして、私の涙の洪水をとめようと、抱きしめて接吻(キス)をしながら笑顔を見せてくれた。私はそれに安心して、もっとたくさん練習できるように仕事の時間を短くしてはどうかと、無邪気な調子で姉にすすめてみた。だが、姉はすっかり興が醒(さ)めてしまっていた。音階(スケール)の本を取り出すことも次第に減っていき、何週間もピアノに触れないことさえあった。姉のあの情熱は、もうすっかり消え失せてしまっていた。ピアノに向かったとしても、三〇分経つかどうかというところで溜息を吐(つ)いて立ち上がるのだった。そしてついには、音楽の夢を追うことに疲れてしまい、ピアノの前に座ることもなくなった。一方で、私は今や一日に五、六時間もピアノを練習するようになっていた。母は息子のうちに芽生えた野心を不安に思い、時々、あまりに根を詰めて練習する私をとめるために、食事を抜きにするといって脅さなくてはならなかった。それでも私のほうは練習を一段と増やしていこうと大まじめなのだった。最初の演奏会はもうすぐそこまで迫っていた。

＊＊＊

ある夏の朝、太陽が微笑みかけて私たちの中庭を照らした。派手に塗りつけた顔をした四人組の男が、喜びに満ちた様子で上下に飛び跳ねているではないか。彼らは道化役者だ。太陽の光を受けて輝く手前の二人は、楽しく滑稽に踊りながら、馬鹿げた曲を騒がしく歌っている。後ろの二人は、下手なアコーディオンと、小太鼓の上に取りつけられたシンバルとで、その歌をガシャガシャと喧しく盛りつけていた。巻き上げた砂煙とにぎやかな陽気が辺りを包み込むと、道化役者の一人が大声で皆に伝えた。

「これから、向こうの野原に、史上最高のサーカスがテントを張るぞ！　もしこの素晴らしいショーを見に来ないような連中がいたら、そいつらは救いようのない馬鹿者だ！」

心が喜びで弾むようだった。不思議な衝動を感じた私は、母と繋いだ手を即座に離して下の階へと駆け降り、もっとも派手な顔をした道化役者のところへ息を切らせて走り寄った。子供が相当なスピードで滑り込むように現れたことに驚いた男は、ひょいと私をつかまえて、その七色の顔の前方へと持ち上げた。男の外見に怯むことなく、私はすかさずピアノに関する〈知見〉を彼に披露した。道化役者の男は驚嘆し、都度、コロッと舌を鳴らしたり、しゃっくりをしたり、遠吠えをしたり、牝鶏の鳴き真似をしたりしながら、私の年齢や知っている曲の題名について色々と尋ねてきた。そのうちに母が追いついて、私を反対側へ連れ戻そうとした。だが、道化役者の好奇心はすでに刺激されたあとだった。彼はしっかりとしたよく通る声で母を引きとめ、取り囲む群衆を味方に付けるようにして（実際に周りの人たちは心から加勢した）、少年の話の続きを聞かせてほしい、と乞（こ）うた。大勢の人々の興を殺（そ）ぐわけにもいかず、母は仕方なく息子を近くにいたアコーディオン弾きの道化役者のそばへ返すことにした。私が嬉しさに顔を輝かせたのはいうまでもない。

　すると、私の新しい庇護者となったアコーディオンの男はその場で曲を弾き始めて、あるところで突然音楽をとめ、この演奏をどう思うか、と尋ねてきた。私は満足げに頷きながら、伴奏部の和音（コード）のいくつかに違和感があることを伝えた。そして、男に頼まれるまま、修正すべき点を複数あげたのだった。彼はいたずらっぽいウインクとともに、耳から耳まで届くほどニヤリと口を広げて、ふたたび弾き始めた。問題の部分に差しかかったとき、今度は私の言った通りに弾いて見せ、聴衆のほうを振り返った。すると、残り三人の道化役者が上手に促したこともあって、棚屋（スティルト・ハウス）の住人たちが一斉に拍手喝采した。皆がにぎやかな歓声をあげ、何度も称賛の口笛を鳴らした。

　本当に素晴らしい日だった。誰もその場を離れようとしなかった。そのうち、私たち家族と同じ区画に住む何人かが、部屋に戻って何かのピアノ曲を弾いてみてはどうか、と小さな声で提案した。すると、あっという間に、辺りにいた全員がそれに賛同して手拍子を始めてしまった。道化役者も面白がって、私に覚悟を決めさせようと、騒がしいドラムロールと雷鳴のようなシンバルを響かせた。あまりの音量に私の耳は燃えるように熱くなった。そうしたにぎやかな雰囲気のおかげで緊張がほぐれたのだろうか、母はそっと私の手を握ると、優しく微笑みかけ、勇気づけてくれた。私はすぐに部屋へ駆け上がった——言いようのない喜びに包まれて。その高揚感たるや、想像してみてほしい。それまで一度たりとも人前で演奏する機会などなかったのだから。

玄関と小窓を全開にして、私は庭中に即興演奏——豊かな創造性と抑えきれない感情があふれるような音楽——を響かせ始めた。二本の腕は存分に本領を発揮して、幻想の赴くままに鍵盤の上を舞い踊り、自由に酔いしれた。《カルメン》の主題で始まった音楽は、ウィンナ・ワルツ(4)を数曲はさみながら《パリの生活》(5)へと流れるように進み、そしてトルコ風の移行部を経て、終曲であるマイアベーアの《アフリカの女》(6)へといたった。階下の中庭には一瞬の沈黙が生じたが、それはすぐに万雷の拍手喝采によって破られた。きっと母も、ほかの聴衆のとなりで、千変万化する私の心からあふれ出た音色を聴いてくれたに違いない——私が演奏すると決まって見せてくれるあの穏やかな幸福の表情を浮かべて。形容しがたいほどの幸せな気分だった。しかし、すべてを忘れて感興の虜となった私の心を、胃袋のほうは気に入らなかったらしい。芸術性などどこ吹く風とばかりに、ただ工場の時計のように単調な規則から突然腹を鳴らして、昼食の時間を告げたのだった。私は丸椅子に座ったまま蟹(かに)のように蹲(うずくま)り、早く階下に降りてこの一大事を母に——いつも親身に私の望みを叶えてくれる母に——伝えようと思った。すると、玄関口に人影があることに気が付いた。四人の道化役者たちだ。静かに階段を上ってきて、少しまえから私の演奏を近くで見ていたようだった。四人は晴れやかに微笑んでいて、母もいつの間にか私のとなりにいた。そして、道化役者の一人が威厳のある声を発した、「坊や、私たちサーカス団は、いつでも君を待っているぞ！　そして、奥さん」、男は続けた、「こんな非凡な能力をもつ少年から、素晴らしいショービジネスの世界で人目に立つ機会を奪ってしまうのは、罪なことですなあ。」

男は話しながら、球根のように大きな目を天井のほうへ転がして、何か予感めいたものを感じたようだった。

「もしまだ理解されていないようでしたら、申し上げましょう」、彼の感情は高まっていた、「息子さんはすでに立派なサーカス役者なのです！　かのオッフェンバックの再来といってもいい！」

率直にいって、私にはこの回りくどい演説の意味はよくわからなかったが、それでも勝利の余韻に浸る妨げとなるようには感じなかった。それどころか、皆が帰ったあと、母の腕に掴まって何度もこう繰り返したのだった、

「あの人が言ったこと聞いた？　ねえ、聞いたでしょ？　僕をみんなから隠したらだめだって、僕はオッフェンバックなんだから！」

母は、涙が出るほど笑った。そして一転して物思わしげな表情になり、細い指で私の髪を梳き始めた。

「あなたがサーカスで栄光を味わえるようにしてあげるわ」、母は愛情を込めて言った、「可愛い息子の才能をだめにしないためにもね。昼興行に出してもらうのはどうかしら？　だって忘れちゃだめよ、オッフェンバックさん、あなたはまだ五歳なの。」

そう言って、私の鼻を優しく指で弾いた。

その晩、父は家に帰るなり昼間の出来事のことを知り、すっかり仰天してしまった。放心状態のままであらましを聞かされた父は、率直に言った、

「こっちは慈善事業じゃないぞ。そのショーでどれだけ金銭がもらえるか、聞いてきたんだろうな？」

父の言葉は母と私を現実に押し戻した。そのような角度から尋ねることなど、まったく思いも寄らなかったのだ。私たちは父のもっともな意見を聞いて動揺したが、黙って菓子を口に運び続けた――最初のリサイタルの余韻に少しでも長く浸っていたかったのだ。

翌日の昼過ぎ、一張羅に身を包んで身嗜みを美しく磨き上げた母と私は、轍の跡が残る湿地草原を二人して越えて行き、サーカスのテントを目指した。到着する頃には跳ねた泥で服が幾分汚れていたが、いざ古びた大テントに群がる人だかりを目にすると、そんなことはすぐに忘れてしまった。人波を縫うようにしてなんとか入り口にたどり着き、アコーディオンを抱えた道化役者がそこに立っているのを見つけた。目が合うやいなや、道化役者はすばやく私を母のもとからかっさらい、迷路さながらに入り組んだテントのなかをすいすいと大股で通り抜けていった。どこへ向かっているのか、まるでわからなかったが、遠くのほうからは、先を急ぐ道化役者に憤慨した母の叫び声が聞こえていた。

そうして連れられた先には、半身ずつにアルルカンとピエロの衣裳をまとった、私とほとんど背丈の変わらない男がいた。恐ろしいことに、その身体はひどく痩せ、頬も深くこけている――正真正銘の小人に違いなかった。彼は凝立したまま、射るような眼光で、絶え間なく行き交う軽業師や奇術師

や動物使いたちを見張っていた。出番を待つ演者たちが継ぎ足されたテントの裾で準備をしているらしかった。小人はこちらに背を向けたまま、わき目も振らずすべての出来事に目を光らせていたので、私のひょろ長い相方が体を折り曲げて彼の耳元で手短に報告した際にも、本当に耳に入っているのかは疑わしかった。かと思うと、小人はくるりと振り返り、その修行僧のような表情は、私を見るなり、明るい笑顔へと一変した。

「そうか、君なのだな、坊や」、私の小さな体を仔細に見つめながら、親切そうな口ぶりで言った。

そのとき、ようやくテントの迷路を抜けた母が追いついた。小人は母のほうを向いた。

「これはこれは、奥さん、昨日のことは仲間たちから聞きましたよ。なんでも、あの悪臭のする豚小屋のようなところで、実に驚くべき才能が見出だされたようで」、小人はそう言いながら〈天使の庭(エンジェル・コート)〉の方角をちらりと見た――遠い地平線上に並ぶ、不潔な小屋の群れは、まるでサーカス団の稼ぎを虎視眈々と狙っているかのようだった。

「私はここの支配人で、まあ興行人(マネージャー)と呼んでもらっても構いませんがね、ほかの連中と同じく、一介の演者でもあるわけでして」、彼は話しながら、自らの衣裳を示した。

「サーカスを愛する団員とともに、最高の瞬間も、最悪の瞬間も、皆で分かち合っている、というわけです。それはもう、実に素晴らしい仕事でございまして、何より」、小人は語気を強めた、「私たちに加わろうとする者は、ショーのたびに火炎のなかへ身を差し出すか、もしくは必死に生き抜くために文字通り理性をなくすか、そういう過酷な立場に身を置かねばならないのが普通なのです。」

私が大テントの隅々から沸き起こる喧噪（けんそう）に怯えていることに気付くと、小人は古い蝋（ろう）人形のように固まって、奇妙に化粧された、ひび割れた羊皮紙のような顔で私をじっと見つめてきた。時代遅れのピエロとアルルカンの衣裳を着た男は、むしろ土鬼（ノーム）と呼ぶにふさわしかった。そしてまた、激しい身振りとともに、彼は母に向けて長々とした演説を続けた。舞台上では、自信満々に巨大な火炎の花束を吹き出す火食い術の奇術師（コンジュラー）と向かい合うようにして、犬たちが吠（ほ）えまくっていた。数頭の小馬（ポニー）と驢馬（ロバ）は、自分たちの背中の上で少しのピーナッツをめぐって喧しく言い争う飼いならされた猿の一団に腹をたてて、何度も嘶（いな）いている。そして、沸き上がる騒音をどうにか飾りたてようと道化役者らが必死で奏でる混沌（こんとん）の音楽の向こう側からは、レスラーの勝利の雄叫びが聞こえてきた。小人は相変わらず、多少の抑制を効かせながらも、騒音に負けないように声を張りあげて話し続けていた。

「さあ少年よ、君の出番は〈四番目（フォース）〉、つまり『巨人（ジャイアント）コロッサス』と『矮人（ドワーフ）ヘラクレス』の間だ。連中の〈腕力（フォース）〉に負けないように頑張るのだ、いっひっひ」、不気味に笑う小人は、自身の冗談に満足しているようだった。

「いやちょっと待て」、彼は一瞬、当惑した表情を見せたあと、私の尊厳を損ねないためにすぐに真剣な顔つきに戻して、言葉を続けた。

「ところで、舞台上では具体的に何をやるのだね、君は?」

「ええと……ピアノ……ピアノで色々な音楽を作れると思う……綺麗な音楽を」、緊張していた私は、恥ずかしそうにどもりながら答えた。

「よろしい」、小人は少し安心したようだった。「では、名誉ある聴衆の何人かに君が演奏する曲を決めてもらうとしよう。上手くやってくれると信じているぞ」、彼は思案顔のままで言った。

　そして、射るような目で品定めをしながら付け加えた、

「君と会ったのは今日が初めてだが、きっとこれから名を上げていく、何かそういう気がしてならないな。」

　すると小人は突然声の調子を変え、母に向かって、これからサーカスリングを任せるこの少年をしっかり見張っているように、と、とげとげしく伝えた。そう言い残すと、飛び跳ねるようにして危なっかしく立ち去り、器用に声色を使い分けて様々な動物の鳴き真似をしながら、チケット売り場の前でぽかんと口を開けている人々のそばへ寄っていった。彼の軽業師（アクロバット）としての技量と下品な道化をもってすれば、けちな連中を金払いのよい上客へ早変わりさせることなど、造作もないことであった。

　いよいよ私の出番となると、仲間の巨人――〈蚤（のみ）のサーカス〉の調教師――がその掌（てのひら）に私を座らせた。私を乗せてもなお完璧に水平で、安定していた。巨人はそのまま私を頭上に持ち上げ、舞台へと優しく運んでくれた。その芸当に子供たちが歓喜の声をあげたのもつかの間、会場の大人たちは、大挙して、即興演奏の題材としてほしい曲の名を口々に叫びまくるのであった。当然のことではあるが、皆が別々の曲名をあげていた。そのとき幸運にも、演技主任（リングマスター）の小人が助っ人として飛び出してきてくれた。彼は風変わりな軽業（かるわざ）を駆使しながら、勝手気ままな観衆の無規律な要求を必死に食いとめようとした。荒々しく興奮した人々を見ていると、こんな地獄の穴からはなるべく遠く離れているに

越したことはないのだという気がした。そしてようやく会場が落ち着きを取り戻すと、彼は今し方手なずけた聴衆（今度は多少の気品が感じられた）に対して、これから神童の演奏が始まるのだ、と伝え、口を閉じているのが最善であると納得させてしまった。その効果たるや、〈天使の庭（エンジェル・コート）〉のどん底からやってきた連中でさえ、きょとんとして静かになったほどだった。そのような文化的で見事な紹介をしてくれたあと、小人は私を丸椅子に座らせた。そして、宗教的ともいえる沈黙を支配しながら、改めて、有名な曲を数曲あげてほしい、と静かな口調で聴衆に伝えた。いくつかの提案のなかから三曲を選ぶと、いたずらっぽくウインクして、私に演奏の合図をした。今や心の準備は整っていた。私は勢い込んで演奏を始め、三つの主題を繋げては重ね合わせ、それらに軽やかな装飾を施すことも忘れなかった。私の手は活力に燃えたちながら、幻想の翼に運ばれるように、鍵盤上を自在に飛び回っていった。

弾き始めたときには、観客は静粛にして物音一つたてなかった。だが、次第に一部の音楽好きが、彼らの感受性の高さとこの即興演奏から受けた感動の尊さを近所の人々に見せつけようとして、口喧嘩の場数を重ねることで習得したと思われる語彙を用いて歓声をあげ始めた。

「もっとやらかせ、小僧」

「気張れ、気張れ」

「その調子でやっちまえ」

「左手でぶちかませ」

「〈庭〉の音楽家にも二本の腕があるってことを、頓馬どもに教えてやれ」

舞台上で見事な即興が奏でられる都度、どんどん喧しくなっていく喝采を伴いながら、歓喜の口笛が大きく鳴り響いた。私の手は気勢と大胆さを増していった。しばらくすると大テントはまた静まり返った。もちろん今度は小人に強いられたわけではない。先ほどの静けさとはあきらかに質の異なるものだった。それは演奏家への敬意から自然に生じた沈黙に違いなかった。そのまま最後まで人々を楽しませて、私は彼らの称賛を勝ち取った。勝利を手にしたのだ。私は舞台の縁まで進んでお辞儀をした。軽業師に対する喝采とはまったく異なる規律ある大歓声が、舞台上の音楽家へ押し寄せた。不意に前方へ目をやると、舞台からすぐのところに母が立っていることに気が付いた。私は歓喜のあまり、自分のいる場所がどこかも忘れて、母の腕のなかへ飛び込んだ。母は小走りで私を舞台裏へ連れて行き、あの素晴らしいスカーフ——たびたび悪夢をともに過ごしてきた古い友人——で優しく包んでくれた。それから母と私は、先ほど以上の歓呼の声を発しながら立ち上がる観客の間を抜けて、出口へ進んでいった。出口に着くと、小人とアコーディオン弾きの道化役者が待っていた。彼らは、今日はよい夜をお過ごしください、などとありきたりな挨拶を口にしてから、まるで地球上でもっとも自明のことを伝えるかのように、母に向かって言った、

「ではまた明日、同じ時間、同じ場所で。いいですね、奥さん。」

母は驚きのあまり目を丸くして、彼らの顔を見ながら、きっぱりと答えた。

「おかしなことを言うのはよしてください。たとえ世界中の金銀を積まれようと、わたしはもう二度

とわが子をあんな目に遭わせたりはしませんわ。」

二人の男は怪訝（けげん）そうに顔を見合わせた。それから、一語一語を強調するようにして、小人が続けた、

「奥さん、息子さんには必要ないのですよ、世界中の金銀なんて。今や、人に夢を売れる身なのですから。美しい夢というのは、値が張ります。ええ、たしかに値が張りますが、それでも私は出し惜しみをするつもりなどありません。本日から、彼にはクラウン貨幣[7]、つまり本物の銀貨を五枚支払いましょう。」

そして、ものが言えないほど驚いている母に向かって、とどめを刺すように言った、

「一回のショーにつきクラウン銀貨五枚、それを三週間です。どうです、悪い話ではないでしょう。」

母は息さえできないありさまだった。私は終始黙ったままで母のとなりに立っていたが、この破格の提示がいかに重要なものか理解できたので、即座にこの申し出を受け入れてほしいと思って、母の手を可能なかぎり強く握りしめた。

その頃には、政府もやっとのことで物価急騰（インフレーション）に終止符を打っていた。優れた労働者がひと月かけてクラウン銀貨一五枚を稼いだ当時に、私は一日で五枚のクラウン銀貨を提示されたのだ。それはもう、とんでもないことだった。それだけの額があれば、家族全員の新しい服（私たちが心の底から欲していたものだ！）を手に入れたうえで、しばらくの間はこれまで以上の暮らしができるようになる。母はその場では明確な返事をしなかったが、それでも、父と姉が家へ帰ってくると、昼間に提示された素晴らしい条件について、もう後戻りできない〈定め〉であるかのように伝えたのであった。

次の日の早朝、誰かが部屋の戸をノックするのが聞こえた。ほかならぬアコーディオン弾きの道化役者であった——はっきりとした答えを聞きにやってきたのである。彼はまだ化粧もしておらず、息を切らし、禿げた頭からは汗が流れていた。私の両親が好意的であると知ると、彼はとても嬉しそうな表情になった。そして、父から必要なことを聞き終えると、厳として立ち上がり、咳払いをした。「サーカスの団員は金持ちではありません。それでも、皆で金銭(かね)を出し合い、この小さな音楽家のために贈り物をしようと思うのです。舞台上でまとう衣裳、つまり揃いのベストとズボン、それにシルクハットを仕立てるつもりです。感動的な演奏にふさわしい堂々たる姿で、音楽家としての道を歩んでほしいですからね」、そう言って玄関を出ると、後ろ手に戸を閉めながら、別れの挨拶の代わりに声を張りあげた、「若き仲間よ、サーカスの世界へようこそ！」

ついに私の〈音楽家人生〉が始まった。毎日時間通りにサーカスのテントへ赴き、可能なかぎり見栄えのする服装をして、教皇のような真剣な面持ちで仕事をこなしていった。聴衆は餌でも投げ入れるかのように曲名を飛ばし続け、私はその途方もない数の主題から即興の音楽を奏でた。そして演奏が終わると、舞台の四隅でお辞儀をして、目を輝かせながら勝利の喝采を味わうのだった。手品師や剣呑み師、それに道化役者の仲間たちは、私を笑わせようとして、よく互いにひどいいたずらをしたりふざけ合ったりしていた。大所帯のなかでもっとも年少だった私は、彼らから幸運の象徴(シンボル)のように扱ってもらえたのだ。

最初の一〇日間は、何もかも素晴らしい出来だった。二週間が経ち、疲労と発熱を感じるように

サーカスでの演奏を終えて、家族とともに

なっても、私はサーカスの舞台で神童を演じるのをやめなかった。しかし、その翌日になると、私もとうとうあきらめざるをえなかった。目の前のピアノがひどく霞んで揺らめき、まったく手のつけようがなかったのである。

　私は、姉の働きの賜物である美しい新品のベッドにぴたりと伏して、家のなかに居残ることとなった。父は最後の挨拶をするために興行人に会いに行き、丁寧に詫びて、その日以降の出番をすべて取りやめてきた。無論、両親も私も、きっと数日も休めばサーカスの仕事——つまり華やかで稼ぎもよい仕事——に戻れるはずだと秘かに期待していたが。だが哀しいかな、私のかぎられた体力ではそうした過度の要求には応えられなかった。毎晩のサーカスの舞台に出るには、日々四時間か五時間の練習をこなしていかなくてはならない。出番自体は長くなかったが、それがサーカスの呼び物になっていたので、強い印象を残すために、いつも最後の演目にされていた。その重圧たるや大変なものであり、私は五歳半にして早くも名声の代償——つまり過労——を知ることとなった。この教訓を得るために、私は三週間もの期間をベッドの上で過ごすはめになり、無数の悪寒や眩暈やしゃっくりに見舞われたのであった。墓の上に横たわる彫像のように実体を失くした身体がその機能を回復させようとしている間、私の心は突然見えなくなった希望の光を探し続けていた。旅回りのサーカス団はどこか遠いところへ行ってしまった——。そして私はまだ〈天使の庭(エンジェル・コート)〉にいる——。

訳註

（1）"Carmen" (1873–1874). ビゼー作曲のオペラ。
（2）"Faust," CG 4 (1856–1859). グノー作曲のオペラ。
（3）"Valse de l'Opéra Faust," S. 407 (1861).
（4）一九世紀のウィーンで流行したワルツ。ウィーン会議を通して各国に広まった。
（5）"La Vie Parisienne" (1866). オッフェンバック作曲のオペレッタ。
（6）"L'Africaine" (1837–63).
（7）一五五一年から一九四六年まで発行された英国の銀貨。

第三章　行商人の予言

少しずつ体調が回復するのを感じていた私は、ある朝、そろそろ外に遊びに行きたい、と母に伝えてみた。もちろんまだ本当の健康にはほど遠かったから、そのことをわかっていた母は複雑な表情をした。それでも、息子のピアノへの耽溺（たんでき）をとめるのに役立つかもしれないという考えにいたったらしく、最終的には私が外の新鮮な空気に触れるのを認めてくれた。

そして、身支度の儀式が始まった——本当に儀式としか呼びようのないものだった。母はただ服を着せるだけでは飽き足らず、私の全身を隅々まで仕着せで飾りたてていった。私の体つきはすぐにでも崩れてしまいそうなほど弱々しかった。マッチ棒のような脚では、やせ細った胴体を支えることさえままならず、少しの強風が吹くだけでひっくり返ってしまうありさまであった。そのため母は、息子が気ままでいたずらな秋口の突風に見舞われた風見鶏のようになるのを防ぐために、靴のなかには重しを入れ、服には当て物をしてくれた。私は厚みのある長靴下をさっと穿（は）き、長袖の肌着に分厚い裏付きのシャツ、そして（筒型衣（チュニック）も同然の）巨大なセーターを身に付けていった。長ズボンを持っていなかったので、足首まで届く、古びた継ぎ接ぎの上着がその代わりになった。それらに加えて、首周りには長い肩かけを、足元には一足の靴――高さは身長の四分の一、重さにいたっては体重の三分の一にもおよびそうなとんでもない靴――をあてがわれたので、私はまるで案山子(かかし)のような姿になってしまった。母なる自然にしてみれば、そのときの恰好は、まさしく北極点を目指す人間のそれと思えたことだろう。しかし実際のところは、ただ階段を下りて中庭に出るだけなのだった。そして、私の外出は、母によって定められたきわめて単純な約束事に従うこととなった。第一に、病気などというものは、金持ちのために用意された贅沢な特権であり、貧乏人は丁重に辞退すべきである。第二に、家でじっとしていても空腹に見舞われるのだから、外の新鮮な空気に触れてまで余計に腹を空かせる必要はない。第三に、自分の身は自分で守ること。これらは周辺の家族の多くが座右の銘としていたものだ。こうした信条について聞かされたあと、間髪を容(い)れずに今度は大量の忠告を浴びせられ、そして、やっとのことで〈浮浪者の溜まり場(ジャングル)〉へ繰り出す許しを得ることができた――それは〈天使の庭(エンジェル・コート)〉の人々にとって特権どころか宿命と呼ぶべきものであったが。

ようやく支度が整ったので、私は階段を下りることにした。ちょうどこの時期には階段や木製通路の古い厚板は滑りやすくなっていたので、母がとなりで支えてくれた。そして中庭に着くと、母は私の頭をひと撫(な)でして、すぐに家へ戻ってしまった。中庭には私一人しかいないようだったので、遊び相手を探そうと思って、ぬかるむ地面を慎重に進んでいった――楽しかった夏の出来事を思い出しながら。

しかし、虹色の泡のように膨らんだ期待は、子蜂の群れ——近くの野原での楽しい遊びを終えて〈巣箱〉へ帰る子供たち——が押し寄せたことですっかり破裂してしまうのだった。見たところ〈泥警(どろけい)遊び〉をするのにちょうどよさそうな人数であったので、私の気持ちは高揚した。大半は同じ区画に住んでいる子供で、顔にも見覚えがあった。私の姿に気付いた子供たちは、中庭の中央で立ちどまって互いに少し言葉を交わし、それからじりじりと近付いてきた。その意地悪く不愛想な表情から、彼らを待ち受けたところで何も得られないことはすぐに理解できた。しかし、彼らの態度に好奇心をそそられた私は、そのまま待つことにしたのだった。子供たちはやがて円状になり、私を取り囲んだ——彼らの視線は、まるで異国の人間を見るかのように、私を品定めしていた。私と同じ年頃の子供が数人いるのを別にすれば、ほとんどは一〇歳前後のようだった。私のほうからもじっと観察し返してみると、彼らが見窄らしい穴だらけの服装をしていてあまりにも乞食そっくりであることに気付き、言葉を失った。無論、継ぎ接ぎだらけという点では私の服も同じなのだが、それでも、母がいつも縫い繕(つくろ)い、洗濯してくれていたので、野良犬のような見た目にはならずに済んでいたのである。このとき、私のことをしつこく凝視していた子供たちにとっては、私の服は外観と仕上げの両面で高級仕立服(オートクチュール)と思われたに違いなかった。〈天使の庭(エンジェル・コート)〉の規範と基準に照らすなら無理もないことだ。加えて、夏場に催されたサーカスでの私の華々しい活躍（冬になってもなお夜の話題の中心であった）も、一層事態をまずくするだけだった。劣等感に気を悪くして威嚇的な沈黙を続けている子供たちにとって、彼らの頭領ですら手の届かないことをこんなもやしがやってのけたなどというのは、ただの受け入れがたい事実でしかなかったのである。あのようなサーカスでのひけらかしは〈罰せられるべきもの〉と映っていたらしい。子供たちは狩りの態勢を整えながら、私のもとへぐっと近寄った。そして私は瞬く間に地面へ押し倒され、泥まみれにされながら何度も殴られ、ついには唾を吐きかけられた。悲痛な思いで泥溜まりから身を起こすと、走り去っていく子供たちの下品な笑い声が聞こえた。「自惚(うぬぼ)れ野郎が、調子に乗ってるから、こうなるんだ！　なあ、あのちび、馬鹿みたいなことしてやがったんだぜ、ぐへっ。」

そうして中庭はふたたび閑散となった。私は仕方なく、ふらつきながら家へ戻っていった。母は、帰ってきた息子の姿を見るなり、驚いて悲鳴をあげた。長々と聞かれるのが嫌だった私は、不意に何かにぶつかって転んだ、と説明した。お仕置きはすぐにやってきた——〈今後一週間、ピアノを禁止する〉。着ていた服は脱がされて（剥奪されて、というほうが正しいが）、夕飯抜きでそのまま寝るように命じられた。夕食の時間、私はひとりで横になり、恥ずべき秘密を隠すかのように握り締めた自分の両手をただじっと眺めていた。母への言い訳はまったくの嘘ではなかった。半分は真実だった。私がぶつかった何かというのは、たしかに存在したのだ。それは自分の両手に宿る〈熱狂を引き起こす力〉だった。その力は敬愛の感情と同じだけ憎悪の念をかきたてていた。すでに眠気が差してきて瞼を半分閉じた状態ではあったが、私は、半ば信じられない気持ちで、あの子供たちの置かれているどうにもならないほどの苦い境遇に思いを馳せてみた。彼らは愚かにも、本当に奪うべきものではなく、ただ私の表面的な名誉を奪おうとしたのだった。弱いことこそが、〈天使の庭(エンジェル・コート)〉における恥なのだ。爪弾(つまはじ)きにされた人々の世界では大人も子供も揃って同じ法に従う。つまり、強靭な拳がすべてという法に。

時折、母と一緒に食料品店へ行くことがあった。そのようなとき、私のぐらつく膝や足首は、いつも決まって、重ね履きした長靴下のうえから包帯（すぐに関節の場所からずれてしまう不愉快な代物だった）できつく巻きつけられた。情けない姿であったために近所で悪評が立ってしまったが、それでも、そうすることでなんとかまっすぐに歩くことができ、転ぶことも少なくなったのである。だが、頻度が減ったとはいえ、強い秋風を受けて麦藁のように吹き飛ばされるのは決して気分のよいことではなく、結局、私は出不精になってしまった。

〈同年代の友〉という得がたい存在は、私がその頃に貪(むさぼ)り読んでいた物語のなかで活躍する風変わりな登場人物によって、上手い具合に取って代わられた。ネモ船長[1]や従僕フライデー[2]、それに七人の小人たち[3]が、いつでも好きなときに現れては、私の空想の世界を行き交った。しかし、やはり私にとっては、ピアノこそが唯一の自信であり、唯一の師、唯一の下僕(しもべ)なのであった。この悪魔的な楽器は、いつも磁力のように私を引きつけて、鏡のように忠実に心の深層を映し出してくれた。

父は、息子の才能に漲(みなぎ)る激情と反抗心とを和らげる——最低でも、別の方向へ誘導する——ために、まだしばらくは助言を続けたいようだった。だが結局、大したことはできなかった。わずか五歳半の少年の手が自らの運命を受け入れるかのように完璧な服従を見せて鍵盤の神秘を探る様子は、父の目にも少なからず驚異的なものと映っていた。そのため、このあきらかな天与の才能とそれを収める私という器が色褪(いろあ)せてしまうのを怖れて、大胆な干渉は何一つできなかったのである。来る日も来る日も、何か見えない不思議な力が働いているかのように、私はピアノの前へ吸い寄せられた。もはや家で役に立てることはないと感じた父は、ふたたび理想の職を探す放浪に戻っていった。

　母のほうも、また食料品店で雑役婦として働けるようになっていたので、食事時にだけ私のために家に戻ってきた。姉も相変わらず夜明けに家を出て夜遅くに帰ってくるという生活を続けていた。私はたしかに孤独ではあったが、それでもピアノや読書にふけっていると時間はあっという間に過ぎていった。晩になると、時折、近所の人が話をしに訪ねてきた。彼らはいつも通り、実在しない銀貨を景気よくばらまいて手に入れた想像上の食事に舌鼓を打った。その頃には物価急騰(インフレーション)が抑制されて、新しい通貨制度[4]のもとで貨幣価値は劇的に回復していたのだが、他方、その驚異的な変化のなかで、失業給付（欠乏に見舞われた人々のわずかな希望だった）の金額も半分に削られることとなり、人々の蓄えは底を突き、極限まで支出を減らすことを余儀なくされた。買い物袋を必要とする人など皆無であった。またしても、家族のそれぞれにあたえる一切れのパンと少しの芋、半分の量の調理油、そしてその〈饗宴〉を照らす短い蝋燭(ろうそく)を手に入れることが、生活の尺度となった。ほんの少しでも蓄えを作りたければ、菜食主義者になるしか道はなかった。

＊　＊　＊

形の崩れた荷物入れを両手にぶら提げた背の高い行商人が、片脚を引きずりながら中庭に現れたとき、彼の正体を知る者は一人もいなかった。しかしこの行商人の到着は、〈天使の庭(エンジェル・コート)〉に住む頑迷な人々の間に大変な興奮を巻き起こすこととなる。

　ありとあらゆる布の見本がぎっしりと詰まった荷物入れは、雨に打たれてすっかり色褪せていた。男がその鞄(かばん)を地面に置くと、すぐに大勢の人が群がってきた。彼は生地の柔らかさを伝えるためにさっと布を拡げて見せ、こんな好機を逃すくらいなら脚を一本失うほうがましだぞ、と煽(あお)りながら、賤民(せんみん)たちに購入をすすめていった。彼は見事な早口で捲(まく)したてて人々を催眠にかけると、奇妙な笑いをはさみながらしつこく強調していた〈少額分割払いの利点〉を本当に素晴らしいものであると信じ込ませてしまった。いや、それはたしかに素晴らしかったのだ。いつも腹を空かせている大勢の失業者に対して放浪の行商人が行なったこうした提案は、〈善きサマリア人〉の慈善行為さえ見劣りしてしまうほどの好条件、まさしくそんなところだった。無論、この商人も〈天使の庭(エンジェル・コート)〉の評判——すなわち、商売に適した場所でないという世評——についてはよく知っていた。それでも彼は、人々が選んだ反物や既製服を翌週に届けるという形で、話をまとめたのである。彼は幽霊男(ブギーマン)のように果てしなく徘徊(はいかい)しながら次々に周辺地域の貧民窟を訪れて、四半期で二ポンド、一か月で一ポンド[5]、果ては一週間で一〇ペンスという支払い契約まで駆使して、少しずつ代金を回収していった。この服飾の高利貸しは、買い物の機会どころか商品に魅惑される経験すら乏しかったすべての〈下賤(げせん)の民〉にとって、〈神が定めた最高善〉以外の何物でもなかった。穴の空いた鞄を抱えた乞食の群れは、今や、この〈交易路の支配者〉の周りに集まって興奮と活気に満ちた様子で互いにあれやこれやと相談し合っていた。そのうちに、片脚を引きずった抜け目のない商人は、皮脂の染み込んだ大きな帳簿をさっと取り出した。そして、まんまと破滅の道へ引きずり込まれたかもたち全員の名前とその注文品を、そこに注意深く書き留めていった。それらを書き終えると、男はあっという間に見本品を片付けて、その猿のように長い手を空へ掲げた。すると、打って変わってしゃがれた声になり、この取引を確実に進めていくことを〈地獄の悪魔と六冊の聖書にかけて〉（これは実際に彼が使った表現なのだ）宣誓したのであった。やがて群衆が散ると、この猫背の商人はすっと立ち上がった。そして、深く窪んだ目を忙しく動かしながら、少しまえから彼の好奇心をかきたてていた、土地柄に似合わない甘美なピアノの調べのやってくる場所を熱心に探し始めた。その暗く不吉な人影は、中庭に静寂が戻るのを用心深く待ってから、腐食した階段をゆっくりと上り始めた。

その時間帯、私はいつものように戸に背を向けて、複雑に絡み合う心地よい即興に勤(いそ)しんでいた。そうやってピアノを弾きながらも、近所のあらゆる雑音——次から次へとパーカッションのように鳴り響く様々な音——を聞き分けられたので、私に気付かれずに近寄ってくるようなことは簡単ではなかった。鍵盤から視線を外すことさえせずに、階段や木製デッキの軋む音、それに玄関の戸の独特な音を頼りにして、近所で何が起こっているか言い当てることができたのである。

しばらくすると、演奏をやめて腕を鍵盤から離した。そして、私がシェパーズパイを食べるときのようにがつがつと子供を貪り喰(く)うあの恐ろしい喰人鬼(オーガ)の話を思いきって読み進めるべきかどうか、じっと前を見て考えた。結局、そんな無茶なことは両親が帰ってからにしたほうがいいと思いいたり、私はその物語と同じくらい魅了されていた別の寓話選集を捲(めく)りながら待つことにした。日が沈み、静かな仄暗(ほのぐら)い部屋に薄明かりが差して、経年で黄色くなったピアノの鍵盤を照らしている――目の前のティーカップ、それに、乾いて堅くなったパン切れと数個の角砂糖が乗っている、すぐ手の届くところにある錫(ブリキ)の皿さえもが、あの怪物のおぞましい食事を連想させた。そして突然、微(かす)かに床が軋むのを感じて、もはや思索どころでなくなった私は恐怖に目を見開いた。誰かが、あるいは何者かが、この部屋に入ってきて、私の後ろで息を殺して立っている――。少しの物音もたてないで、気付かれずに私のもとへ近寄るのは人間業ではなく、この侵入者がただの人間でないのはわざわざ目で確かめるまでもないことだった。私は背後を振り返る勇気がもてず、椅子に接着されたかのように固まった。そして、遅まきながらも、自分を律する心の声が聞こえた。あの本を読み進めれば、遅かれ早かれ、喰人鬼(オーガ)とは対面しなくてはならないのだ――！　私は残されていた勇気を振り絞り、腰かけにしっかりと掴まったまま、ぐるりと振り返った。薄暗い部屋で私の前に立っていたのは、極端に背の高い、痩せ型の、虚ろな目をした気味の悪い男だった。まるで悪魔をミイラにしたかのような風貌だ。

「神様ありがとう」、私はつぶやいた、「少なくとも喰人鬼(オーガ)ではなさそうだ……！」

「そんな化け物ほどではないにしても、わしは変わり者でな」、この世のものと思えないような掠(かす)れた声で男は言った、「坊主、お前の演奏をしばらく聴かせてもらったぞ。気に入ったがな、もっと上手くならんといかん。」

男は空虚な笑みを浮かべ、無表情のままぼそぼそと続けた。

「だが哀しいかな、お前の演奏をほかの奴よりよくしてやるような魔法の粉はない。しかし、まあ、それは差しあたり大したことではないだろう。わしも時々は善行がしたくなるものでな。」

「ええと、あなたは、誰なのですか?」、男の風貌や怪しげな物言いに動揺しながらも、丁寧な口調で聞いた。

「わしが誰かだと?」、男は調子の外れたしわがれ声で、妙に楽しげに言った。

「くくっ、面白い坊主だな。そうだな、それじゃあ一つ〈運命の使者〉とでも名乗らせてもらおうか。どうだ、これで満足か?」

この男が何をするつもりなのか、私にはまだ見当がつかなかった。だが幸運なことに、予期せず母が帰ってきたことで、会話は次の段階へ進むこととなった。高々と立っている骸骨のような姿をぱっちりした眼で一目見ると、母はすぐに男が行商人だと見抜いたようだった。

「失礼ですが」、母は丁寧に、しかし反論を許さないような強い調子で言った、「わたしどもは貧乏人ではございません。段違いの、貧乏人なのです。あなたの時間を無駄にしたくはありません、ですから……」

母はそう言うと、とても堂々とした態度で、行商人のために玄関の戸を開いた。

「奥さんよ」、このあまりに気味の悪い男が口を開いた、「いいか、わしは在庫を売り捌きに来たわけじゃないぞ、まあ、あんたが望むなら売ってやることもできるがな。それに、わしは時間を無駄になどしない。」

　行商人は最後の言葉を強調して、うなるように言った。

「あんたの子には並外れた才能がある。そう伝えにここへ来ただけだ。よく聞け、この坊主の居場所はサーカスの大テントなんかじゃない。ブダペスト音楽院(6)、そうだ、フランツ・リストが創ったあの音楽院こそが、この小僧の行くべき場所だろう！」

　男の言葉もまた反論を許さないものであった。

「でも、どうして、そのことをご存知なのですか……」、母はすっかり面食らった様子で聞いた。

「奥さん、わしは一介のしがない行商人でな。しかし……まあ、行商人というのは、知るべきことを知っている質（たち）のものでして」、男は急に媚び諂（こへつら）うように答えた。

「それでだ、一つ神への深い信仰の証しとして、音楽院の校長に頼んで、この坊主の実技試験（オーディション）の機会を作ってやろうというわけだ。」

「でも……あなたが校長先生とお知り合いだなんて、そんな突拍子のないことをいわれても、すぐに信じられる人はいませんわ。」

　母はそう言い返して、客人のすり切れた服装を鋭く見つめた。

「それでも、事実としてはだな、校長はわしの頼みを断れん。あんたがそう信ずるに足る理由もたしかにある」、男はせせら笑いながら言った、「いいか、必ず準備をしておけ。わしは来週、あんたらの面談の日時を伝えにここに戻る、そしたらあとはなるようになる、それだけだ。ではご機嫌よう。また会おう、小さなマエストロよ。」

行商人はそう言うと、肩を揺らして笑いながら玄関へ向かい、地面に置いていた荷物を手に取ってから、階段を下りていった。私は今度こそは、わずかに脚を引きずりながら軋む階段を下りていく音、そして響き渡る笑い声を、聞くことができた。

その日は早い時間に〈天使の庭（エンジェル・コート）〉の夜の帳（とばり）が下りた。そのうち、いつも通り、父と姉がくたくたになって帰ってきた。母は興奮した様子で、あのスフィンクスに似た奇妙な人物――浮浪者じみた身なりで魔王のように話す人物――のことを二人に伝えた。もっとも私にとっては、その男は本のなかから実世界へと這（は）い出してきた恐怖の喰人鬼（オーガ）そのものとしか思えなかったのだが。私はこの恐ろしい秘密が知られることのないように、そして同時に、幼稚なことを言っていると思われて年齢以上に利口だという名誉――これまでに苦労して築き上げてきた評判――を汚さないように、最大限の注意を払った。この奇妙な男のおかげで音楽界屈指のお偉方が間もなく息子を試験してくれると聞かされた父は、歓喜に打ち震えていた。こんなにも嬉しそうに、はち切れるほどの幸せに包まれた父の姿は、これまで見たことがなかった。夕食の間、父はしきりに今後の計画、つまり私が名ピアニストとして活躍する素晴らしい未来について、あれこれ話をした。しかし、そんな風に楽しい想像を膨らませきったあとで、一転して、両親の会話はあきらかに熱気を失った。

「でも、いつもの浮浪児のような服を着せて、音楽院へ連れて行くのよね……」、母の声には元気がなかった、「あんな身なりで行っても、建物にさえ入れてもらえないわ。」

「新しい服がいるな」、疲れたように溜息を吐きながら、父が言った。

「それにちゃんとした靴もね」、テーブルを立ってベッドに向かいながら、姉が思案顔で付け加えた。

姉の靴の踵(かかと)はすっかりすり減っていて篩(ふるい)のようだった。

「明日の晩御飯、わたしを待たないでね。仕事が遅れているの、きっと帰りは少し遅くなると思うわ」、そう言いながら、姉は服を脱ぎ終えた。

「じゃあ、おやすみ！」

姉は顔を壁に向けて横になると、すぐに寝入ってしまった。私もそれに続いた。一方、両親はこの歯がゆい問題をどう解決したものかとしばらく話し続けていた。金銭(かね)を手に入れるあてなど、どこにもなかったのだが。

翌日になると、私たちは普段の生活に戻った。私はやはり一人で留守番し、釘付けにされたようにピアノの前に座って、鍵盤の上で忙しく手を駆けめぐらせた。もっとも、私の背後、つまりあの黄変した古い本のなかから醜悪な幽霊男(ブギーマン)が現れるのではないかと怯えていたので、常に不安げに辺りを見回しながらではあったが。しかし、結局それは杞憂(きゆう)に終わった。

私たちが夕飯を食べ終えた頃に、意気揚々と目を輝かせた姉が帰ってきた——色紙で巻かれた大きな包みを抱えて。姉はその包みを黙って私に差し出すと、優しく微笑んだ。こんな気前のよいやり取りは〈天使の庭(エンジェル・コート)〉には本来存在しないはずのもので、私は何のことだかわからず途方に暮れ、ただ腕をだらりと下げていた。

「ほら受け取ってよ、このおばかさん。プレゼントなのよ。」

姉ははにかむ私を見て、笑いながら大声で言った。

私はひどく戸惑いながらその美しい包みを受け取ると、こんなに綺麗な包装を破るのはなんとも申し訳ないと思いつつ、ベッドの上にそっと置いた。そして、慣れない手つきで、可能なかぎりゆっくりと丁寧に、包みを開けていった。ようやく最後のリボンの最後の結び目に指をかけたとき、両親と姉が優しく見つめているのがわかった。ついにすべての包装が解かれた。箱のなかには、目も眩むばかりのセーラー服と本革の靴とが、灯油ランプの光を受けながら堂々と並んでいた。五分後、その素晴らしい衣服に身を包んだ私は、ぽかんと口を開けて見惚(みと)れる家族の前で、喜びに小躍(こおど)りしつつ、部屋のなかを歩いてみせた。驚くほど大きな襟(えり)は貴族のそれを思わせ、見事な折り目のズボン（生まれて初めて穿いた長ズボンだった！）は脚の長さにぴったりだった。

「どうやってこんなに正確な寸法の服を選べたの？」、母は目を丸くして言った。

「簡単なことよ」、姉は答えた、「昨日の夜ね、みんながすっかり寝るのを待ってから、頭から足の先まで測っておいたの。」

「金銭(かね)はどうした？　こんなあっという間にどこで見つけてきたんだ？」、父も当惑の表情で尋ねた。

「それだって簡単」、姉はそう受け流してから、力強く言った、「わたしの貯金を全部使ったの。ねえ、ジョルジ(7)」、姉は感情を抑えたまま私に接吻(キス)をして、続けた、「実技試験(オーディション)を受けに音楽院へ行くのよ。そしたらきっと、すごいことになるわ！」

その夜は眠れなかった。今や、準備は十分に整った。あとはあの吸血鬼(ノスフェラトゥ)がもう一度現れて約束を果たしさえすればよいのだ。

＊
＊
＊

喰人鬼(オーガ)の話は、結局、これ以上読み進めないことに決めた。あれほど気になっていたのに読まずにいられたのは、古くなって頁(ページ)の隅が折れた寓話選集のなかに、音楽に関わりがありそうな題の話——笛吹き男の風変わりな寓話(8)——を見つけたからだった。

それを読むうちに、私はすっかりこの魔法使いの徒弟と化してしまった。この不思議な服を着た流離(さすら)いの男は、いったいどんな神秘的な旋律を奏でて、ハーメルンの鼠(ねずみ)や子供たちを意のままに操ったのであろうか——。彼は催眠にかけたものをどこでも好きなところへ連れて行くことができたのだ。すぐに、私も同じことがしたい、と思うようになった。

少なくとも、〈天使の庭(エンジェル・コート)〉には間違いなくハーメルンに劣らない数の鼠が住んでいたので、上手くいく見込みはそれなりにありそうだった。ピアノの前に座り、一〇匹かそれ以上は召喚しようと心に決めた。少しの気懸かりは、母が帰ってきて鼠の大群を目にしてしまうと、叱られるに違いないということだった。そのため、魔法の演奏で鼠たちを上手く消しきれなかった場合には、箒を使って追い払う算段をした。

そして、魅了するような魔法の音色を奏でようと全神経を集中して、しばらくピアノを弾き続けた。だが、懸命の演奏にもかかわらず、何も起こらなかった。数匹だけでも出てきてほしいと思ったが、そんな妥協も空(むな)しく、ピアノのペダル下まで覗き込んでも尖った鼻先の一つさえ見つけられないありさまであった。がっかりすると同時に決まりの悪い思いをして、きっと真実は次のどちらかだと自分に言い聞かせた。つまり、笛吹き男がもっと上手く演奏していたか、あるいは、この寓話は単に――〈尻尾に塩を付けて鳥をつかまえる〉とかいった話と同様――子供たちが魔法に夢中になるのを窘(たしな)めるために大人たちが考えたほら話にすぎないか。

　夕食の途中、私は無関心を装いながら、笛吹き男の力を信じるかと母に聞いてみた。母はこの問いに興味を引かれたらしく、丁寧に説明してくれた。妖精(エルフ)や小鬼(ゴブリン)、それに喰人鬼(オーガ)や笛吹き男は、どれも一緒に想像の世界のなかで暮らしているので、名前こそよく知られていても童話や伝説の世界の外側では生きられないのだ、と。そして、母は立ち上がって、ひび割れた皿を一瞬で洗い終え、大人しく留守番しておくのよ、と私に言い残すと、食料品店へ戻っていった。私はまたひとりになった。外の天気は暗くどんよりとしている。夕方以降の、無限に続くのではないかと思えるような時間を過ごすために、私は笛吹き男の話をもう一度読み直すことにした――先ほどまでの自分の純真さに呆れながら。しかし、すぐに言いようのない雑音が耳に付き、本を閉じた。哀歌のような、何度も繰り返される甲高い口笛の音が迫ってきて、だんだんと鋭くなった。耳に残る単純な曲であったが、どこか訴えるような響きもあって魅力的に感じ、私はじっとしていられなかった。初めて耳にするような響きだったのだ。好奇心に駆られた私は、この異世界の賛美歌を奏でる人物を一目見ようと思い、小窓を開けた。その人物は、ほかならぬ、あの幽霊男（ブギーマン）であった。彼はまだ少し離れたところにいたが、今回は、両手の大きな荷物入れに加えて、見た目にも相当な重量とわかる鞄を背負っていたので、飢えた死体のような細長い体は今にも二つに折れてしまいそうだった。

　転調を繰り返して口笛がどんどん甲高くなる間、わずかに脚を引きずったこの男は、私の家のほうへ向かって歩き続けた。そのとき、はっとして、男に会ったのがちょうど一週間まえの今日だったことを思い出した。行商人は約束通りにやってきたのだ！　そんな私の感情を知ってか知らずか、彼は遠くからこちらを見て頷いた。私はそれを挨拶と受け取り、すぐさま手を振って応えた。内心、奇妙な口笛を吹く幽霊男（ブギーマン）と再会できたことに喜びに近い感覚を覚えていた。この商人は今や私の世界の一部なのだった。ところが、まったく突然に、そんな歓喜は恐怖へと変わった。行商人が通り過ぎた家々から、まるでこの笛吹き男に操られるかのように、大勢の人が涌き出てきて、彼の後ろに並び、夢遊病者のように行進を始めたではないか。行列は見る見るうちに伸びていき、すぐに中庭の入り口までたどり着いた。全員が中庭に入ると、この優秀な羊飼いは口笛を吹くのをやめてくるりと回り、悪魔のような声で不自然に笑いながら、羊たちに向かって叫ぶのだった、

「よし、洒落者の諸君、これからお楽しみの時間だ！　諸君のために戻ってきたぞ！」

　茫然としていた人の群れは、意識を取り戻して、横一列になって笑顔で拍手喝采した。行商人はありあまるほどの狂喜をふるまい、見事に人々を掌握していた。彼は痩せた両手をさっと宙に掲げて、今度

は一瞬のうちに彼らを静まり返らせた。そして黒く立派な帳簿を取り出して重々しく開くと、この世のものとは思えないような不気味なしわがれ声で、債務者の名前を一人ずつ読みあげていった。すると人々は催眠術にかけられたかのように前へ出て、頭（こうべ）を垂れながら、折り畳み机の近くに寄っていくのだった——もちろんその机の反対側には大らかな風格を備えた〈幻想を売る商人〉が聳（そび）えている。

　行商人はそれぞれが注文していた布地を一人一人に手渡すと、貪欲に指を擦（こす）る仕草をしながら、下層民たちが腰を低くして差し出す頭金——机の上に積まれたわずかな小銭——を回収していった。そして、卓越した物売りである彼は、沈んだ顔をして立っている女たちを恥ずかしげもなく下品な言葉で誉めたてて、酒呑み連中の鼻を赤らめさせることを忘れなかった。その場にいた若い女たちは困窮する暮らしのなかですっかり萎（しな）び衰えていたが、彼はそのなかからやつれた顔の綺麗な女を一人選び出して、ひどく卑猥な身振りをしながら大声で言った、

「堕天使にかけて誓うが、こうも魅力あふれる女を見てしまうと、わしも久々に一発してみたい気分になるものでな。どうだいお嬢さん、わしは〈法王の騾馬（ラバ）〉なんかじゃなくてあんたと交わりたいのだがなあ。」

　人々が下品な声で笑い転げるなか、見せ物にされた哀れな女は当惑した様子で仲間の後ろに逃げ隠れた。だがその後もこの幽霊男（ブギーマン）は、近くのフェンス裏で悪名高い売春婦が彼に誓いを果たさせようと待ち構えていることも十分承知のうえで、同じような下品な言葉で女たちを刺激し続けるのだった。

　行商人はそんな風にして人々を満足させると、今度は私の住む小屋へ向かって梯子を登ってきた。

「よう坊主、明日がその日だ！」、彼は元気な兵隊のような声を出した、「音楽院の校長、ドホナーニ氏の邸宅を、一一時ちょうどに訪ねるのだ。遅れてはならんぞ。」

今し方帰ってきた母に向かって、強い語気でそう続けた。

「残念だが」、行商人は私の考えを見透かすかのようにこちらを振り向いて言った、「お前と一緒に行ってやることはできん、このところ、わしは本当に忙しくてな。まあそれでも、同じくらいまともな歓迎を受けられるようには手配しといてやった。健闘を祈っているぞ、坊主。きっとまたどこかで会うだろう。」

玄関口に立った行商人は、最後に謎めいた言葉を口にして、脚を引きずりながら帰っていった。

＊　＊　＊

次の日、母と私は夜明けに起きた。校長の家はブダペストの反対側にある。私たちは一時間半ほど歩いて駅へ向かい、そこから路面電車に二時間乗って街を横断し、さらにもう一時間歩き続けなくてはならなかった。私が〈天使の庭（エンジェル・コート）〉を離れたのはこのときが初めてだった。首都とはなんと美しいのだろう。点滅する信号機、宝物にあふれるこの上なく華麗な店先、緑豊かで道幅の広い大通り、その通りの両側に並ぶ豪華な家々。私は驚きのあまり言葉を失った。二輪辻馬車（ハンサム・キャブ）や軽装馬車（バギー）、それに古風な四輪馬車（キャリッジ）があちこちで走り回り、十字路で縺（もつ）れ合うように交叉している。のろのろと客車を引く老馬が向かう先には、輝くような馬具と金めっきの轡（くつわ）をまとった見事な馬の一団が待ち構えていて、その一団にとっては、短気な御者が怒り狂って老馬にラッパを鳴らしまくることなどまったくの他人事であった。綺麗に舗装された歩道に目をやると、ひどく着飾った人々が連れ立って歩いている。傲慢そうに胸を張って歩く女たちの帽子は、どれも物理法則に――いや、そればかりでなく法則と名が付くあらゆるものに――逆らおうとしていた。ある女の頭上には、孔雀やダチョウ、オウムなどの羽根が満載された熱帯林が拵（こしら）えられていて、私は驚き見入ってしまった。別の気位の高そうな女は、さぞ丁寧に取りつけたのであろう、髪の上に総帆を揚げた三本マストの船を飾っていた。そして大通りでもっとも美しい女が身に付けていた帽子は、なんと果物で覆われたものであった。〈どなたにもお楽しみいただけます〉というお決まりの宣伝文句がふさわしいような、美しい色をした林檎や梨、葡萄、それにトマトが盛りつけられ、もはや帽子というよりも小別荘（コテージ）の果樹園を思わせた。そのうちに母と私は路面電車を降りたが、それからというもの、母があまりに急いで歩くので私は走りながらついていかねばならなかった。もうすぐ一時だ。私たちは綺麗な花壇でいっぱいの洗練された住宅街を歩いていた。そしてついに、見事なまでの眺め――美しい曲線を描いた市街の通り――が私たちの眼下に広がった。とうとう目的地にたどり着いたのだ。

　私たちがブダペスト音楽院の〈首領〉の邸宅に到着したちょうどそのとき、正面にある豪華な装飾の門が開いた。すると、銅製の前照灯を付けた派手な車が轟音（ごうおん）をあげて飛び出してきて、中心街のほうへ走り去っていった。その車に向かって門番の男が媚びるように頭（こうべ）を垂れたので、私たちは少し嫌な予感がした。忠誠を示し終えた男、あるいは母子の追い払い方を心得ている従順な番犬は、なるべく短いやり取りで済ませようと、いつもの決まり文句を無表情のまま淡々と述べた。

「旦那様は約束のない方にはお会いされません。神童などという部類は大嫌いでいらっしゃいますし、リストを除けば、過去、現在のピアニストはどれもシャベル一杯の石炭の価値にもおよばないとお考えで……おっと」

タイヤが息絶えたとわかる長い音が聞こえると、門番が口にした単語に情景を添えるかのように、焦げ臭い風が届いた。すると、灰色の髪をした優雅な装いの人物が現れて、足早にこちらへ来た。

「失礼ながら申し上げますが旦那様、もしや、かの聖母様が〈一三日の金曜日には車を運転せぬように〉と忠告しておられるのでは?」、またも身を低く屈めるようにして、口達者な子分のほうから話しかけた。

「要らぬ世話をやくな。タイヤを取り換えてくれ」、高雅な身嗜みの男は含み笑いをしながら答えた。

「ときに、この方々は?」、あまりに当惑している私たちの様子を見て、門番に尋ねた。

「いつもの輩でございます……旦那様」、門番の男は小さく囁いて、どうしようもないといった風に肩をすくめた、「また性懲りもなく、神童とやらが名声欲しさにやってきたのです。」

門番の差別的な態度に憤慨して、母が反論した。

「とんでもありません！　わたしたちは生活さえままならないほど貧しいのに、音楽院の校長先生との約束のために、この子の演奏を聴いて試験してもらうという約束のために、遠くからはるばる来たのですよ！　あの卑劣な行商人がたしかにそう請け合いましたわ！　あんな奴、善人ぶった顔ごと悪魔に喰われてしまえばいいわ。」

「しかしその校長先生というのは私なのですよ、奥様」、手帳をぱらぱらと捲りながら、当主が割り込んで言った、「そして私はこの午前中に誰かと会う予定になっているとは聞いていません。行商人というのは、いったい誰のことでしょう？」

「残念ながら、この悪ふざけをしたペテン師がどこの誰かというのは、わたしにはわかりません。どうかこの面倒をお赦しください」、母は弱々しく頭を下げて言った。

「でもこれだけはご理解ください、先生。わたしたちは夜明けに出発して何時間もかけてここに来たのです。身なりのいいまじめ顔の人からこんな不愉快な扱いを受けて、今すぐ立ち去って首を吊りたいような気分になるためだけに、わざわざ何キロも路面電車に乗って、ひたすら歩いてやってくる人間などいるはずがありません。絶えず唄い続けている赤ら顔の酔っ払いでさえ、そんなことはしませんわ。」

あまりに的確な表現であったので、校長は威厳を保つために口元を固く引き締めていなければならなかった。顔を紅潮させた雑役係が車輪を換えに行っている間、校長は私たちを庭へ通して、私のことを横目に見ながら好奇な口ぶりで言った。

「なかに入って何か弾いてくれないか、坊や。彼が車に気を取られているうちにね。」

そしてそのまま、信じられないほど豪華な調度品の揃った巨大な居間へと案内された。二台のコンサート・グランドピアノが、部屋の中心に堂々と並んでいる。私は赤いビロードの腰かけの一つによ

じ登って、静かに待った。母は部屋の隅でこっそりと十字を切っている。そして、当主の鼓舞するような声が響いた、

「それでは始めなさい。」

　私はピアノを弾いた。何もかもを弾ききったのかもしれないし、何もかもを弾きそびれたのかもしれない。ただ来るべき場所にとうとうたどり着いたのだという高揚感にまかせて、幽霊男（ブギーマン）や笛吹き男のことを、そして私自身の喜びや悲しみのことを奏でたのだった。それがどれだけの時間であったのかはわからない。覚えているのは〈電話のベル〉が鳴る音だ。校長は催眠術にかけられたかのように私を見つめ続け、しばらくしてから、渋々とその電話に出た。それから少しして、彼は放心した様子で小さくつぶやいた、

「本当にわからない、いったい何なのか……。珍しい宝石が私の心を引きとめているのか？　いや、そうじゃない……。坊や、君はこんなところで何をしているのだ。君は、珍しい宝石などではない、宝石のなかの宝石、〈コ・イ・ヌール〉[9]ではないか！」

　最後の言葉は、子供の耳には魔法の呪文のように聞こえた。

＊　＊　＊

　当時いくつかの新聞が私に関する描写のなかで用いた〈秘められた力〉や〈人を惹きつける魅力〉、

それに〈テレパシー〉といったものについては、ここであえて踏み込みはしない。ただ、数奇な境遇のもとで音楽院への入学が認められたこの〈天国から贈られた少年〉――あるいは〈悪魔に魂を売った子供〉――の将来は、いずれにせよ、即座に定められることとなったのだ。

新聞記事に喚起された輿論(よろん)には〈臨界点〉とでもいうべき一線があり、そこを境にして、あっという間に二派の熱心な陣営が出来上がった。一方の陣営は、選ばれし神童というのは運命のいたずらにすぎないのだと、他方の人々に説明するために時間を費やしていた。そして、その他方の陣営も、相容れない意見に対しては反論し続けていた。

そうした議論が盛り上がっていた頃、私はというと、往復の電車賃を浮かすために徒歩で通学しては、(特に冬場によくやったものだが)その浮いた金銭(かね)で季節外れの果物を仕入れて金持ちの多い地区へ行き、結構な値段で転売していたのである。全体の儲けは知れたものであったが、それで私はある種の〈音楽資料の収集〉を始めることができた――一キログラムいくらという古紙同然の値段で廃品商から買い付けていた。膨大な量になることもよくあったが、いつも鼻高々で〈天使の庭(エンジェル・コート)〉へ持ち帰った。そうした本や楽譜は当時の私に何をもたらしたのであろうか? 結局のところ、それらは〈お買い得〉ではあったが、特に役に立ちはしなかった。

私が音楽院に入って最初に師事した教師陣は、ちょうど私の父がそうであったように、困った顔をしていた。私をどのクラスに入れたものかよくわからなかったのである。私の才能は楽器との間に結ばれた一種の契約だった。その契約によって私の指先は教師陣に体系だてて教えられたことすべてを首尾よく習得し、すぐに自分のものにすることができた――大半の幼い子供たちにとっては、そうした知識は押し寄せてくるがらくたも同然であったが。理解できなかった概念も、一〇歳になる頃には条件反射として身に付き、頭では腑（ふ）に落ちないながらも手は自然と動くようになった。

そんな荷台が馬を引くかのような前後逆転した習熟の仕方で、なおかつ一年が経つ頃には更なる特免措置を受けるほどになったので、教師たちは困惑していた。私はそれまでにもある特別扱いを受けていた。それ相応の音楽学校における一連の予備審査なしに私の入学が許可されたことは、音楽院の規則に背（そむ）くことであったのだ。

1931年、フランツ・リスト音楽院にて
（前方２列目の左から２番目）

演奏面において特段の弱点を見せることもないまま、私の才能はどこまでも伸びていきそうだった。そして私は〈聖域〉への立ち入りを許された――いや、より正確には、命じられた。ピアノの特別講義（マスタークラス）。それは以前に受けたどんなレッスンとも異なるもので、どのように上手く弾くかを教わる場ではなかった。そこでは、解釈者（ピアニスト）の霊魂（全員がそれを見ることができた）が音楽の使者としてふるまって曲本来の輝かしい響きを完全に復活させることができるように、

〈天使の庭〉の自宅にて、両親とともに

どのように楽器の一部になるかが教えられた。

そのクラスに参加していたのは、二五歳かそれ以上の数人の〈大人〉だけだった。彼らは皆、私の未熟で煮えきらない演奏など遥かに凌ぐような技量をもつヴィルトゥオーゾで、そのすでに卓越した演奏技術をイシュトヴァーン・トマーン老師[10]の薫陶のもとで完成させようとやってきたのであった。この人は私にも忘れられない印象を残した。彼はかつてのリストの弟子であり、後年にはバルトークやドホナーニらに慕われた教師でもあった。そしてその晩年に音楽院の頂点をなすこのクラスを受けもつようになると、彼は〈生命の樹〉のような存在になった。彼こそは、真正なる、直系の〈リストの教えの伝承者〉であった。

リストの《大ポロネーズ》[11]とショパンの《バラード第四番》[12]をある生徒が演奏したあとにトマーンが発した、老いたライオンのうなりのような声は、今でも思い出すことができる。

「私もかつてこの部屋で、まさにこの二曲を、リストに聴いてもらったことがある――。」

そうして、リストが私たちの師に伝えたことは、私たちに継承されていった。若き世代の解釈者に託される合言葉であるかのように、あるいは、まったく新しい何かであるかのように。そして、雄叫びと編み上げ靴の足音が天の聖なる声をかき消し始めていた最中に、トマーンは他界した。当時の人々は来る演奏会のことなどそっちのけで、もっぱら、〈過去に例を見ない〉戦争が起こってしまったのではないかと言い合っていた。

＊＊＊

それから後任が決まるまでの間、特別講義は実施されなかった。その時期、兵士たちはいくつもの大学を回っては、甘い言葉で釣りながら、召集令状が届くのを期待するように、と若い学生に訴えていた。私たちの音楽院も例に洩れず、募兵係の連中による大げさな宣伝が繰り広げられた。そして彼らに意見を求められる番になった私は、言い放った。伸膝行進で街を横断してしわがれ声になるまでナチスの賛歌を歌い散らすよりは[13]、女と結婚するほうに興味がある、と。私は一八歳になっていた。

その後、一年も経たないうちに、ズライカと出会った。私たちは一目で恋に落ち、数日後には結婚した。事前にお互いの両親の許しを得ることもせず、両家から身分証明書をこっそりと持ち出してきての結婚であった。市庁舎に着くと、婚姻証書に署名する立会人が二人は必要だと告げられた。それを聞くなり、私たちは慌てて外に飛び出し、すぐにまた市庁舎に戻ってきた――今度は近くで見つけた浮浪者二人を引き連れて。その浮浪者たちは、酒席がないことに落胆して出て行くこともなく、婚礼の式が終わってもしばらくその場に残って祝福してくれた。ただ、私たち二人には一銭の持ち合わせもなかった。感謝を示すためにできたことは、心からの握手、それだけだった。市庁舎をあとにして、近くのベンチに腰かけて馬肉の腸詰めを食べたのが、二人の結婚披露朝食会（ウェディング・ブレックファスト）だった。それでも私たちにしてみれば盛大なご馳走も同然で、言い表せないほどの幸せな気分であった。私たちは、三〇年以上経った今でも、当時と変わらない強い絆で結ばれている。

ほどなくして、私は徴兵にかかり、妻を残して出て行くこととなる。

訳註

（1）小説『海底二万里』の登場人物。
（2）小説『ロビンソン・クルーソー』の登場人物。
（3）民話『白雪姫』の登場人物。
（4）ペンゲー通貨のこと。一九二七年に導入され、第二次世界大戦終戦後の一九四六年まで使用された。
（5）英国の通貨であるスターリング・ポンド。
（6）フランツ・リスト音楽院のこと。
（7）フランスへ帰化して「Georges Cziffra」（ジョルジュ・シフラ）となる以前は「György Cziffra」（ジョルジ・シフラ）であった。
（8）『ハーメルンの笛吹き男』のこと。
（9）世界最古のダイヤモンドの一つで、〈宝石の王〉とも呼ばれる。インド周辺地域で幾人もの王侯に所有されたのち、一八五〇年からは英国王室の所有物となった。
（10）イシュトヴァーン・トマーン（István Thomán, 1862–1940）。ハンガリーのピアニスト、音楽教師。
（11）"Polonaise Mélancolique," S. 223-1 (1850–1851) のことか。
（12）Ballade No. 4, Op. 52 (1842).
（13）当時のハンガリーはドイツなどの枢軸国側に接近しており、一九四〇年一一月には日独伊三国同盟に加入した。

第四章　ヘイル、シーザー！（カエサル、万歳！）

召集令状を受け取ったとき、一九四二年の秋はもうすっかり更けていた。実のところ、私はそれまでの数か月を、今にハンガリー政権から何かしらの動員通知があるだろうと思いながら過ごしていたので、自分の番が回ってきたことに驚きはなかった。実際、すでに同級生の大半が、軍規通りの髪型をして軍服に身を包み、血色の悪い、栄養失調気味の顔を見せにやってきていたのだから。彼らは毎回、家族を訪ねるために許される二四時間の休暇を終えると、あっという間に街から姿を消した——ちょうど一般市民としての生活が彼らのもとを去ったのと同じだけ性急に。だが、こうした電光石火の面会も、戦況が悪くなるにつれてどんどん減っていった。今や新兵訓練所は、集められた人員を、より短期間の、わずかな間に合わせの演習によって、一人残らず各地の戦場へ送れるようにしなくてはならなかった。

　ある冬の日の明け方、妻を置いて出発する際、私は胸を抉（えぐ）られる思いだった。きっと相当な期間にわたってこの生活を離れることになる、そうはっきりと感じたのだ（やがて、この予感の正しかったこ

1942年

とがわかる）。二人が引き離されるとき、妻はすでに息子のジョルジを身籠（みごも）っていた。このことは戦線での死の恐怖などよりずっと私の心を動転させた。実際、〈すぐに戦地へ送られる〉というようなことは大した心配事ではなかった。たしかに戦線は人員を求めていたが、それでも、新兵訓練には最短でも一〇週間はかかるという話が聞こえていた。加えて、少しの幸運があれば、ちょっとしたまぬけの振りを演じることで、その期間はさらに伸びてくれるかもしれない。そうなればしめたものだ。きっと何かが起こる。事と次第では、ヒトラー[1]がモスクワまで足を運び、涙ながらにスターリン[2]の赦しを乞うかもしれない。あるいは、軍需工場が罷業（ストライキ）を起こすかもしれない。いずれにせよ、政治家連中を心変わりさせるような予期しない何か、もしくは予期できない何かが起こり、兵隊は揃って家へ帰されるはずなのだ。当時の情勢ではどんなことがあってもおかしくはなかった。

「とにかく、一〇週間もあればたくさんのことが起こるさ」、静かに泣いているいじらしい妻の耳元で囁いた。

それにもっと早くに家へ戻れる可能性だってあるだろう――。今度は自分にそう言い聞かせたが、十分な確信などもてなかった。当然、そんな楽観は裏切られていく。

＊　＊　＊

軍事訓練というのは、一般市民を飼いならして個性を奪い、調教することの技芸にほかならない。そして私にしてみれば、それは人道を逸脱する最悪の行為なのであった。軍隊では多くのことがあったが、最初に思い出されるのは、一人の悪趣味な教官のことである。あるとき、その野人のような男は、私の軍靴が少し汚れているという理由で、将校用食堂[3]の清掃を言いつけてきた。一兵士であった私は、直立姿勢のまま、まっすぐ教官の目を見て敬礼し、大きな声ではっきりと答えた、

「軍曹[4]、了解であります！　間違いなくご下命に従います！」

その後は、片足をすばやく――しかも可能なかぎり高く――上げては下ろし、三度地面を打ち鳴らすのが決まりになっていた。一度は教官に向かって敬礼する際に、一度は回れ右をする際に、そして最後はその場を離れる際にこれから務めを果たすべき場所を向いて、地面を打つ。だが私の敬礼には何か教官のお気に召さない点があったらしく、私は八回もやり直しをさせられた。こんな馬鹿げた真似がいったい何の役に立つというのか――。私はよく自問したが、決してその答えは見つからなかった。一口にいってしまえば、私は自分の小隊で訓練を受けているよりも、不規律の廉（かど）で〈独房〉に入っていることのほうが多かった。分厚い鉄格子がはめられた窓からは、兵舎の庭を見下ろすことができた。朝、軍事演習（マヌーバ）のために出発する仲間の小隊は、正午になると、泥だらけで、疲れ果て、あき

らかに勇ましさを失った様子で戻ってきた。そんな風にして幾日か過ぎた。私は、結果的に〈独房〉に入れられてよかったかもしれない、と思い始めていた。無論、体重を増やすことは望めなかったが——〈独房〉における罰の最たるものはその口糧（こうりょう）の少なさで、一日あたり三〇〇グラムのパンとわずかな水しかあたえられないのである。私の部屋を見張る二人の兵士は、一日に二度、

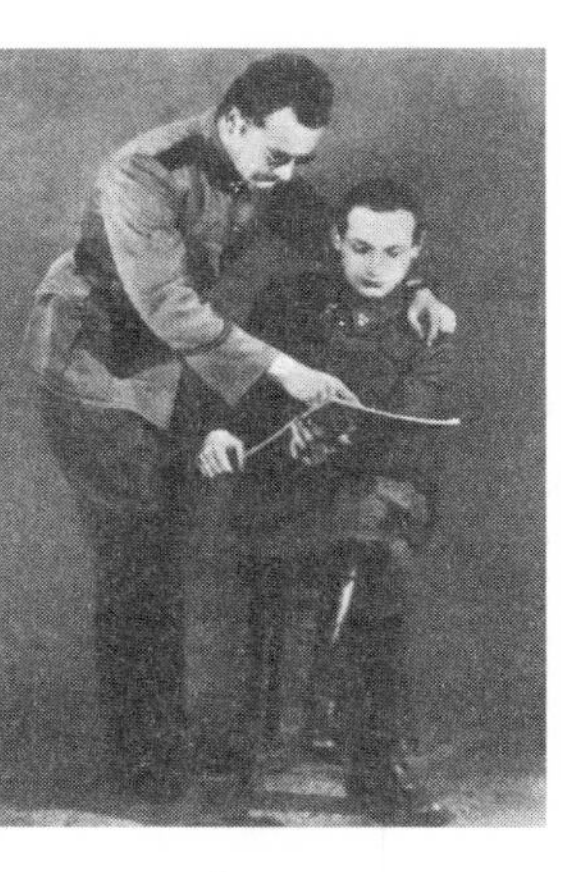
ハンガリー軍にて

交替をした。彼らは私よりいくらか歳上であるらしく、的を射た言葉で軍隊のスープを中傷していたので、その食事が私のものより遥かに恵まれていることが伝わってきた。その二人の監守は、自分たちもいつか同じ立場になるかもしれないと考えて、時折、少しの食料や煙草をそっと分けあたえてくれた。もちろんそのようなときには、上官が不意にやってくることのないように〈そうなれば確実に深刻な事態に陥る〉、彼らは普段よりずっと用心深いのだった。また別の日には、四度目の〈服役〉の最中であった私は、上官の後ろ姿に向かって敬礼をしなかったことで、滞在期間を四日延ばすことができた。

しかし、ある晴れた日に、すべての事情が変わってしまった。

あれは朝の一〇時頃であったと思うが、独房の外から、番兵に何かを尋ねる怒鳴り声が聞こえてきた、

「おい、有名人はどこにお出でだ？」

まずいな、私は心のなかで思った、きっと私の従軍履歴を聞きつけてきたのだろう。独房の戸は閉められていたので、声の主が誰なのかはわからない。だが、一瞬の間があってから、短く鋭い罵声が見張り兵に向けられた。

「このたわけが！」、男は吼えるように叫んだ、「さっさと戸を開けんと、どうなっても知らんぞ！」

なんてことだ、私は思った、これは例の支配者に違いない。

私は〈収監〉されていることが多かったので、彼とは一度も会ったことがなかった。それでも、兵舎中を駆けめぐっていた情報の数々（どれも彼の不吉な評判を裏付けていた）を、とっさに思い出したのだ。私の知るかぎり、実在する人物というよりは迷信上の人物のようだった。私が入隊したのは、この男がその言語に絶するふるまいのために一時的に他所へ転任させられたあとだった。もっとも、噂に聞いた恐るべき残忍さも、実際にはその悪逆非道な性格のごく一部が露見した程度のものにすぎなかったのであるが。とにかく、支配者は今やこの場所に戻っていて、その彼が私の独房を訪れていることは、よい前兆であるわけがなかった。彼を知るすべての人が、上手く気に入られることなど不可能だと口を揃えた。感情の起伏が凄まじいうえに、その青く冷たい眼——気を付けをする少尉[5]や、傍で敬礼する兵士たちのことなど目にも入らない様子で、遠くのほうを見渡している瞳——から醸される見せかけの沈着も、ただの陰湿な遊びなのであった。〇・一秒もあれば、心穏やかに歩いている下級兵士を捉まえて大きな怒鳴り声を浴びせかねなかった。哀れな兵士はその威圧に驚くあまり言葉を失って立ち竦み、もっとも起こってほしくない出来事が現実になったと悟るのであった。

そんな絶対権力者が、砲弾のような勢いで独房へ飛び込んできて、私の〈優雅なる孤独の日々〉に終止符を打った。彼は手始めに私の襟元（えりもと）を掴み、小部屋の外へ放り出した。私はひどい罵倒や殴打がこれに続くことを覚悟したが、そのどちらも起こりはしなかった。その代わりに、彼は無感情な青い瞳をこちらに向け、とても静かな声で言った。この贅沢な生活はもう続かない、と。そして、遠からず、私の最期の日々に、二人で面会する場を設けてやろう、と約束してきたのであった。

「そう、お前の最期の日々」、彼は氷のように冷たく睨（にら）みながら言った、「どのみち、お前はすぐ死ぬことになるだろうがな。」

そして目の前の地面を指差し、私がその場所に進み出るべきことを示した。私はまたもとの小部屋へと連れ戻され、そのことが何か言いようのない恐怖を部下の教官たちにあたえたようだった。教官たちは、立派な袖章（ストライプ）を付けてはいたが、畏敬と恐怖のために竦み上がって、軍規が求める以上に胸を前方へ突き出して敬礼した。彼らは身じろぎもせずに、横柄な樽腹（たるばら）から繰り出される命令（今回は特に見当がつかなかった）を待っていた。一七ストーン[6]以上もあるその〈酒樽（さかだる）〉は、醜い巨大な腹部を備えた代物だった。顔は入念に剃られてこそいるが重みで垂れ下がっていて、しかも背が低かったために、その見た目は一層釣り合いの悪いものとなっていた。顔の表面は不思議なほど脂ぎっていた。私はそれを見て思いがけず気が付いた。ああ、彼の肝臓もまた犠牲者なのだ、と。

取るに足らない事実であるが、彼の階級はフランス軍における中尉（ちゅうい）[7]に相当するものだった。〈連隊の父〉と呼ばれる兵営指揮官が彼の上官にあたる。つまり、兵営指揮官の意思と権限によって彼が中尉の地位に就いていると考えるのが普通のところだ。だが後者はその上官に対して、私たち一般兵士が衝撃を受けるほどに無礼な態度を取っていた。あまりの横柄さに、この二人が制服を取り違えているのではないかと疑う者がいてもおかしくはなかった。だが、不思議にも、指揮官は何も気付かない様子でいた――あるいは気付かない振りをしていた。いったいどうしてこんな男が、除名とまではいかなくとも降格にさえならず、上官によって引き上げられてきたのであろうか？　もしかすると、傲慢な独裁者というのは、どんな集団においても心強い存在として目に映るのかもしれない。人々はたしかに時折、居丈高な指導者の専制を受け入れる必要があると感じてしまうらしい。

人は、自惚れが強く威圧的な誇大妄想狂（メガロマニア）と接するうちに、軽蔑の気持ちは心に隠しておくのが賢明だと感じるようになる。表立って卑怯者呼ばわりされることこそないが、実際には、それがもっとも楽な逃げ道なのだ。しかしながら、こうした姿勢には、彼が周りの人間に対して好き勝手な影響をおよぼすことを許し、かえってその人を利してしまうという大きな欠陥がある。沈黙は、つまるところ、承認である。誇大妄想狂（メガロマニア）は他人に自らの考えを強制することに長けている。そして、付け加えておくが、この種の人間というのは社会のあらゆる領域で見出だされる。

＊それは必ずしも肉体的にもっとも強い者ではない。

＊＊＊

さて、ここで兵舎の壁を乗り越えて、少しの間このちゃちな絶対権力者のもとから逃れることにしよう。市民生活の場においてもこうした類いの人間――通常の暴力よりも陰険なやり方で人々を苦しめる人間――を見つけることができる。私たちが誇大妄想狂（メガロマニア）と対面したときに弱い心の導きのままにたどり着く、〈隷従（れいじゅう）〉という現象は、広く世に蔓延（はびこ）っているのだ。

最初に言及しておきたいのは、この病は自らの生存に必要な条件の揃う場所をいたるところで見つけ出す、ということである。事務所、工場、そしてもっとも繁殖に適した温床である、社会生活。そこにいるのは気の狂った独裁者の暴君だ。その病的な気質は、間近で仕える人々をひどく悩ませる――疑いをもたず、ただ忠実に奉仕することが彼らの主な任務なのである。ありきたりの暴君なら話はましだろう、彼の機嫌を取るのはそこまで難しくない。それでも、彼がその狂気によって社会的地位を得てしまったら、事態は深刻なことになる。彼は手始めに、自らの知識を誇示して周りの人々を制圧しようとするだろう。その訓示は雪崩のように臣民へとそそがれ、彼らが自分で考える能力を奪い去る。

そして私たちは阿（おもね）るのである。彼の偉大さ、そのなけなしの肯定、あるいは〈絶対的な真理〉たるその命令のために。ついには、自らの行動や意思を制しきれなくなるところまで、彼の権威の虜となってしまう。今や、彼は自身の全能性についての幻想を広めているだけの存在ではなく、全員の運命と生涯とが積み込まれた船の舵手でもあるのだ。たとえば、ショパン作品の演奏解釈がその暴君の望み通りに歪められていなかった場合——すなわち、あらかじめ臣民へ言い渡された掟にそれが背いている場合——、見せしめの罰が待っていることだろう。音楽の世界にも、音楽家の権利と自由を支配する〈中国の不思議な役人〉(8)が存在するのである。

具体的な例をあげよう。第一級の帝王であるその男は、普通の人間のように話しかけられることに我慢がならない。だが、もし運よく、その陛下が上機嫌のときがあったなら、あなたは恐る恐る、躊躇しながらも、話を切り出せるかもしれない。

「先生……」

するとすぐに冷たく無関心な眼差しが向けられて、あなたは哀れにもその場で氷漬けにされてしまうことだろう。そして、もし耳を塞いでいたとしても、彼の全身から発せられた絶叫はたしかに伝わるに違いない、

「愚か者、私のことは〈マエストロ〉と呼びたまえ!」

男の顔は自惚れによって紅潮し、その虚ろな視線はすばやくあなたを品定めする。それから男は、鋭い首の動きとともにあなたを退出させ、自らの素晴らしい顔立ちをどこか別の場所に向けることになる。いったい、この男の頭のなかはどうなっているのだろうか? もしかすると、アカデミー・フランセーズ(9)に関する例の警句を信奉している最中かもしれない——〈貶せ、しかし可能なら、選出されよ〉。

私としてはこの男を気の毒に思ってしまう。その努力も空しく、真の王となることは永遠にないのだ。退屈な文句にあふれる二流書籍から借用した、音楽の歴史に関する少しの知識だけでは、十分に自身を飾りたてることはできない。そのことはこの男にもよくわかっているはずなのだが。批評家たちの住むオリュンポスの高みに引き上げてもらおうと懸命に知識を披瀝（ひれき）して尾を振る阿りや、それを常套句（じょうとうく）でごまかす技量もまた、不十分だといえる。牡羊（おひつじ）は自らの角でその歯を抉（くじ）ることはできない。にもかかわらず、周囲の人々は皆、この偉大な男をより一層に崇拝したいあまり、究極の神秘を啓示してほしいと乞い続けるのである。

彼は珍しい男で、敬意と献身の湯水に浴することを一日たりとも欠かすことができない。だが、もしこの男がいなければ、などということは考えないでおこう。きっとまた、よりよい実入りと繁栄を求めて、その種の人間を保護する別の運動が始まるだけであろうから。

＊＊＊

誇大妄想狂（メガロマニア）というのは、天地創造以来、人類に降りかかってきたもののなかで、もっとも低劣な害毒に違いない――。

これは軍役中に、私が人生最初の暴君に出くわして思ったことである。実際、彼は智者（ちしゃ）というよりむしろ痴者（しれもの）なのだった。それでも、すべてを考え合わせてみると、その手法にははっきりとした法則があった。つまり、恐怖を通じて敬意を払わせること。これこそ凡庸（ぼんよう）な人間に残された唯一の手段なのである。そして、そんな考えにもとづいて配下の人間たちに系統的な暴力を振るう際には、軍服の袖章（ストライプ）が大いに役立つことはいうまでもないだろう。こうして、偉大なる〈酒樽（さかだる）〉は、勇敢な武将を装いながら、まんまとそのお気に入りの金言を実践していったのである——〈優しきビロードに包まれた鉄拳〉[10]ならぬ、〈容赦なき鋼鉄に包まれた鉄拳〉。

この男のために私は引き続きおぞましい仕打ちに耐えなくてはならなかったのだが、それらをここで細々と言及していくつもりはない。要は、この身体は狂気じみた謂（いわ）れのない虐待と精神異常者の課す数多くの命令（どれも支離滅裂なものだった）によって何度も無残に痛めつけられた、ということである。私は絶えず疲弊していたが、彼のほうはそのことに悪意に満ちた愉しみを見出だしたようだった。戦線に送られるまでまだいくらか時間があったので、一時はそのことを好都合と思いもしたが、結局のところ、〈酒樽（さかだる）〉のことを見くびっていたのだった。

ある朝の訓練で、私たちは気を付けをしたまま、その日の任務が伝えられるのを待っていた。すると突然、私の名が呼びあげられた。すぐに三歩前へ進み出て、まえに述べたようなやり方で敬礼をしてから、じっと静止した。〈戦地で命を落とす覚悟と意欲〉を植えつけるために、今度はどんな懲罰的な任務があたえられるのだろうか？　炎天下、給水もなしに、重装備のままで四〇キロメートルもの距離を行進する〈喜び〉はすでに知っていた。それから数々の沼地の〈魅力〉にも触れた。私のそばを何げなく歩き回っては親切に励ましてくれる勇ましい教官の命令のもとで、それらの沼地を夜通し（運がよければ雨さえ降った）歩いて渉ることが幾度かあったのだ。もちろん教官はそんなときにも、動物の生殖器と気高きハムレットの独り言[11]との間に彼という交点のあることを決然と証明するべく、常にこの上なく不愉快な語彙を用いることを忘れなかった。その弁論に重みをあたえるために、私の祖先（なんと家系図はアッティラ[12]の時代まで遡られた！）を引き合いに出すことさえあったのだ。

だが今回はそうした類いのものとは違っていた。当番の准尉[13]からは、指揮官室へ行くように、と伝えられた。なんということだろう、兵営の長である指揮官がこの一介の雑兵を待っているとは――！私は、求刑に怯える犯罪者のような慌てぶりで、その場を発った（それ以外、どうすることができただろう？）。〈酒樽〉はそのとき、そう遠くないところに立っていた。彼の虚ろな視線は、私がベランダに差しかかってとうとう見えなくなるまで、この背中を捉え続けたに違いなかった。私は四段ずつ階段を駆け上り、そして指揮官の前へ出て敬礼したまま凝立し、自らの帰属と名を述べた。

命令は次のようなものだった。装具一式を揃えて戦闘着を準備せよ、明日の朝六時にロシア戦線へ出発する志願兵の一員として。

もはや聞くべきことはなかった。私は定められた通りに敬礼し、絶望のなかで指揮官室をあとにした。前方をぼんやりと見つめながら、一歩ずつ階段を下りた。結局、私の人生はただ決まりきった筋書きをたどってきただけだった。市民生活では困苦に慣らされ、そして、〈軍事訓練〉の間に記録的な速さで蓄積された諸々の不愉快な出来事と経験からは、文句の一つも言わずに運命の暴虐へ身を差し出すことを学んできた。最後の一段を下りて、眩いほどに太陽の差す中庭へ通じる日覆のもとへ出たとき、誰かが目の前に現れた。〈酒樽〉が立っている――！　私は今一度、軍規通りの敬礼をした。すると〈酒樽〉はとても抑えた調子で尋ねてきた、

「哀れな奴よ、どんな話を聞いてきたのだ？」

　私は起こったことを手短に伝えた。〈酒樽〉はそれを何も言わずに聞くと、ちらりと私の頭上を見て（間もなくそこに光の環ができることを期待してのことだった）、ゆっくりと歩き去った。私は即座に悟った、この志願兵への突然の異動は、ひとえにこの男が仕組んだものなのだ、と。これまでの訓練期間は八週間であり、理論上はあと一四日間は戦線へ派遣されないはずだった。今回の手続きはもちろん規定に背くものであったが、それでもその効力は揺るぎなかった。〈酒樽〉は以前、私の最期の日々に面会の場を設けるつもりだと口にした。そして今、その約束を守ったのだ。規則に定められた一〇週間の訓練を終えることなく、もう翌朝にはこの最後の安息場所を出て行かなくてはならない――。私はよろめきながら部屋へ向かい、放心状態でベッドに腰かけ、頭を抱え込んだ。考えがまとまらない。私は身の回りにあるすべての物を隈なく見つめた。別れの挨拶のつもりだったのか、目に映る静物を心に刻みたいと思ったのかはわからない。ただ、少しまえまではまったく取るに足らない存在だったそれらの物は、今やとても重要なもののように感じられた――なんとかこれまで通りに、もう一四日間の人生も庇護してはくれないだろうか。どんな疲労や処罰をもってしても、私をこれほどの絶望へ追いやることはできなかっただろう。〈酒樽〉は実に見事な仕事をしたのである。

　突如として怒りの感覚が込み上げてきた。非道な〈酒樽〉の行ないよりも、むしろ自己防衛の術を

もたない自らの無力さに対する怒りだった。スターリンの破壊的な大砲が響かせる轟音は、すでに私の耳にも届いていた。私はふたたび両手で頭を抱え込み、これまでに味わったすべての理不尽な仕打ちについて詳細な告発をすることでなんとか自分の身を守れないかと、躍起になって考えをめぐらせた。〈酒樽（さかだる）〉の横暴が明るみに出て軍事省上層部の耳に入れば、参謀本部の全員が憤慨するに違いない――。そうなれば、きっと私を探し出すための人道的な行動が始まる。事によっては、ロシア戦線を徹底的に捜索するのも厭（いと）わないはずだ。そしてすぐに私をハンガリーへ送還し、兵舎での残り一四日間の訓練を受けさせるだろう――。

だが実際には、当時の混沌とした世界においては、この程度の逸脱行為など珍しいものではなかった。かなりの期間におよんで異常な生活様式にさらされたことで、私は正常な思考さえ失い始めていたのだ。

そしてようやく正気に戻ると、戦線への出発を後（おく）らせるどんな試みも、風車に戦いを挑むドン・キホーテのごとく無謀なものだという事実を、仕方なく受け入れた。明日の兵士護送に加えられるのが嫌なら、朝までに命を絶つしか手はなさそうだった。そんなことはまっぴらだ……！　首を吊ろうなどという気は毛頭ないし、ましてや、縁もゆかりもないウクライナの露天で二日も経たずに殺されることなど考えたくもなかった。私はただ、戦地の狙撃手〈酒樽（さかだる）〉の目論見（もくろみ）通りに、初日から私の身体を篩のような穴だらけにしかねない）から遠く離れて、自分に許されるはずの一四日間をこの場所で過ごしたかったのだ。ベッドから立ち上がり、中庭へと歩いた。そこで突然、一つの妙案が浮かんだ――

今すぐ、この場で、病人となるのだ。

その非現実性をあれこれ案じて時間を空費するような真似はしなかった。衆目のなか、私は直ちに決行した。一直線に地面へ倒れ込み（手をつくこともしなかった！）、目を閉じてじっと横たわったまま、ただ事の成り行きを祈った。身体がひどく痛む。もっとも、私はいかにも非難されるような卑怯な行ないをしたわけではなかった——大変な危険の伴うことを承知していたのである。戦線に出る直前の仮病を暴かれると、軍事裁判所から派遣された司祭の癒しの言葉によって最後の治療が施され、即刻、射殺されることとなる。

もう後戻りはできない。どんな帰結を迎えるかもわからない。今や、単なる心身の自由に留まらず、私の生命それ自体が危険にさらされていた。もし上手くいかなければ、どんなに運がよくても軍事監獄（その規律は軍隊のものより一層苛烈なのだ）に長年抑留されることは避けられない。そうなれば、人前で昏倒劇を演じた判断は果たして正しかったのかと、延々自問し続けるはめになるだろう。しかし、もはや選択肢はない——賽は投げられた。

近くに〈酒樽〉はいないようだった。私はまだ目を閉じたままであったが、周りに人だかりができてくるのがわかった。すると准尉の声がして、私を自室へ運び、意識が戻り次第、医務室へ（それこそ私の行きたかった場所だ）連れていくように、と命令した。私はこの二か月の住まいであり、安息の場所であったキャンプベッドの上へ運ばれた。

天災というのは油断した頃にやってくるものだ。少し回復した私は、二人の兵士に腰を支えられながら、多少外れたところにある医務室へ向かうこととなった。私の身体は打撲痕に覆われていて、顔にはそれらしい苦悶の表情が浮かんでいたはずだ。医務室に着くと、男の看護師が現れたが、彼はすぐに出て行ってしまった――どうやら、すでに軍医官はこの日の診察を終えて帰ったあとのようだった。無論、代診の医師にかかることはできたが、それでは仮に好都合な診断が得られたとしても当面の軍務免除に必要な証明書――私の最後の望み――を交付されることには繋がらない。なぜなら代診医にはその発行権限がないのだから！　この事態に私の体調は本当に悪くなり始めた。軍医官は翌朝一〇時まで戻らない――。私はその四時間まえには、直ちに出発できるように装具一式と戦闘服を身に着けて、列に並ぶことになっているというのに！　そうなると私が演じた昏倒劇が公的な裁きにかけられることもなさそうだ――。いや、あるいはこの状況自体が一つの判決であるのかもしれない。もはや私にできるのは、出発の際に〈脚絆(ゲートル)のボタンが外れている〉ことのないよう、準備しに行くことだけだった。そうだ、いざとなれば、列車のなかでまた奇病を装うこともできるではないか。もし、護送を受けもつ衛生官がその腰袋(ホルスター)から小型医療事典を取り出さずにはいられないほどの症状を演じきり、なおかつそれが仮病によるものだと見破られずに済めば（今思えば無理のある仮定だが）、ひとたび地獄の門に到着したあとで、送り返してもらえるかもしれない――。しかし、結局のところ、そんな音楽家の白昼夢(はくちゅうむ)は兵士の現実にはそぐわないものだった。自らの仕事をよく心得ている代診医は、同情を見せながら、どこか皮肉っぽく言った、

「ちょっとした、一時的な眩暈ですね。きっと急な出発が決まって驚いたのでしょう。」

私は仕方なく、新しい装備を揃えるために軍用品倉庫へ向かった。軍靴、防護帽、機関銃、弾薬、銃剣といった、世界中の敵国民――家父長主義的な軍隊によって戦場へ駆り出される日を待って母国に残っている人々――との相互理解に欠かせない平和を運ぶ器具を調達するために。

建物に入ると、いくつもの部屋が果てしなく続いていた。衣類を配給する最初の数部屋（そこで、頼りない兵士は残忍な戦士に早変わりする）を別にすれば、そのほかの部屋はすべて、ありとあらゆる種類の軽火器[14]であふれ返っていた。どれも興味深いほどに創意に富むもので、その持ち主が一瞬のうちに敵を〈次なる世界〉に送り込めるよう意図されているのであった。

部屋から部屋へと機械的に移っていくと、私の腕のなかには装備の山が出来上がった。倉庫管理人は、誇らしげな様子で、新型の近距離戦闘用ナイフの利点を新兵たちに教えていた――敵の肋骨を貫くための理想的な角度を再三示しながら。私はその話を上の空で聞いていた。そのうち、彼の解説は最高潮に達した、

「それでだ、お前ら、よく見てろよ、引き抜くまえにこうやってな、捩(ね)じってやれ！　そしたらもう奴(やっこ)さんお終いよ。」

不快な描写でしかなかった、少なくとも私にとっては。

もう降参だ。明日の朝には戦線に向けて出発しなくてはならない。運命の航路を、それもほかならぬ自分自身の運命の航路を、わずかに狂わせることさえ叶わなかった……。

つまり代診医の所見に誤りはなかったのだ。

「もう手遅れだ……どうしようもない」、大量の荷物を抱えて兵舎へ戻る途中、私はそうつぶやいていた。

しかし物事は意外な展開を見せた。日暮れ頃、医務室からの遣いが私の部屋へやってきた。なんと、急な用事によって軍医官が戻り、ついでに私を診察すると言っているらしい――それも直ちに。この思いがけない成り行きは私を不安にさせた。あれだけの精力をそそぎ込んだ演劇の第二幕を即席で演じ直すというのは、容易なことではなさそうだった。そして、もし私の虚言（きょごん）によって面倒を被ったことに気付けば、冷酷な性格と噂される軍医官は即座に法廷への片道切符を発行してくれるに違いなかった。目に浮かぶのは、武装した二人の兵士の間にいる自分の姿だ。手錠をはめられ、処刑台のほうへ進んでいく――。

だが、そんな懸念があるにせよ、つい先ほどまで私が熱望していた〈軍医官の呼び出し〉に応じないわけにはいかなかった。午後六時、私は指示された通りに医務室の待合にいた。ぼんやりと壁を見つめた。多くのことに翻弄（ほんろう）されてきた人生であったが、またしても他者の一存にすべてを左右されるのだ。壁にはそれぞれの診察室へ続く戸がいくつもはめ込まれている――私の次なる主人はそのいずれかの奥にいるらしかった。

訳註

（1）アドルフ・ヒトラー（Adolf Hitler, 1889–1945）。ドイツの政治家。ナチスの独裁的指導者としてドイツを全体主義国家にした。

（2）ヨシフ・スターリン（Iosif Stalin, 1879–1953）。ソヴィエト連邦共産党の指導者。大量粛清などを通じてソヴィエト連邦の専制支配を行なった。

（3）左の軍隊階級図を参照。

大元帥（Generalissimo）

元帥（Marshal）

将校（Officer）
- 大将（General）
- 中将（Lieutenant General）
- 少将（Major General）
- 大佐（Colonel）
- 中佐（Lieutenant Colonel）
- 少佐（Major）
- 大尉（Captain）
- 中尉（Lieutenant）
- 少尉（Subaltern）

下士官（Non-commissioned Officer）
- 准尉（Warrant Officer）
- 曹長（Sergeant First Class）
- 軍曹（Sergeant）
- 伍長（Corporal）

兵卒（Soldier）

軍隊階級図

（4）前出の軍隊階級図を参照。
（5）前出の軍隊階級図を参照。
（6）約一〇八キログラム。
（7）前出の軍隊階級図を参照。
（8）バルトーク作曲の同名の舞台からの引用。一種の誇大妄想狂（メガロマニア）である中国の高級官吏が登場する。
（9）一七世紀に設立された歴史あるフランスの国立学術団体。定員四〇名の終身会員によって構成される。
（10）力強く決然とした考えを外面的な優しさによって隠すことのたとえ。
（11）「このままで生きるのか、否か、それが問題だ」（To be, or not to be, that is the question）のこと。
（12）アッティラ（Attila, ca. 406–453）。五世紀頃に東ヨーロッパ周辺で栄えた遊牧民フン族の王。現在のフランスやイタリアにあたる西ローマ帝国に攻め入り、崩壊へ追い込んだ。
（13）前出の軍隊階級図を参照。
（14）拳銃や手榴弾のような、兵士一人で携帯操作できる火器のこと。

第五章　嫉妬の死

私は、半ば茫然自失の状態で、今にも最後のカードを切ろうとしていた。そのときだった、待合室の入り口の戸が開き、細作りの若い少尉が入ってきた。私は驚いて立ち上がり、直立姿勢で敬礼をしたが、彼の答礼はいかにも気怠(けだる)そうなものだった。

少尉が近くに来ると、その容貌に心なしか見覚えのある感じがした。でも、どこで彼と会ったのだろうか？　尋ねてみたかったが、診察室の戸がわずかに開いて、軍医官の顔が覗いた。どうもこの少尉に用があるらしかった。

「おお、やっと来てくれたか、会えて嬉しいぞ！」、軍医官はあきらかに興奮した様子でこの客人のもとへ近寄り、熱烈な握手を交わしてから、丁重に傍(わき)へ下がった——少尉を先に部屋へ入れるために。

ほとんど諂いと紙一重ともいえる、軍医官のこの愛想のよさには、興味をそそられた。軍隊の上官がこんな風に部下（友人というわけでもなさそうだった）と接するところは、これまで一度だって見たことがない。そして、彼らはそのまま診察室に入ると、後ろ手に戸を閉めた。私はその光景を見てふ

と思った、

「ひょっとして、あの男、まえにもこうして私の立場を奪ったことがあったのではないだろうか――？」

この感覚は幼少期の記憶を呼び戻した。〈神童〉の座を私から奪い取った一人の青年の記憶だ。フランツ・リスト音楽院で彼と出くわすたびに、私の心には嫉妬が沸き起こったのだった。彼の卓越した演奏の威光は、いたるところでその立ちふるまいと忌々しい存在感とに反映され、幼少期の私をひどく悩ませた。医務室の待合に座りながら、音楽院での日々を振り返ってみた。素晴らしいコンサート・グランドピアノの君臨する巨大な教室が目に浮かぶ。特別な免除措置*によって入学を許された少しあとで、私はその青年と出会った。私は一二歳で、彼はその二倍近い年齢だった――それでもクラスではもっとも若い生徒の一人であったが。その演奏に漲る自信は大人の体力と成熟の賜物であり、私のような巣立って間もない小鷲(こわし)とは比較にならないほど優れていた。ああ、彼のように弾けたなら！　少年の立場からすれば、歳の差によるものだから仕方がない、などといった言い訳は到底納得できるものではなかった。クラスの大人に交じって期末試験で一番になるのはまだ難しいとしても、少なくとも取り残されるわけにはいかないので、彼らのような演奏ができるようにといつも必死に練習したものだ。この青年の才能には感服させられたが、それでも私にとっては純粋に一人の競争相手なのであった。彼は皆が正しく弾けずに困っているような技術的な難所さえいともたやすく片付けてしまい、その見事なヴィルトゥオージティは私の心を称賛で埋め尽くした。その妙々たる演奏解釈に集中させないほどに、彼の技巧は魅力的だった。周りにいた生徒たちも、間違いなくその貴族的な美点に魅了されたことだろう。可能なかぎり教師の期待に応えようと他の生徒たちが必死に作品をかき鳴らしていくなか、彼は同じピアノ——つまり荒々しく叩きつけられたばかりのピアノ——に指を触れて音楽と一つになり、何度も私たちを深く感動させたものだった。幸運の女神は彼に微笑んでいた。当時、非常に裕福で影響力のある一家の一人息子であることは、社会におけるあらゆる格別の配慮を約束されたも同然であった。その青年は華麗なスポーツカーに乗って通学し、いつも最新の流行に身を包んでいた。もちろん他の生徒たちも申し分のない服装をしていたが、彼の場合は桁違いだった。同じ服が二度と着られるところすら見た記憶がない。その姿を見るたびに羞恥心と劣等感が沸き上がった。しかも、私のたった一着のズボンときたら、母がいつも縫い足し続けてきたもので、ほとんど人前に出られないような代物なのである。同じことは一着だけのシャツにもいえた。もっともシャツの場合には縫い足して大きくすることができなかったので、そう遠からず縫い目から破裂する運命にあることは明白であったが。

その青年は、見事に卒業証書を勝ち取ると、すぐに音楽院をあとにした——傑出した経歴となるに違いない仕事に着手するために。彼は直ちに国内外での演奏旅行に取りかかったのである。そし

＊特別という言葉を使うのは単なる自慢のためではない。実際、他の音楽学校での予備教育をまったく受けていなかったにもかかわらず、ほとんど一瞬で特別講義（マスタークラス）へ編入されてしまったのだから。

て、その演奏旅行に向けて出発する直前に、彼は別れの挨拶をしに音楽院へ立ち寄った。プログラムから何か弾いてくれないかと教師が頼むと、青年はいつも通り快く引き受けてショパンの《幻想ポロネーズ》[1]を披露してくれた。その気高い演奏解釈は、幻影を見ているようでありながら、恐怖さえ感じさせた。部屋中にショパンの驚くべき繊細優美（モルビデッツァ）が渦巻いた。ピアノは彼の指の下で歌い、溜息を吐き、乞うていた。この作品を弾くにはピアニストはすべての感情（他の作曲家によって示された全感情でも足りないほどだ）を必要とするが、このことは、ショパンの美の境地に完全に入り込むことのできない音楽家には乗り越えられない困難なのである。曲が終わる頃には、私は今にも泣き出しそうになっていた。最後の音が消えてなくなると、恥も周りの目も気にせず、私はピアノへ駆け寄った。彼はじっと静かに座っていて、両腕はくたくたになった操り人形のそれのようにだらりと垂れ下がっていた。私は子供に似合わない深い声で尋ねた、

「いったいどうすれば、そんな風に完璧に心の震えを伝えきることができるのですか？」

返事をする素振りが見られなかったので、私はしつこく聞いた、

「この作品を演奏するとき、何を見て、何を感じているのですか？　この音楽作品とあなたとの意思疎通は、まるで結ばれた男女のようです（どうして私はこんなことを言ったのだろう？）。どうやっているのか教えてくれませんか？」

青年はうんざりした様子でこちらを向き、無感情な声で答えた、

「こういう曲を書くには、その人は死の間際（まぎわ）にいなくてはならない。ショパンがそうであったように。

そんな作品の響きを伝える人は、彼らと同じ状況に身を置く必要がある。あるいは自分の年齢以上の魂を備えているといったところか。」

私が一二歳のあらゆる知恵を絞って彼の不可解な言葉に頭を悩ませている間、きまりの悪い沈黙が続いた。私たち二人が会話をしたのは、あとにも先にも、この一度きりであった。

聞くところでは、厳しい時期が訪れたとき、彼は軍役に就くために国外での演奏旅行を切り上げてブダペストに戻らなくてはならなかったらしい。

＊　＊　＊

だが、軍隊での診察という場面においても、この音楽院以来の競争相手は私などよりずっと幸運に恵まれていた。こうした格差の背景には、たとえ自覚がないにせよ、彼自身に起因する部分も少なからずあったに違いない。私の出会った医師はといえば、ろくに診察もしないまま、もし愛国心を示さずに他の志願兵たちと同じ列車に乗り込むのを拒めば軍事裁判所送りになるぞ、といって脅すだけであったのに、この同窓生の場合は、なんと診察室の入り口まで軍医官に付き添われたのである――それもかつてなく追従的に。しかも、彼らの会話を聞いたかぎりでは、この少尉はすべての軍務を免除されているらしかった。部屋から出てきた二人は、アドリア海の岸辺で療養することの利点について談笑していた。

またも嫉妬心が込み上げた。この男が家族とヤシの木の翳(かげ)に腰を下ろしている間、私のほうはスターリンのミサイルを避(よ)けるために地面に蹲ることになろうとは――！　実をいうと、私はこのとき、彼が病気であるとは信じていなかった。それどころか、人生はただこの男が天恵に浴するために作られていて、今度もその後ろ汚い幸運によって軍務免除を引き寄せたのだろうと確信していた。彼にはモンテネグロの風光明媚が、私にはポーランドの凍原があたえられる――。彼は単なる紙切れによって救い出されたのだ、ドイツの鞭(ウィップ)やロシアの皮鞭(ナウト)、それにハンガリーの警棒(トランチェン)*からも。

＊　＊　＊

数か月後、私はポーランド某地の戦線に立っていた。ある晩、野営の無線係をしていた友人と一緒に行動することがあった。二人は、数人の兵士と農民（哀れなことに、鉄くず同然の機関銃を用いて国を守ろうとしていた）の撃退を図ったあと、宿営地へ向かって泥のなかを腹這いで進んでいた。敵の集中射撃の合間に、この仲間はふと動きをとめて泥に腰を下ろし、煙草を巻いて火を点けると、私に向かって言った、

「お前、ピアニストらしいじゃないか。」

「何のためにそんなことを言うんだ？　君の葬送行進曲を明日に手配したいという話なら、お断りするよ、あいにく線路を敷く予定が入っていてね」、私は陰気に答えた。

「そうじゃない」、彼は物憂げな表情を浮かべて言った、「無論、その思いつきも忘れないように書き留めておくが。いつ必要になるかわからないからな。お前に聞いたのは、ある仲間がいたからなんだよ、ブダペストに。そいつは音楽院の頂点にいる生徒さえ羨望に青褪(あおざ)めさせるような凄まじいピアニストだった。しかも博士号までもっていたんだ。名前はG…F…だった。(2)」

「だった？　どうしてそんな言い方をするんだ？」

そのとき、私たちは敵から危機一髪の攻撃を受けた――どうやら煙草の明かりに裏切られたらしかった。

「それは、死んだからだ」、より深い水溜まりにへばりつきながら、この仲間は答えた。

「死んだ？　いったいどうして？」

仲間は一層必死に腹這いになって、悲しげに歯で笛を鳴らした、

「癌(がん)だったのさ。」

顔に塗りつけた泥の下で、すっと血の気が引いていくのを感じた。電撃を受けたかのようだった。私はすぐに、二人の仲を遠ざけていたあの対抗心のことを思い返した。悲惨な、越えがたい階級の壁が、私たちの間に聳えていた――。その夜、泥々にぬかるんだ地面を這いながら、私は一つの誓いを

＊これは今やすっかりドイツ主義運動に仲間入りした警官たちのかなりのお気に入りだった。

たてた。

芸術的価値と技能を備えた人間に対しては、たとえ私が劣等感を覚えたとしても、もう二度と身勝手な捉え方はしない。必ず謙虚で率直な称賛を送る。

＊　＊　＊

幼少期に犯した最後の罪を大人の分別によって償うには、理想的な場所だった。称賛の的になっている誰かに嫉妬心を抱いたのは、後にも先にもこの一度しかない。最初に出会ったときから当分の間は、彼に関してはあらゆることが順調に進んでいった。他方、私は次々と押し寄せる不幸を果てしなく払い除け続けていたが。その代わり、彼の履歴書には承諾を余儀なくされた一つの特別条項があったのだ。もちろん、彼がその運命をどの程度把握していたかを口にしてみるほど、私は大胆でもないし、無遠慮でもない。しかし、必ず何らかの予感はあったに違いない。特定の人々に対してその寿命が急速に終わりに近付いていることを伝え、将来を買い被らないようにさせる予感が。この特殊な感覚に恵まれた人だけが、私が〈別誂えの潜在意識〉と呼ぶものによって、その使命を遂げるためにあとどれだけの時間が残されているかを感じ取ることができるのである。それは、信仰と同じく、神からの贈り物である。授けられた者は実際に行使し、他の者はそれをもっているとただ嘯く。そして最上の能力を授けられた音楽家こそは、聖なる神秘を覆うヴェールを――たとえそのほんの一角だけだとしても――持ち上げうるのである。

あの傑出した若きピアニストは神によって許されていたのだ、その生きている間に、ほとんどすべての音楽家を作曲家の真の境地から隔てる〈越えられない一線〉――非常にわずかな数の選ばれた人間しか通さない分界――を渡ることを。だが、最後に私が彼の姿を見たとき、その唯一の願いは生きることであったに違いない。無情にもすでに死神によって定められたあとであったが。目に見えない無慈悲な亡霊は、この日、私たち二人の兵士を見落として通り過ぎていった。何より私の心をかき乱したのは、どこまでも私の足跡を追ってくる厄難から逃れるための手段として、健康な体をした自分が大病を装って神の助けを求めたという事実であった。

死神は約束通りに現れたが、私ではなく、別の人間を選んでいった。かぎられた少数の天才であった男、つまり私が音楽の境地にいたるための通り道を見つけるのを誰よりも的確に助けてくれたはずの純然たる競争相手を、失ってしまった。秘密の通り道も、今や自分ひとりで探し出さなくてはならなかった。どうしてこんなにも儚（はかな）い友情が築かれてしまったのか、今も考えずにはいられない。そしてこれからも永遠に後悔し続けるのだろう。

訳註

（1）Polonaise No. 7, Op. 61 (1846).

（2）ジョルジ・ファラーゴ（György Faragó, 1913–1944）。

第六章　ピアノではなく、蒸気機関

一九四三年の終わりも近かった。私のいた師団は、雪深い風景と対峙するために必要な最低限の装備品を受け取ることもないまま、厳しい冬に虐げられ始めていた。私は、案の定、ドイツ－ハンガリー軍司令部によってウクライナ戦線へ送り込まれたのである。さらに不運なことに、私の所属する部隊は一台の自動車さえ保有しておらず、しかもその騎兵隊には、絶え間なく前進してくる赤軍(1)の動きを遅らせることが期待されていた。これは、戦線でドイツの兵団が大量に殺され、もはや赤軍の地滑り的圧勝に対して意味ある抵抗を続けられなくなったためだった。私たちは馬を駆けてドイツ兵団を支援することとなった――巨大な装甲戦車や長距離砲、そしてもっとも恐るべきソヴィエト産業技術最新の精華、〈スターリンの連装砲(オルガン)〉に立ち向かうのである。

馬で戦車に挑もうとは――！

そして、何キロメートルも彼方(かなた)から私たちを射撃する大砲には、手抱え式の機関銃と手榴弾(しゅりゅうだん)とが相対した。一分間に一二〇発もの砲弾を吐き出す連装砲を黙らせようとしたのは、小さな機関銃が備えつけられただけのハンガリーの軽飛行機（それもたったの数機）だった。自分たちは最高司令部にとって〈戦闘部隊〉というよりもむしろ敵の砲弾に供されるべき〈捨て駒〉なのだという事実は、優れた軍事学者を呼ぶまでもなくあきらかであった。〈進駐か、討ち死にか〉という命令はドイツ軍だけでなくハンガリー軍にも下されていたが、私たちの部隊の司令官は、可能なかぎり損害を抑えたいと考えて（ありがたいことだ！）、自発的に部隊の兵力を大規模な攻撃にではなく陽動作戦や妨害工作のために振り向けていた。彼は、大砲や他の重火器の爆撃の織り成す世界の終末の叫びに先立って聞こえる戦車連隊の轟音から、敵の前線が日ごとに近付いていることを知っていたのだ。

すべての作戦において、いつ止(とど)めを刺されてもおかしくはなかった。仲間の兵士は徐々に間引かれていった。彼らは単に日々の小競り合いのなかだけで命を落としたわけではない。あらゆる藪や樹木のなかに別動兵(パルチザン)(2)や狙撃手が潜んでいた。連中はその天使のような強烈な意志と忍耐力とによって、頭を逆さにしたまま樹洞のなかに張りついて昼夜を過ごすことも厭わず、可能なときにはいつでも偵察兵の眉間に銃弾を撃ち込んだのである。ここ数か月、私はそんな環境で生活していた。

敵側が長距離火器を用いた襲撃を仕掛けてくるたびに、仲間の一割程度が殺戮(さつりく)に遭い、敵の姿を見る間もなく死んでいった。しばらくすると、騎兵隊員に勝ち目がないことはあまりにも明白になった。そのため、戦車を扱う訓練をするようにと部隊長から求められたとき、私は何の躊躇(ためら)いもなく受け入れることができた。三か月の訓練のあと、私は戦車の操縦士になった。馬に跨(また)がっていたときよりも自分の命が安全な状況に置かれたことはあきらかだった——今度は少なくとも自己防衛のための有効な手段をもっている。そうはいっても、一発の砲弾や一個の対戦車障害物（タンク・トラップ）、もしくは狡猾（こうかつ）に隠された一本の地雷は、それだけで私の人生を終わらせることができそうだったが。戦車の型式は最近のものであったが、すでに消耗の兆候が見え始めていた。しかし、予備の部品もひどく不足していたために、私たちは傷みの激しい箇所を無理やり繕うことを余儀なくされた。補修の効果が長続きしてくれることをただ祈るしかなかったが、その点では私は幸運に恵まれた。一方で、不幸だったのは、敵側の戦車がこちらのものより遥かに防弾性と馬力に優れていたことだ。私たちの戦車は軽量で機動性に富んではいたが、T－34[3]の分厚い甲冑（かっちゅう）をへこませてやろう（貫通させるとまではいわずとも）と思うと、その巨体にかなり接近する必要があった。一方のロシア軍は口径や全長を改良した優れた大砲を所有していて、その照準を慎重に定めることで、地平線上に出てきたばかりのハンガリー軍の戦車を瞬く間に鉄くず同然にすることができたのだった。彼らの弱点といえば、動きが遅いことだけだ。三四トンもの活動する金属は、ちょうどブロントサウルスと同じだけの恩寵（おんちょう）にあずかったといってよかった。一日、長距離砲を駆使した砲兵射撃によってその通り道が作られると、T－34は何百という大群で標的に向かって動き出した。そうなるとハンガリー軍にできるのはただ戦線を引き下げることだけであった。

＊＊＊

クリスマスも近い一二月のある日、私の所属する部隊は急遽撤退して、ある寂れ果てた村にいた。そこで人的、物的な補強を待ってから、ふたたび戦線に戻り、出陣を——おそらくは、最後の出陣を——仕掛ける計画だった。ちょうど、この日の夜間に見張り兵として村の外れに立つこととなっていた私は、数時間の仮眠に就くまえに、淡々と小銃の手入れをしていた。大まかにいって、兵士の五人に一人は屋外での一夜のあとに行方がわからなくなるのだ——。私は自分の生き残る見込みを試算しながら、他の兵士が大声で話をする様子をぼんやりと眺めていた。幸運にも彼らには見張り番になるまでにまだ何日かあった。すると突然、戸が開き、一人の中尉が部屋へ入ってきた。彼は、気を付けをするな、と合図して、誰彼なしに尋ねた、

「このなかで楽器を弾く者は?」

「弾けません」、全員が声を揃えた。

「お前はどうなのだ?」

中尉は私が答えていなかったことに気付いたらしかった。私は銃を壁に立てかけると、不機嫌そうに答えた、

「かつて、ピアニストだったことがあります。」

「だったことがある、というのは?」、中尉は近付いてきた。

「もう二年も鍵盤に触れていないものですから。」

「理由がそれだけなら」、中尉は笑みを浮かべながら言った、「今晩、その失った時間を取り戻せ。実

は、ヴェーアマハト(4)高官の何人かが思いがけなく本営を訪れたのだ。多分、戦線を越えたところのお友達に提案しないといけないことについて、何か話をしたいのだろう。それで、ドイツ人というのはよく肥えた耳をもっているようでな」、からかうような口調で続けた、「蒸留酒(シュナップス)をがぶ飲みしたり、あれこれ皮算用したりする間に、ちょっとした音楽を聴いていたいらしいのだよ。今夜、見張りが当たっているというなら、なおのこと受け入れたほうがいい。雪のなかでぶらつくよりは健康のためになるに決まっているからな。ピアノはドイツ軍が提供してくれるそうだ、それにお前が準備練習をするための若干の時間も。」

私はたしかにもう一度ピアノを弾きたいと切望していたが、それでも最初の反応は、これを拒否することだった。中尉はしつこく言った、

「しっかりと、慎重に、考えてみたほうがいいぞ。これができるのはお前しかいない。おまけに、そうなれば明日の正午まで軍務が免除されるのだ。六時間も雪のなかで見張りをしていたいのか、どうなのだ?」

「……承知しました」、中尉の論理にはそれほど納得していなかったが、私は抵抗することに疲れて受け入れることにした。

「素晴らしい。ではドイツ軍に伝えておこう。あとでお前をピアノのところまで連れて行ってくれるはずだ。きっと今晩の九時まえには結構な騒ぎになっているぞ。九時きっかりには会場に入っておくようにな。」

中尉は戸口へ歩いていき、戸に手をかけたところでくるりと振り返った、

「今は戦車のことは忘れて、しっかり身嗜みを整えておけよ。必ずコンサートを成功させるのだぞ！」

そして中尉が去ると、仲間の一人が言った、

「上手くやりやがったな！　まあ、今夜は俺らの分までたらふく食ってきやがれ。そんで、そのついでに」、彼は低い声で付け加えた、「司令部の貯蔵室(セラー)から小さい酒瓶の一つでも失敬してきてくれりゃ、誰もこのことを根にもったりしねえからよ。」

　私は最善を尽くすと彼らに約束した。そのうちにメルセデス・ベンツがやってきて、楽器の現物を見せるために私をドイツ軍の宿舎まで連れて行った。驚いたことに、想像していたような使い古されたアップライトピアノではなく、状態のよいベビー・グランドピアノが置かれていた。〈真実の時〉が訪れようとしていた。二年間の中断のあとに、二時間の練習によって両手をふたたびしなやかで正確なものに戻さなくてはならないとは、なんという運命の皮肉であろう。私は最初の一時間を、和音の音階(スケール)、それに四度、五度、六度などの音階(スケール)を復習(さら)うことに費やした。それから、思いきってリストの《前奏曲》[5]のいくつかの主題を用いて即興を始めた。次第に勘が戻ってきたので、ワーグナーの《トリスタン》[6]、《ワルキューレ》[7]、《マイスタージンガー》[8]から抜粋した接続曲(メドレー)にも取りかかった。この名案は、〈情け深い庇護者〉の手前ということもあって緊張感が漂いやすい場の雰囲気を、上手く盛り上げることができそうだった。そして最後はヨハン・シュトラウスの主題による接続曲(メドレー)に、大団円としてハンガリーの軍隊行進曲と民謡（ハンガリー軍司令部へ敬意を示すためだ）を誂(あつら)えて締めるこ

とにしようと目論(もくろ)んでいた。八時になると、私は練習をやめ、身支度をしに部屋へ戻った。

準備が整ったので、あらかじめ中尉に伝えられていた建物*に入った。そこの大部屋の一つが、会議や交歓会のために将校らへ供されていたのだ。葡萄酒やビール、それにコニャックの置かれた小さなテーブルが二〇卓ばかり並べられ、それぞれに五、六人の男が座っていた。中央に配置されているのは今宵のためのピアノだ——明るく輝きながら準備万端と蓋を開けている。ハンガリー軍の灰色の軍服に交じると、黄色い制服の数人はよく目立った。胸にメダルを下げたドイツ軍人の目元には、片眼鏡(モノクル)が美しく光っている。染み一つない純白のクラバットを首周りに緩く巻きつけた彼らは、手袋を着けたまま、グラスを口元へ持ち上げた。そんな〈超人〉の一人が、気怠そうな仕草をして（こちらに一瞥をくださることもなかった）、ピアノの前へ行くよう私に合図した。私はそれに従って、軍人たちの会話が続いていることを気にせず演奏を始めた。最初の一曲に取りかかるとき、私は聴衆を黙らせるためにできるかぎりのことをしてやろうと誓いをたて、ハチャトゥリアンの《剣の舞》[9]による即興をすることにした。一瞬のうちにきまりの悪い沈黙が部屋中を覆い、非難するような視線を背後に感じた。だが、私の即興演奏のもつ見世物的な側面が、居心地のよい雰囲気を作り出してくれた。そして、軍人たちの沈黙に乗じて、《ニーベルングの指輪》[10]の主題のいくつかを用いた即席の演奏を

*村の学校と町役場を兼ねていた場所だった。

始め、それらの主題を曲中で重ね合わせていった。弾き終えて顔を上げると、嬉しいことに、すべての会話がとまり、椅子という椅子がピアノのほうを向いていることがわかった。

お約束の《リリー・マルレーン》(11)によるいくつかの変奏と、《美しき青きドナウ》(12)をもとにした多少の曲芸を披露した頃には、高尚な聴衆たちは自らの体内に飲料をそそぎ込むことすら忘れてしまったようだった。曲の間になっても拍手一つなかったので、まるで演奏試験でも受けているかのような心地がした。彼らは奇人を見るときの目をして、ただ私の手元に見入っていた。その後、リストの編曲したベルリオーズの《ハンガリー行進曲》(13)を弾き終えると、私は少し休憩したいと思ったので、まだ衝撃と静寂が辺りを包み込んでいるなかではあったが、椅子から立ち上がった。すると突然、万雷の拍手が巻き起こり、私の演奏を称えようと何人かの将校が周りに集まってきた。だが彼らはすぐさま両脇に散った。そしてその間から、おびただしい数の勲章を付けた男が現れた。喉元に目をやると、開いたシャツの襟の間に、光り輝いて絡み合う二枚の楢の葉飾りと鉄の鉤十字が見える――。その男は少将(14)だった。シャンパンの入ったグラスを両手に持っていて、その片方をこちらに渡しながら言った、

「わしはこの部隊で責任者を務めている者だ。少し祝わせてくれ、君の素晴らしい演奏を。実はわしもピアノを弾くのだよ、それだけに一層楽しませてもらった。かつてベルリンの音楽院に通っていたものでね。」

なるほど、〈悪魔は自分の面倒見がよい〉というわけか……、丁寧に謝意を表しながら、私は思った。

「わしが言いたいのは」、少将は続けた、「ブゾーニ(15)はおそらくあの世代における最高のヴィルトゥ

オーゾだったが、それでも君が今やったようには弾けなかったに違いない。いったい、どんな馬鹿が、君をこんなところへ運んできたのかね?」、彼は途方に暮れた様子で尋ねた。

私は苦笑いをした。

「戦争が始まったためであります、少将殿。」

「それはそうなのだが」、彼はこちらを見て言った、「すまない、わしの言い方が悪かったのかもしれんな。わしが知りたいのは、こんな才能を無駄遣いして、まったく無意味に戦線で危険にさらしている大馬鹿者は、どこのどいつなのか、ということだ。」

「少将殿」、私は言った、「それは幾分答えにくい質問であります。」

「何ゆえだね?」

「それは」、私は慎重に言葉を選びながら答えた、「私が仕えることとなったその軍隊の上層部に、少将殿がいらっしゃるからであります。」

少将は吹き出して笑った。

「ああ、まったくその通りだ」、彼は機嫌よく言った、「そしてその立場から、君に何かしてやりたいと思っているのだ。少しとなりの部屋へ移るとしよう。」

部屋へ入ると、彼は後ろ手に戸を閉め、私に椅子へ腰かけるよう促してから、思案顔をしてじっと立っていた。そして部屋中を一頻り(ひとしきり)歩き回ってから、私の前でぴたりととまった。

「さて」、彼は言った、「一週間もしないうちにベルリンの大本営へ戻ることになっている。戦況全般を伝えて、さらなる指示を受けるためだ。もし君も同行するのであれば、リヒャルト・シュトラウスに紹介しよう。一度君の演奏を聴けば、彼は総統[16]その人に直接かけ合ってくれるに違いない。この戦争はもともと総統がお考えになっていたよりも長期にわたるであろうが、最後に勝利するのは我々だ。君はこの機会を受け入れたほうがいい。数日のうちに、君の所属する師団は大規模な作戦へと投入される——赤軍野郎の前進に終止符を打つためにな。しかし君のような人間がその一部になるのは本当に不憫（ふびん）なことだ。ドイツ軍はきっと君の並外れた才能を十分に認めてくれる。どうだ、頷いてはくれないかね。」

夢のような話だった。地獄の代わりに安寧（あんねい）がもたらされる——。戦線に控える狙撃の名手ではなく、リヒャルト・シュトラウスの庇護があたえられる——。私は白昼夢にふけり始めていた。少将は私の緊張を和らげようとして話し続けた、

「よし、君に二四時間あたえよう、その間に熟考してみてくれ。さあ、今日はもうこれを持って宿舎へ戻り、ゆっくりと休むことだ。」

彼はそう言ってポケットのなかから革張りの携帯瓶（フラスコ）を取り出すと、私に手渡した。

「フレンチ・ブランデー、この面会の記念品だ。君はたしかにこれを受け取るに値する。」

私は立ち上がり、挨拶をして、その場をあとにした。夜の冷たい空気が気持ちいい。私はまだ起きたことすべてに茫然としていたので、すぐに眠れるとも思えず、辺りを少しぶらついてみることにした。歩きながら、少将の言葉について考えた。

第一に、ドイツに渡ったあとはどのような展開になるか。私の演奏は、必ずや偉大なるシュトラウスの興味を引くことができるはずだ。そして彼の助けを得られれば、静かで平穏な環境のなかで練習ができる。少し時が経てば家族だって私のところへ引き寄せてもらえるかもしれない――。そこまで考えたとき、すぐさまそんなことは不可能だと気付いた。なぜか。妻は生まれこそローマだが、エジプト系であった。くすんだ色をしているに違いない息子の肌や、この動脈を色濃く流れるジプシーの血も、どんなにあがいたところで典型的なアーリア人と見做(みな)されることはない。つまり私たちにはドイツ人に交じって心穏やかに暮らすことなど許されない。明白なことだった。

第二に、数日以内に決定的な攻撃を仕掛けると少将が述べていたことも気になる。どう考えても、赤軍以上に、私たちにとって決定的なものになりそうだった。戦うことそれ自体よりも、まったく成就する見込みのない運動のために死ぬのだということが気を重くさせた。すでにこのとき、私たちの軍隊は途方もない数のソヴィエト軍によって事実上包囲され、百キロメートルほど離れた場所から何千もの火炎放射器を向けられていたのだ。

結論は導かれた。もう一度美しい祖国を見たければ、どちらの銃弾の射程に留まることも賢明ではない。

ここまで思索を繰り広げた時点で、私は列車の停留所に差しかかっていた。そこは軍事物資の唯一の補給路であり、外界との唯一の接点でもあった。すでに目は暗闇に順応していたので、近くにある黒く大きなかたまりの姿を捉えることができた。ぎこちない息切れと、燃え殻と火花の雨とが、交互に生まれている――蒸気機関車だ！

もう少し近くへ寄った。荷台に安そうな石炭（おそらく褐炭の一種だろう）を満載した給炭車が繋がれている。そして車両編成の仕上げとして誂えてあるのは、一九〇〇年代のものと思われる、年季の入った食堂車だ。どう見ても、少将とその取り巻きを乗せてきた列車に違いなかった。その傍で、二人の哨兵が(17)見張りをしているのが見えた。怪しいものは何でも銃撃せよと命令が下っていることは知っていたが、私は哨兵たちのところまでさっと歩き寄った。幸い、彼らは私と同じ小隊に所属している兵士であったので、すぐにこちらを認識してくれた。

「なんだ、音楽家さんじゃないか！　こんな時間に何してるんだ？　紳士の皆様を楽しませる役目は終わったのか？」

「なんとか終わったよ」、私は返答した、「それで寝るまえに少し寛ぎたいと思って、この辺をぶらついているというわけさ。」

「そうかい」、もう一人が言った、「さぞ楽しい時間をお過ごしになったんだろうな。こっちは煙草の火さえ点けさせてもらえないんだぞ、この鉄のかたまりがここら辺のどんな難聴の別動兵でも誘き寄せるようなくそでかい騒音を出してやがるってのによ。」

「まあそう憤るなよ」、私は貰ったばかりの携帯瓶を見せて言った。

「これを見てくれ。演奏の〈功労を称えて〉、少将からもらったんだ。ほら、くれてやるよ、こっちはもう十分飲んできたから。二人で乾杯してくるといい。向こうに百メートルほど行けば大量の木材が積んであるだろう、その後ろに隠れたら誰にも見つからずに済むんじゃないか。」

携帯瓶(フラスコ)を見るなり哨兵たちの顔が輝いた。

「それで、その間に、ちょっとこの蒸気機関車のなかを見せてもらってもいいかな?」、私は尋ねた。

「いや、なかを見るのは俺たちも許されてない」、彼らは淡々と返答した。

「しかしながら」、私は抜け目なく続けた、「軍法上は、君たちがこれから犯す違反のほうが重い、だから私がこの科学技術の傑作を見たところで君たちはそれをとめられない、そうだな?」

「まったくその通り」、飲むのを待ちきれなくなった一人が答えた、「俺たちが喉を潤している間、好きなだけ見ていればいいさ」、彼はくすくすと笑った。

哨兵たちは私に懐中電灯を手渡すと、夜の闇へ消えていった。私はその明かりを点けてから、運転室へ這い上がった。計器類やハンドル、それに銅製のレバーが薄明かりに照らされた。幸運にも機器の下にはそれぞれの用途を示した小さなエナメルの札が取りつけてあったので、すぐに圧力計を見つけることができた――よし、順調だ! すばやく逃走を図るため、私は可能なかぎり多くの石炭をボイラーに放り込み、その場で四分ばかり待った。圧力が高まり、エンジンは激しく揺れ動いた。そしていよいよ札に書かれた通りにハンドルを回してブレーキを解き、巨大な箒の柄のような取っ手を全力で引いた――。きっと長年にわたって無数の手がこの機関車を操縦してきたのだろう、取っ手はすり減り、きらめき、光っていた――。しかし、何も起こらなかった。いや、むしろ望んでいないことが起きた。とまったままの蒸気機関の内部から、世界の終末を思わせるような轟音が鳴り響いてきたのだ。私は最後の望みをかけ、〈蒸気〉と記されたボタンを押した。それはもう、超能力者になったかのようだった――突然、脱輪しかねない勢いで老朽の機関車が動き出したのだ。他の制御器に触れるまでもなく（それだけあっという間のことだったのだ、ありがたいことに）私を乗せた汽車は徐々に加速していき、すでに時速四〇キロメートルの速さで遠ざかっていた――敵国の前線がある方角に向かって。実際、こうしたことすべてが非常にすばやく行なわれていなかったら、哨兵たちは列車まで走って追いつき、私を捕らえることができたはずだ。あるいは、ブランデーを飲み干したために、彼らはいつもより足下が覚束なくなっていたのかもしれないが。私は用心のために運転室で腹這いになっていたが、結局、銃撃に遭うことさえなかった。

片方の目で速度計を見ながら、必死に考え始めた。ロシア軍はおよそ八〇キロ向こうにいる、つまり時速六五キロで進むとあと一時間一五分ほどだ――。横断幕と町楽団によるにぎやかな出迎えを期待するのは無謀であるし（ただでさえ時間も遅すぎる！）、何より、途中で線路が壊されていたり、地雷を敷かれていたりする可能性もあった。いかにもありそうなことだ。赤軍はハンガリー軍の前進に備えて線路の一部を解体して取り除いていたし、私がつい先ほどまで所属していた軍隊のほうも、赤軍の前進を妨げるために地雷を敷設していた。あれこれ考えるうちに、前照灯を点けるボタンを見つけ、不安を感じながらも線路を見渡した。障害物や、何かもっと危険な物体が現れるのではないかと思い、生きた心地がしなかった。

蒸気機関車は今や、雑木林――つまり別動兵（パルチザン）の巣――の点在する平原を時速六五キロメートル近い速度で前進していた。時計がなかったために正確な時刻はわからなかったが、速度計の真下にある小さな度数計からは、すでに八〇キロメートルを進んできたことが読み取れた（出発時、意識せずに数値をリセットしていたらしかった）。少将と話をしてからおよそ二時間が経っていたが、もう何年もまえの出来事のように感じられた。とにかく、すでに赤軍の領地に入っているに違いなかったので、私は老齢の蒸気機関車をとめるべく手当たり次第に制御器を動かしていった（出発時と同じだけ異様な操作手順であったことはいうまでもない）。しかし、肝心のボイラーは私が補給し続けた石炭によっていっぱいになっていた。運転手がすべきことは一にも二にも余分な圧力を下げることであり、そうすれば物理法則がほとんどブレーキと同じように作用して蒸気機関車を静止させられるという事実を、私は知らなかったのだ。運転台のすべてのレバーを試しているうちに、さらに五キロメートルを進んでしまった――もはや、列車から飛び降りる以外に選択肢はなさそうだった。そのうち、なんとか少しは減速させることができたのだが、時速四〇キロメートルほどになったところで、ボイラーのなかから気懸かりな音が聞こえてきた。そこで別の考えが浮かんだ。ブレーキを解除してから、逆転機を引いて、蒸気機関を逆方向に動かすのだ。目論見通りに、機関車はすぐに後方へ大きく揺れ、うなり声をあげながら、反対方向に進み始めた――あっという間に速度を上げて。私はその間に、列車がとまったようになる一弾指を捉え、両手で頭を覆い、衝撃を和らげるために体を丸めて、外へ飛び出した。私の判断は正しかった――土手の向こう側は、石と野薔薇とに厚く覆われた急な斜面になっていたのだ。野薔薇はすぐに全身に絡まり、軍服を引き裂いた。二五メートルほどの土手を下りきる頃には、顔は土埃（つちぼこり）と血に塗れ、身体はほとんど半裸になり、衣服はずたずたに裂けてしまっていた。あの活気に満ちた若いピアニストと、ウクライナの僻地（へきち）で——それも午前三時に——泥深い水溜まりに座り込んで意識朦朧（もうろう）としている敗残者とが同一人物だと理解するには、少将はもてるかぎりの想像力すべてを駆使しなければならないはずだ。無論、私にしてみてもそうであったが。

少しずつ思考に秩序が戻ってくると、この二四時間にはあまりに多くの出来事がありすぎたと思うようになった。しかし、まずはこの顔に銃を突きつけている一人目の軍人、〈冬将軍〉[18]に降参しなくては仕方がない。私は水溜まりの外に出て、暗中、寒さを凌げる場所を探し始めた。昨晩、私は何も口にしていなかった（食べ物はすすめられなかったのだ）。テーブルに並んだ小さなパイや鶏肉の冷製のことを思い返すと、胃袋の激しく抗議するのが感じられた。それらは今頃、将校たちの腹をいっぱいに満たしているのだ（もっとも、彼らは彼らで、家へ帰るために慌ててヒッチハイクをしている最中かもしれなかったが）。私は眠気を感じ始めていた。

少なくとも自由の身にはなったぞ、私は、凍りついた地面からなるべく離れているために細枝を集めて造ったベッドの上で、眠りに落ちるまえにそう思った。

やっと手にした〈自由〉——。しかしそれは長くは続かなかった。

＊　＊　＊

明け方、薄目を開けたとき、私はまだ悪夢のただなかにいるのだと思った。顔の周り三〇センチと離れないところに四人の男が立ち、私に機関銃を突きつけている。

なんてことだ、私は思った。一巻の終わりだ……赤い星飾りの毛皮帽（ウシャンカ）を着た四人の兵士に囲まれている。撃ち殺される……。

私は数秒、目を閉じ、たった今見たものが悪い夢であることを祈った。そして、もう一度、静かに瞼を開けたが、彼らはまだはっきりとそこにいた。

「きっと大した時間もかけずに見つけ出したのだろうな……」、私は溜息を吐いた。

事実、私が見せた敵側領地への参着劇は、無傷のまま逃げきりたいと願う人間のそれにしては幾分慎ましさに欠けていた。私は潔く観念して状況を受け入れた。目を瞑（つむ）り、心地よい無気力に包まれながら、これから私を〈次なる世界〉の思索の旅へと送り込み、人生の苦しみから解放するであろう一発の銃弾がこの身を貫くのを待った――。しかし、銃弾は放たれなかった。兵士の一人は銃身をわずかに持ち上げて、立ち上がれ、と私に合図した。私はすぐさまそれに応じた。昨夜の傷のせいで再度倒れ込みながらも、なんとか必死に立ち上がった。幸い、私はそこまで危険な人間には見えなかったらしく、兵士の一人が私の身体を調べている間、他の全員は武器を下ろしていた。神に感謝しなくてはならない。別動兵（パルチザン）は武装した脱走兵ならその場で射殺していたはずだが、私は拳銃すら持っていなかったのだ。結局、兵士は何も見つけることができず、動け、という合図を私に送った。男たちの一人が、懐中電灯で道を照らしながら先導した。[*1] 私の両側をはさむ二人の男は手に機関銃を抱えていたが、最初と比べればあきらかに警戒心が和らいでいるようだった。残る四人目の男は最後尾を歩き、そんな風にして、私たちは少なくとも二時間を歩き続けた。

日が昇る頃、一行は山腹で急に立ちどまった。彼らの二人が藪の茂みを片付け始め、それが済むと、三人目が加わっていくつかの丸石を傍(わき)へ除けていった。[*2] 今となっては、私のことなど気にも懸けていないようだった。そしてあっという間に、四つん這いでないと入れないような小さなトンネルの入り口が現れた。男たちの手ぎわのよさに目を丸くしながら、私は棒立ちでその様子を見ていた。何にせよ、そのとき、四人目の男が私の背中に銃を突き立てるのがわかった。後ろを振り向くことはできなかったが、いつでも私を撃ち殺す用意のあることがたしかに伝わってきた。そのうちに、三人の兵士は隠れ場所へ通じる秘密の入り口をすっかり剥(む)き出しにした。兵士の一人が腹這いで入っていくと、他の兵士たちは私のほうを向き、続け、と合図した。しばらくするとトンネルは徐々に大きくなり、すぐにまっすぐ立つことができるようになった。

前方には、壁にかかった小さなオイルランプから漏れている微かな明かりが見えた。どうやら、廃坑のなかにいるようだった。この気味の悪い光に目が慣れてくると、天然の石室の点在する長い坑道の全貌を見ることができた。信じられない数の人々が地面に横たわり、ひとかたまりになっている。私は、誰かの身体を踏みつけないように気を付けながら、暗闇のなかを進んでいった。すると、武装した別の男がやってきて、別動兵(パルチザン)に穏やかに話しかけてから（スロヴァキア訛りのロシア語のようだった）、前へ進め、と私に合図した。私は、幸運にも布切れや麦藁を積み重ねた上で横になって眠っている人々の間を、慎重に歩いていった。そうしていくらか進んだところで、背中に突き立てられた銃身がぐっと私を押すのがわかり、立ちどまった。男は、私の寝床――腐った藁くず――を指差すと、身振りを交えて、私が少し眠るべきことと、彼がすぐに戻ってくることを伝えた。私は、自分が脱走兵であることを伝えなくてはと思い、部隊の頭文字を示した肩章（エポレット）を服から引き剥（は）がし、地面に投げつけ、強く踏み潰した。それを見て、男の顔に初めて笑みが浮かんだ。彼は私と握手して、横になるようにと再度伝えてから、去っていった。私は地面に座り込み、前方を虚ろに見つめた。すぐ近くに、ボス(19)の絵画から出てきたかのような奇怪な男がいて、こちらを見ていた。戦争で受けた傷のせいで、その顔は恐ろしく醜悪なものになっていた（揺れる薄明かりもまた、彼の顔の不気味さを引きたてた）。彼はドイツ語で囁いた、

「脱走兵か？」

私は頷いた。彼は、優しく私の肩に触れると、すぐにもとのように丸まって寝入ってしまった。私も横になることにして、自分はこれからどうなるのだろうかと考えをめぐらせた。すると、遠くから

＊1　冬であったので、辺りはまだ暗かった。
＊2　これらは擬装（カムフラージュ）のために設置されていたのだ。

ハーモニカの音色が聞こえてきた。聴き覚えのある曲だ。《聖しこの夜》——一九四三年のクリスマス・イブを迎えていた。私は夢なき眠りに就いた。

＊　＊　＊

数日が経ち、すぐに数週間が経った。私たちは一日中、地中深くの廃坑でかたまって暮らしていた。一部の避難者と違って、私は外に出ることを許されなかった。洞窟は巨大で、坑道は何キロメートルにも伸びているようだった。私は徐々に、自らの罪を清めるために煉獄に送られた魂のような感覚を抱き始めていた。本当にそう感じずにはいられないような場所だった。オイルランプは、経済上の理由で火勢こそ弱々しかったが、日夜、火を灯していた。その仄かな明かりは、果てしない坑道とそこに集められた人々とに時空を超越したかのような奇妙な雰囲気をあたえていて、どこか超自然的なものを感じさせた。途方もなく単調な一日が終わると、抑揚も変化もない別の一日が始まり、そうしたことがただ繰り返された。はっきりとは定義しがたいが常に存在した何かの力が、人々を少しずつ物体に——未来も希望もない一個の物体に——変えていった。生命〈単に〈存在〉という意味でだが〉の象徴といえば、毎朝目が覚めることくらいだった。そして永遠のように感じられる数時間のあとに、一日の頂点が訪れる——昼食の時間だ。その後は、夜寝ることだけを考えて時を過ごす。私たちは立錐の余地もないほどに詰め込まれていたが、そこに社会生活らしきものは一切見受けられなかった。皆がそのときの気分に応じて時間を潰していた。大半の人には為すべきことも話すべきこともなく、時間の大部分をただ寝そべるか座るかして費やしていた――それも、彼らが夜通し横たわってきたまさにその場所で。このような目的も意味もない生活によって、人々は最終的に一つの表情に行き着いた。白く虚ろな仮面(マスク)を思わせる顔。寝ていても座っていても、一日中ほとんど動くことなく、ただぼんやりと前を見つめていた。栓を抜かれたまま廃棄処分を待つロボットのようでもあった。私もまた、活動と呼べる類いのものには一切参加しなかった。ただ、一人になって、人の群れから離れた暗がりで壁に凭(もた)れて座っていたかったのだ。せいぜい、他人が哀れみから分けあたえてくれる巻き煙草の切れ端(強烈な臭いのする煙草の葉をひと摘まみ集めたものだ)を味わうくらいであった。

私たちのいた坑道は外国人を収容する場所であるらしく、逃げ遅れた兵士や脱走兵、加えてより不快な存在である脱獄囚が、一挙に集められていた。別の場所では、生活はもう少し楽しいものであるようだった。少し離れたところに、ドイツ軍の進駐から逃れるための避難所を求めて近隣の村からやってきた大勢の家族がいた。よりよい日々が訪れるのを祈りながら、ここで避難しているのだ。彼らは一日中、男も女も、子供たちも、理解できないような方言でうるさく語り合っていた。くだらないことを喋りながら、女たちは袖を捲って洗濯に精を出し、忙しそうに手を動かして顔を紅潮させている。そしてふっくらした指でシャツを絞ると、またあれこれと会話を弾ませるのだった。避難民の装いがいつも小綺麗であったのには、こうした事情があった。彼らは私たちと近い場所で暮らしていたにもかかわらず、まるでこちらには気付きさえしていないかのようだった。

それから、彼らのうちの若い女たちが、昼食の材料の下拵え（したごしらえ）に取りかかる。彼女らは廃坑にいる全員のために料理を作ってくれた。自分たち家族の分だけでなく、私たちの分まで。その違いはただ一つ、後者は前者の残り物を食べたということだけだ。食事が終わると、女たちはシチュー鍋の代わりにしたブリキの鍋を綺麗に洗っていく。鍋はどれもひどく潰れた形をしていたので、きっとどこかの軍隊か何かが捨てたものに違いなかった。続いて彼女らは、役務を終えたあとの少しの空き時間には、仲間の小さな子供たちの世話をした。そして、それが済むやいなや、今度は翌日の食事のために野菜（大抵は、古くなった芋）の皮剥きを始めるのだ。この単品料理は質素でまったく不十分なものではあったが、食の尊さを考えると、一個の奇跡のようにも感じられた。

　私たちは、地下のゲットー[20]に隔離された被差別民のように、〈地上の民〉と接触する機会をまったくもたなかったのだが、どうやら、周辺の村の多くにはまだ数名の農民が残っていて、彼らはその粗末な農地を離れることを断固として拒み続けているらしかった――ドイツ側の軍隊による侵略という差し迫った脅威にもかかわらず、唯一の生き甲斐を失うよりは自らの土地の上で死ぬ危険にさらされるほうを選んだのだ。もっとも、廃坑のなかで群れている八〇〇人あまりに食事をあたえることに関しては、彼らは少しも別動兵（パルチザン）の役に立ちはしなかったが。きっと、時が経つにつれて、自分たちが食べる農産物さえままならないような状況に追い込まれていたのだろう。

　そのようなありさまであったから、ぼろ布の上にしゃがみ込んでいるだけの大量の捕虜（ほりょ）に対して別動兵（パルチザン）が日に一度の配給をあたえていることは、まさに偉業と呼ぶにふさわしかったし、私をここへ連れてきた巡察兵の類いを別にすれば、洞窟の外に出ることは誰のためにもならない愚行なのだった——たとえその人が外出を禁じられていないとしても。私を廃坑へと追いやった〈自由〉は、他の落伍者にしてみても決して安住できる場所ではなかったのである。行くべき場所などどこにも存在しなかった。

訳註

（1）ソヴィエト連邦の軍隊。
（2）武装した人民の組織する非正規の戦闘集団。多くの場合、正規軍と連携して遊撃活動を行なう。
（3）ソヴィエト連邦などで使用された戦車。
（4）ドイツ国防軍のこと。
（5）"Les préludes," S. 97 (1850–1855).
（6）"Tristan und Isolde," WWV 90 (1857–1859).
（7）"Die Walküre," WWV 86B (1856–1870).
（8）"Die Meistersinger von Nürnberg," WWV 96 (1862–1867).
（9）"Sabre Dance" (1939–1941).
（10）"Der Ring des Nibelungen," WWV 86 (1848–1874).
（11）"Lili Marleen" (1938). 第二次世界大戦中に流行したドイツの歌謡曲。
（12）"An der Schönen Blauen Donau," Op. 314 (1866).
（13）Hungarian Rhapsody No. 15 "Rakoczy March," S. 244 (1851–1853).
（14）前出の軍隊階級図を参照。
（15）フェルッチョ・ブゾーニ（Ferruccio Busoni, 1866–1924）。イタリア出身の作曲家、編曲家、ピアニスト、音楽教師。ドイツを中心に世界中で活躍した。
（16）ナチス・ドイツの最高官職。アドルフ・ヒトラーがこの地位を占めた。

(17) 警戒や見張りの任にあたる兵士。

(18) 冬の厳しい寒さを将軍に見立てた表現。

(19) ヒエロニムス・ボス（Hieronymus Bosch, ca. 1450–1516)。オランダ、フランドル派の画家。

(20) ヨーロッパ各地に存在した、ユダヤ人の強制居住区のこと。

第七章　スターリンの連装砲（オルガン）

今にも新たな局面が開かれて、この暗がりにまで押し寄せてくる――。社会から引き離され、廃坑で暮らしていた脱走兵の全員が、薄々、そう予感していた。皆一同に、その瞬間の訪れを待ちながら暮らしていたのだ。

どちらの軍門に降ることとなるかはまだわからなかったが、十中八九、それは赤軍になりそうだった。容赦のない前進を続けていると噂になっていたのだ。それでも私たちは、実際のところは、戦線がほんの数十キロメートルのところにあるという事実しか知りえなかった。それに同盟軍はドイツ軍最高司令部のもとで、撤退するならその場で討ち死にせよとの命令を受けていたため、その戦域での形勢がすっかり逆転することもまだ考えられた。

同盟軍はいくつかの大隊を再編し、大規模な出撃を行なっていた。焦土戦術を駆使して、敵に主導権を奪われた地域に電光石火の奇襲を仕掛けていた。破壊工作や爆弾の設置はもちろん、焼き討ち、地雷の敷設、それ以外にも敵の〈スチームローラー式〉[1]の前進を妨げうることなら何でもした。政治的熱狂者を集めたこれらの部隊は、あらゆる脱走兵や逃亡兵を拾い集めることにその本領を発揮した。当時、以前にもまして多くの兵士が、戦況の進展を目の当たりにして、任務に戻ることを失念していたのだ――そして彼らは、解放軍に降参するまえに何か食べられるものを見つけようと、あてもなく彷徨(さまよ)っていた。逃亡兵は彼らがかつて所属した軍隊によって、軍事手段を用いて、捕らえられた。当然ながら、軍法会議では一秒たりとも無駄にはされなかった。逃亡兵は腕を固く縛られたまま連れ戻されると、祖国の裏切り者として、見せしめのために兵士たちの面前で射殺された。

一口にいえば、私たちは隠れ場所に蹲りながら神の加護に身を委ねていたのだ。一人の別動兵(パルチザン)がつかまって拷問にかけられるだけで（それは彼がこの地下の隠れ家の場所を明かすまで続くことだろう）、すぐに抹殺部隊が到着して〈受難地(ゴルゴタ)〉へと一変してしまいそうだった。貴重な弾薬を無駄撃ちさせるまでもない。一人の友愛精神に富む人物が出口付近をダイナマイトで爆破してくれるだけで、数時間以内に全員が絶命することとなるだろう。考えれば考えるほど、前途が暗いものに思えてきた。そして、一つの無謀な案が浮かんだ。ここを逃げ出して家へ帰ればいいのではないか――？　もはや無謀という言葉では片付けられないようなひどい考えだった。私がいる場所は、家から何百キロメートルも離れた、ロシア－ポーランド戦線付近のどこかの荒れ地なのだ。だが、そんなことをいっていても始まらない！　私はとにかく、この不吉な場所を出て、ふたたび太陽の光を浴びたくて仕方がなかった。

脱出それ自体は難しくない。夜になると私たちとともに鼾(いびき)をかくような、申し訳程度の哨兵が一人いるだけだ。それに、彼にしてみれば、夜闇へ飛び出して自ら流れ弾を浴びに行くような向こう見ずがいようとは、思いも寄らないことであろう。実際、ロシア軍、ドイツ軍、それに別動兵（パルチザン）、あるいはハンガリー軍の銃弾に見舞われることが考えられた。加えて、森林を巡回し、脱走兵たちと激戦を繰り広げていた地元ゲリラ集団の銃弾についてはいうまでもない。脱走兵とゲリラ兵——この両者には、少なくとも一個の共通点があった。つまり、どちらも、動くものすべてを射撃した。地元ゲリラ兵にとってそれは撃つべき落伍者の出現を意味し、一方の脱走兵も、敵軍あるいは自軍に捕らえられる恐怖から神経が極限状態に達していたのだ。まさしく、正真正銘、飛び入り勝手の大乱闘であった。

そうした夜の間にもベルリンの官邸とクレムリン[2]の宮殿では混沌を煽る二人の中心人物が柔らかいベッドの上で一日の疲れを癒しているのだと思うと、この鳩射撃大会にはただただ苦笑いを堪（こら）えているしかなかった。

その夜は私に運が向いていた。ここへ連れ込まれたクリスマスの朝にあの懐かしい旋律を奏でていた、ハーモニカ吹きの兵士が見張り番をしているようだった。上層にある坑道のどこかからその楽器の音が微かに響いていた。実のところ、そのドイツ製のクロマティック・ハーモニカ（状態のよい大型の楽器で、どこからか盗んできたらしかった）を通して、すでに彼とは知り合いになっていたのだった。私の周りにいる人々が寝静まってからいくらか時間が経っていたので、外はすでに真っ暗になっていると思われた。私はこの兵士が見張りをするときにはいつも近くに寄って聴くことにしていた。決まりのうえではこうしたことは禁じられていたが、私は音楽教師として彼の〈公認〉を勝ち得たことで、その究極の褒美として、少しの時間、自己責任で場所を離れることを許されたのだった。私は子供の頃、自分のハーモニカを持ちたいとずっと願っていたが、結局その夢は叶わなかった。しかし（不思議な話ではあるが）吹き方さえ教わらないまま、いつも見事に演奏でき、ちょっとした大会に出ては優勝してしまうことさえあったのだ。

手榴弾だらけのベルトを着け、左手に機関銃を抱え、右手にハーモニカを持った私の生徒は、今日も壁に凭れて、教師が現れるのを待っていた。この日のプログラムは、私たちの置かれた状況にふさわしい二つの名曲であった。《カリンカ》[3]と《リリー・マルレーン》。そしてレッスンが始まった。彼は最初の曲の一部を勢いよく吹いてから、申し訳なさそうに笑って、私に楽器を手渡した。曲自体は決して難しくないのだが、いかんせん、彼は音楽に向いていなかった。私がその曲を最初から、激しい装飾と豊かな和声を加えて演奏し直すと、この哀れな男は絶望してポケットから大きなオーデコロンの瓶を取り出した。そして自らを鼓舞するために、カジノ・ド・パリ[4]の舞台裏を連想させるような強いパチュリー[5]の香りを放つその液体を、ぐいぐいと飲んでいくのだった[6]。手本を見せ終わると彼に楽器を返し、こうした他愛ない遊びをいつも通り四回か五回、続けて繰り返した。普段はそのうちに彼の目が少し虚ろになって、よりロマンティックな一曲に取りかかる準備ができるのだった。だがこの晩は違った。私の友は《リリー・マルレーン》に手を付けたがらず、一方の私も夜明けまでにはこの客扱いのよい場所から抜け出したいと思っていた。そのため、彼に《君よ、こちらへおいで》[7]を演奏して見せたあと、私は迷わずお気に入りの技巧曲《中国の夜》[8]へと進み、そして彼が反対側の壁にかかったオイルランプの下で煙草に火を点けようと背を向けた瞬間、すかさず、手に持ったハーモニカで彼の首筋を殴りつけた。棍棒(こんぼう)のように力強い一撃だった。哨兵は、音もなく、湿った布切れのように地面へ崩れた。申し訳ないことだとは思ったが、もし彼が、私より遥かに森の地理について詳しい手下らに警報を出せば、私は一瞬にして捕らえられてしまうに違いなかった。

今や脱出を妨げるものはなく、夜が明けて捜索が始まるまでに少なくとも四時間の猶予があった。好都合なことに、別動兵(パルチザン)はもうたった一頭の追跡犬さえ持っていなかった——そんなものはとうの昔に胃袋へ入れてしまったのだ。私は哨兵の銃を取り上げて[1]、数発の手榴弾をそのベルトから外し[2]、さらにマッチ棒と[3]、何よりも重要な、赤い星の付いた帽子を[4]奪い取った。私の身なりを見れば敵国側の野営から来ていることは明白であったが、それでも私は、哨兵から奪った装備品が来(きた)るべき長い道程のなかで合い鍵のように機能してくれることを期待していた。そんな風に目立つ装いをした私は、実際のところは、敵対し合うどちらの軍隊にとっても、法律上、軍法会議にかけるべき存在なのであった。しかしながら、率直にいって、そんな事実はもう少しも気にならなかった。ただ、ふたたび家族

＊1　食料になるものを撃つため。
＊2　進駐軍ないしは解放軍の装甲車両に追い詰められたときのため。
＊3　火を点ける必要が生じたときのため。
＊4　戦士の外見を装うため。

に会いたかったのだ。それ以外のことなどどうでもよかった。

私は静かに立ち去った。外に出ると、孤独の恒星が暗く鬱々と光っていたが、それさえも、強烈な腐臭の立ち込めるあの廃坑の不吉な雰囲気よりは、自分を勇気づけてくれる感じがした。私は松林の奥深くにいて、その場所はウクライナとポーランドの国境付近であると思われた。しかし正確にはどこなのだろう？　一つの手がかりは、東の方角を教えてくれる、遠くに響く轟音であった。それは、無情にもハンガリーへ向かって前進する、赤軍重砲隊の音でしかありえなかった。ハンガリー軍はそんな玩具を一つも持っていなかったし、その〈敬愛すべき庇護者〉の持っていた素晴らしいクルップ砲の音とも随分異なるものだったのだ。音楽家の耳も捨てたものではないと思いつつ、すぐに反対側の茂みへ逃げ込んだ。辺りは暗くて何も見えなかったので、手探りで進んでいくしかなかった。可能なかぎり物音をたてないようにして、少しでも怪しい音が聞こえたときには、たとえそれが小枝や枯れ葉のどんなに微かな音であったとしても、都度立ちどまった。高い木々の茂る森は、ますます鬱蒼とし、進みにくくなっていく。開墾地や峠や小道に出てしまわないように、細心の注意を払いながら歩き続けた。低い雑木林に覆われた丘と、巨大な松の茂る森とが、月光に照らされている。真珠色の光に霞んで、木々の梢まではよく見えない。狙撃手の群れがそこら中に潜んでいそうだった。私は今や別動兵と正規軍との間で〈板ばさみ劇〉を演じることを余儀なくされていて、生きて出られる見込みが十分にあるとは思えなかった。絶え間なく続く山嵐のような恐ろしいうなりが、磁針の代わりになった。そうして私は夜明けまで歩き、探し求めていた股のわかれた樹木を見つけると、それに登って少し仮眠をとった。

数時間後、私は目を覚ますと木から降りて、何とか取っておいた傷みかけの四切れのパンの最初の一つを口に運び、ゆっくりと噛みながら、また南西へ向かって歩き出した。途中、私は身に着けていた銃を、まえの所有者を呪いながら、投げ捨てた――弾倉がからっぽだったのだ。だが私にはまだ手榴弾がある。無論、兎（うさぎ）を射とめるのに向いた武器ではないが。しかしその日の夜には、早速、役立つこととなった。一頭の若い猪（いのしし）（私は一切れでもよいからその肉にありつきたかった）をめぐって、五、六匹の狼（おおかみ）が争い合っている場面に出くわしたのである。その獣たちは一石二鳥とばかりに私のほうへ飛びかかろうとしたので、私は何らかの行動を、それも直ちに、取らなくてはならなかった。とっさのことではあったが、手榴弾の栓を引き抜いて狼の群れのなかへ投げ込んだ。壊滅的な結果がもたらされた。狼も猪も、跡形もなく消え失せてしまった。私は仕方なくクーエ博士の教え(9)を持ち出して、空腹ではないのだと自分に言い聞かせながら、競馬騎手（ジョッキー）のような食事制限を続けていった。

＊＊＊

その翌日、私は初めて小さな幸運にめぐり合った。通り雨のおかげでようやく数滴の水を飲むことができたのだ。そして、それ以上に嬉しかったのは、森の木々が疎（まば）らになって、とうとう広大無辺の大草原（ステップ）が眼前に開けたことだった。そこには育ちの悪い低木がちらほらと生えているだけで、これまでよりも速く進めることはあきらかであった——もっとも、このような開けた地形ではこれまでの二倍は注意深く行動しなくてはならないが。地平線上にある小さな村落の近くに、焼け焦げた戦車とトラックが置いてあるのが見えたので、私は近くへ寄って確かめてみることにした。すると、大昔の連発銃を抱えた高齢の農家が物置から出てきて、私の制服を見るなり掠れた声のハンガリー語で言った、

「どこへ向かっておる？」

「ブダペストです」、私は素直に答えた。

「瘋癲(ふうてん)か……逃亡兵か」、老人は呆れて言った。

私は頷いた——まったくの見当外れではないように思えたからだ。

「もとは何の仕事をしておった？」

「ピアニストを。」

「それはな、仕事とはいわん」、私の髭面(ひげづら)を哀れむように見て、老人は言った、「ピアノなど弾いておるより、銃を構えておるほうが安全じゃろう、賭けてもよいがの。よく聞け、若者。もし同胞の人間に会いたけりゃな、この道をまっすぐ行って前にある森を抜けろ。しかし注意せにゃならんぞ、その辺りは湿地帯になっておってな、唯一のまともな通り道には地雷が敷かれておる。マキ団(10)の連中の仕業じゃ。それで、森を出たら教会がある。そこで、怪我をした大勢のハンガリー人やドイツ人がの、祖国からの助けを待って暮らしておる。連中のトラックに乗せてもらえ。そうなりゃあとは幸運を祈るだけじゃ。とにかく、まずは家へ入れ。体を洗っての、少し食べていけ。」

私は躊躇した。この老人が突然見せた意外な心遣いには、少し不自然さが感じられたのだ。結局、私はそのまま進み続けることにした。

そうして事無く（疲労は極限に達していたが）教会へたどり着いた頃には、もう日が暮れかかっていた。辺りには誰の姿もなく、大きな赤十字のマークを付けたハンガリーのトラックが数台、玄関前に停まっているだけだった。巨大な正教会式の建築で、緑青（ろくしょう）に浸食された風格ある塔の頂点には玉ねぎ型の鐘楼（しょうろう）が見えた。他の建造物まで三〇分はかかりそうなこの隔絶された場所は、おそらくは、巡礼地なのであった。教会の壁とその上部にあるステンドグラスはありとあらゆる口径の銃弾を浴びて穴だらけになっていて、小窓はすべて閉じられていた。バロック式の身廊（しんろう）を覆う古い屋根の一部は強烈な臼砲（モルタル）の砲撃に遭ったことを窺（うかが）わせ、鐘楼にも砲弾の穴がぽっかりと開いていた。そうして私は戸口の前に差しかかった。辺りはもう薄暗い。なかに入ると、教会の基礎や分厚い壁、それに礼拝所の円梁（アーチ）が、遠くから届く砲兵射撃の音を延々と反響させていた。建物内外にまでわたるこの異常なまでの残響は、本来、典礼歌の響きを豊かにするためのものであるに違いなかった。少しして、教会の薄明りに目が慣れてくると、何百もの人間が担架の上にじっと横たわり、白衣を着た一〇人ほどの医者がその治療にあたっている様子が見えた。医者たちはわずかな蝋燭の明かりを頼りに、たった一つの当座凌ぎの救急箱を使って、患者の傷口から様々な種類の弾薬や金属片を抜き取っていた。実際、彼らは一切麻酔薬を使わずに手術を行ない、ときには手足の切断さえ施したのだった。エーテル(11)すら残ってはいなかったので、彼らはやむをえず、何人かの患者にはわずかに希釈したエタノールをあたえて意識を失わせていた。それが手術の苦痛を抑える唯一の手段であった。

外科医たちはこうした凄まじい環境で三六時間も働き続けていた。医者の一人が私のそばへやってきた。私はいつもの癖で軍隊式の敬礼をした。

「二本の足で歩いている人間と会うなんて、どういう風の吹き回しだろう」、彼は挨拶代わりに言った。

私は自分が廃坑から逃れてきたことを手短に——詳細を明かさないように気を付けながら——伝えた。

「けれども、その不幸こそが、君に幸運を運んだのだよ」、医者は続けた、「君のところの大隊はロシア軍の奇襲によって壊滅したのだから。この間に合わせの病院も、別動兵（パルチザン）が君をつかまえた時分には、戦線から三〇キロは離れていただろう。それが今や、二〇キロだ。赤軍は着実に迫ってきている。そして、向こうにあるトラックにも、皆を安全な場所へ連れて行けるだけの燃料は残されていない。それがどういうことかわかるか？　これから我々がどうなるのか、それはもう、神のみぞ知るということだ……。」

私は、何か力になれることはないか、と尋ねた。

「何もない。残念だが」、医者は疲れたように答えた、「以前は何をして生計をたてていたんだ？」

私がかつての職業を伝えると、彼の顔が明るくなった。

「そういうことなら君にやってほしいことがある。向こうへ行って、オルガンの演奏台（コンソール）に上がってくれないか。この場所でほとんど無傷に済んでいるのはあの楽器くらいのものだから。さあ、鍵盤の前に座って、我々に曲を聴かせてくれ。どんな曲でもいい。」

私は黙って従った。製造されて数百年は経ったと思われる楽器を一見したあと、私はその場にいた何人かに、鞴（ふいご）（鍛冶場にあるような鞴だ）を動かしてみてほしい、と頼んだ。それがパイプ内の空気圧を保つために欠かせないのだ。そして即興で演奏を始めた。ハンガリーの古い賛美歌を数曲、それに国歌を奏でた。旋律に飢えた指は激しい興奮状態で鍵盤上を駆け、少しずつ、空間全体を悲痛の音楽で満たしていった。屋外から届く砲撃音の残響と相俟（あいま）って、恐ろしいほどの響きと迫力がもたらされた。ほとんど絶え間なく続く爆撃のうなりのなか、教会にいたすべての人が祈りを捧げているようだった。この精神的、肉体的な苦しみを、どうか神に気付いてもらいたい、と。聖歌隊席の上では、爆発の都度、青白い閃光（せんこう）が屋根に空いた穴から入り込み、フレスコ画と色褪せたイコンとに降りかかった。そして私は終曲を告げる長い不協和音を押さえた――。その響きは身廊の円梁（アーチ）の間を何度も旋回して、ついには建物の外に消えてなくなった。

大勢の負傷者が横たわっている。明日までに連れ出されなければ、彼らはいったいどんな悲惨な目に遭うであろうか――。胸が張り裂けそうだった。私はオルガンのある中二階から下りると、茫然と立ち尽くす外科医たちの間を抜けて、無言で教会をあとにした。

＊＊＊

外に出た私は、ハンガリー軍新本営のほうへ通じていることを期待して、数百メートル離れた森へ向かって歩き出した。そしてほんの一〇歩ばかり進んだそのとき、私の背中に冷たい銃身が触れた。二人の別動兵（パルチザン）が私の両側に立っていた。

まるで同窓会ではないか――正面に小さな星飾りを乗せた、その脂ぎった毛皮帽（ウシャンカ）にははっきりと見覚えがあった。しかし、四日も髭を剃らずにいたことが幸いしたのか、別動兵（パルチザン）のほうは私の素性に気が付かなかった。

そして、彼らの一人がお決まりの〈身体検査〉を始めようとしたそのときだった、私たちは凄まじい爆発になぎ倒され、続いて熱風に見舞われた。全身をべったりと伏せたまま地面の先に目をやると、燃え上がる炎に縁取られた教会の垂木（たるき）が見える。身廊はすべて瓦礫（がれき）の山へと一変し、無力に崩れ横たわるその残骸からは、炎の爆（は）ぜ返る音が聞こえた。木製の鐘楼を頂く塔は、今や巨大な炬火（トーチ）のようであった。塔は徐々に後方へと傾き、厳（おごそ）かに、ゆっくりと、火の海へ沈み込んだ。教会は長距離砲の攻撃を受けたと考えて間違いなさそうだった。

しかしなぜ……？　なぜ私が外に出て間もないこの瞬間に……？　トラックの荷台を覆う幌（タープ）が順番に燃え上がり、やがてすべてのトラックが爆発すると、炎はその内部を焼き尽くし、目の眩むような火の玉以外、何も残しはしなかった。

私は激しい後悔に包まれて、建物から目を逸（そ）らした。私のオルガンの音が巨大な〈呼び鈴〉のように谷間に響き渡ったことでこの大惨事が招かれたのかもしれなかった――もっともそうした見方はあまり妥当なものではなかったが。敵軍の重砲隊はまだ何十キロメートルも離れているに違いなく、それはすなわち、垂れ込める夕闇の奥に見える山々の反対側の斜面に彼らがいることを意味していた。それでも私は自責の念に打ちのめされた。私は二人の暴漢の合図で立ち上がって前方へ進んでいったが、すっかり放心状態なのだった。本当に音楽が砲撃の引き金となったのであれば、それがただの一発だけということは考えにくかったが。

＊　＊　＊

未遂に終わった脱出劇から数週間が経った頃、私はまたもとの洞窟に戻されて、他の収監者たちと一緒に、退廃したありさまで、野鼠(のねずみ)のような暮らしをしていた。もう脱出を試みることはおろか、それを企てるだけの体力さえ残ってはいなかった。人生の主な目標は、今や、昼食にありつくことだった。毎日、農家の女の一人が、煮えたつスープの蒸気で顔を赤くしながら、その熱い――しかし残念なことに水っぽい――中身の一部をよそってくれたのである。そのスープは頼りないものであったが、それが私たちの翌日までの生存を保証してくれるのだった。来る日も来る日も、横になるか上体を起こすかしながら、古いランプの小さな炎をぼんやりと見つめて、ただ別動兵(パルチザン)の妻たちが支度する煮汁だけを待って過ごした。全員に行き渡るだけの器とスプーンがなかったので、何人かは防護帽(ヘルメット)を使ってそれを飲んだ。スープは巨大な鋳鉄(ちゅうてつ)製の大釜（どれも、数人がなかに入れるような大きさなのだ！）で作られていた。私たちの〈主人(ホスト)〉は、結局のところ、膨大な食料備蓄を持っているに違いなかった。

しかし、空腹に悶えながらも、誰一人としてその備蓄場所を探し当てようとする者はいなかった。それが無尽蔵だという事実を知るだけで満足なのであった。

時折、私は退屈しのぎをしようと近くにあるほかの坑道を散歩した——それも可能なかぎりゆっくりと歩いて。急ぐ理由などどこにもなかったのだ。そこで暮らしている家族や、一人で地面に座っている男のそばへ行き、時々立ちどまった。そして少しばかり彼らと陳腐な言葉を交わすと、また別の坑道へ歩き出すのであった。薄明かりに照らされた次の坑道の入り口は、遠くから眺めると、奇怪な獣が顎を開いているようにも見えた。なかに入ると、すぐにほかの灯火も見えるようになった。小さく揺れる炎に照らされて、そこに座り、あるいは蹲っている人々の姿が徐々に判然として浮かんでくる。最初にうっすらと輪郭が見え、やがて顔立ちもわかるようになる。私は、次から次へと、見知らぬ人や見知らぬ顔を求めて歩き続けた。彼らに何かを尋ねていくことで、自分のなかの楽観的な感覚を少しは維持できるのではないかと思ったのだ。大抵は無駄な試みに終わって、漠然とした答えばかりが返ってきたが。そのようにして石室と坑道の迷路を抜けて、ようやく麦藁の寝床に戻り着いたときには、まるで自分が永遠を彷徨い続けていたかのように感じたものだった。時間は、とまっているようでありながらも、容赦なく過ぎ去った。

＊　＊　＊

今になって振り返ると、この期間こそが私の人生における絶望の深潭(しんたん)であったといえる。人はひとたび自暴自棄に陥ると、すぐに絶望に取り憑かれ、それを振り払うことができなくなってしまうものだ。私もまた、この滞在中に——いや、正確には、抑留中に——芋や南瓜(かぼちゃ)同然に時を過ごすことが自分の生き残る道であると思い込むようになり、自らの精神と意志とを冬眠させたのだった。そんなところまで落ちぶれたのだ。いずれにせよ、私はもはや思考する主体ではなくなり、苦しみ、耐え、そして事によっては後悔するべくしてその場に存在していた。周囲の環境のせいもあって、私は無意識のうちに思いいたったのである。すなわち、自分の脳はしばらく物置に納めておこう、地上の空気にふたたび触れられる見込みもなく地底深くに押し込められてしまった以上は、足手まといにしかならないのだから、と。あまりに長く欠乏に苦しめられたことで、何かしらの希望を得る代償として脳の働きを捨てることさえ躊躇わなくなっていたのだ。私は不幸にもこのような生活環境によって引き起こされる身体的な劣化のことを考慮に入れていなかった——それは精神の翳(かげ)りにも直結するのである。そして一度も地底から出ることなく数か月が経った頃には、自分が理想的な心の平静を手に入れたかのように感じた。とんでもない間違いだ——！　それどころか、どこにもたどり着かぬまま、帰還不能点(ポイント・オブ・ノー・リターン)(12)を越えてしまっていた。もっとも、自分ではまだ無感覚と無関心の深淵(ふち)には沈んでいないつもりであったが。実際、皮肉にも私の転落はまだほんの始まりにすぎなかった。私はこの頃まで潜在意識のもつ根本的重要性についてよく理解していなかったが、それはたしかに人の行動や思考さえ形作ってしまうものなのである。意志の力こそは根源的なものだと思う人があるかもしれないが、意志というのは生命力のほんの一部分、目に見えている箇所にすぎず、意識の海に浮かぶその氷塊の大部分は水面下、つまり潜在意識の奥深くに沈み込み、ある種の異世界の法則に従っているのである。明晰な自我をもちながらもその身を助けることのできない無力な人間にとって、自身の精神的な退化を観察するのは愉しいことではない。私にしてみれば、一人の人間を襲いうる最悪の悲劇とは、魂の活力が刻一刻と容赦なく破壊されていくのを自ら目撃することなのである。身体的な疾患によって倒れるほうがまだいくらかよい——それに向き合い、意志の力で乗り越えることができるかもしれないではないか。無論、そうした疾病によって精神が麻痺し、休眠する場合もあるだろう。しかし、自身の〈再生力〉が虚無によって徐々に浸食され、覆い隠され、消し去られるのをどうすることもできずにただ傍観する、というような悲惨な目には遭わないはずなのだ。死よりも恐ろしい体験だった——精神の、そのもっとも深い部分が破壊された。哀れな犠牲者は生ける屍へと姿を変え、その内部をすべて失いながら（逆説的ではあるが）身体だけで生き続けた。次第に自らに物理的な死をもたらすことも考えるようになったが、それでも、魂を根絶する最後の行為は未だに私を恐怖に震えさせた。

今、遠く離れた安全な場所からこの時期の人生を回想すると、私をじわじわと蝕んでほとんど生ける屍のようにした〈精神に宿るおぞましい癌〉に関してももう少し均整のとれた見方をすることもできる。この身体の抵抗力は、神の助けによって、ふたたびすべての受難と互角に渡り合えるようになったのである——そうでなければ、周りの人間と同じくして、〈哀しき運命〉の犠牲者に成り果てていたことだろう。もっともそれは死去することではない。こうした境遇における物理的な死は、むしろ苦しみからの解放なのだ。私の意味する〈哀しき運命〉とは、人間が草木も同然の単なる有機物になるという、一つの存在形態のことである。虚無の侵入を許した多くの人々は、意志の力を食い尽くされ、まさにそのようにして滅びていった。もっとも抵抗力に乏しい人々にいたっては、生き延びる欲求さえ失ってしまった。たしかに、生きる身振りをするだけなら単に身体があれば足りる。しかし、そのような空虚な経験に打ち克つだけの抵抗力をもたない人間は、容赦なく押し潰されてしまうものなのである。

＊
＊
＊

さて、坑道という〈時間の消えた虚無の迷宮〉を彷徨っていたところまで、話を戻そう。私は結局、日々の散歩の回数を減らし、そして完全にやめてしまった。大半の時間を藁くずの上で横たわって過ごすようになっていた。私はこの段階的な堕落を少しも気に懸けなかった。昼や夜といった概念もなくなり、いつであろうと気にせず睡眠をとった。過去の記憶の不規則な断片が、夢に現れては消えていった。ときには日に一度の食事が出される最中に寝入ることさえあった。飢えや渇きは最初この場所に着いたときほど私を苦しめなくなり、私の冬眠状態はほとんど恒久的なものとなっていた。たびたび訪れる奇妙な痺れの感覚は、外が夜になったことを私に伝えているらしかった――そしてその感覚が時間の概念に置き換わった。とはいえ、日に何度も痺れを感じることがあったので、この直観はあまり信用できなかったが。いずれにせよ、地下四〇メートルほどの場所にいたので、実際の時間を確かめることは不可能だった。地中独特の気圧や湿度は、絶え間なく揺れる光の超現実的な効果と相俟って、もっとも自信ある人々の体内時計さえ狂わせた。腕時計はとうの昔に別動兵（パルチザン）に取り上げられ、もはや時間を知る手段は残されていなかった。

他人の完全な複製品（レプリカ）として生きるようになった私は、ふたたび太陽を見たいという欲求さえ失っていた。身体を伸ばして横になったまま（上体を起こすことすら気が進まないのだ）ただ静かに空腹痛に耐え、その一方で、ついこの間まで不十分だと思っていた配給食の半分を残すようになった。そうやって無気力に配給の列に並んでいるうちに、何人かの顔なじみをしばらく見かけないことに気が付いてきた。

「連中、脱走したのか？」、私は嫉（ねた）ましげに、となりで寝ている男の耳元で囁いた——強制されていた雑なドイツ語を使って。

男は首を振った。

「いや、死んじまった……。」

私は納得したような顔をして頷いた。どうやら私以上に気が狂っているらしい、そっとしておこう……。

男はそんな私の考えを読んだかのように話し続けた。

「嘘じゃねえ。一番奥の坑道はな、二五キロも歩きゃあ、ここよりまだ六〇メートル深（ふけ）えところにある断崖絶壁に通じてんだ……。長すぎる人生にくたびれた連中はそこへ向かう。遮るものは何もねえ。」

男は私の目をまっすぐ見つめて、繰り返した、

「延々とロシア軍を待つより、ひと思いに死んじまうほうがよかったんだろうな……。ちょうどいい口減らしになるってんで、別動兵(パルチザン)も見て見ぬ振りだ。俺も、もう我慢の限界だな……。」

男はそう言うとゆっくり起き上がった。

「俺はチェコ人なんだ。家族の半分はドイツ軍に嬲(なぶ)り殺しにされ、もう半分は赤軍にやられちまった……。もう生きる意味なんてどこにもねえ。残されてんのはたった二本の煙草だけだ……。どうだ、崖に向かう途中で一本ずつ吸わねえか？　どうする？　まだ行かねえか？　まあいい、じきにまた会える……」、男はそう囁いて、どこかへ立ち去った——以来、二度とその男を目にすることはなかった。

私は寝入った。数時間後に目を覚ましたときには、男と交わした会話が現実のものだったのか、それともすべては夢のなかの出来事だったのか、もうわからなかった。率直にいって、あまりに長い間生き埋めになって暮らしていたせいで、どちらが強硬症(カタレプシー)[13]の生活時間で、どちらが不気味な亡霊に憑かれた睡眠時間なのか、判別できなくなっていたのだ。それでも、誰にも気付かれずに消えてなくなるという恐怖が、長きにわたって私をこの悪名高い断崖の誘惑から守ってくれた。

私はできるかぎりのことをした。ふたたび散歩を始めて、食事も規則正しく摂るようにした——きっとこれが解放されるまえの〈最後の一杯〉なのだと、いつも自分に言い聞かせて。そのうちに、望んでいた類いのものではなかったが、ある変化が起こった。食料の備蓄が減ってきたため、今後は少し軽いスープを四八時間ごとに配給する、と告げられたのだ。以前の配給食には、煮汁のほかに、

数切れの芋や傷んだ人参、乾燥豆、そして（特別な日にかぎってだが）忍耐強く噛まないと食べられない塩漬けベーコンの皮の小片が添えられていた。しかし、別動兵（パルチザン）の〈新製法〉のスープ――芋の皮やビーツの皮が表面に浮かぶ不快な液体――を口にしたあとでは、そんな配給さえ最悪のものではなかったのだと思い知らされた。〈生き延びる〉に代わり、〈耐え続ける〉という言葉が私の新たな標語になった。物言わぬ鍾乳石に成り果てた身体から、一滴ずつ、時間（とき）が滴り落ちていく。胎児や、無限の空間を漂う宇宙飛行士、あるいは太古の動物のような体験だった。そして、今や最悪の時間は目を覚ましている間ではなく、悪夢と幻覚に憑かれる眠れない夜こそ、私がもっとも恐れるものとなった。

＊＊＊

あるとき、横になって目を閉じ、そうした終わりのない夜を過ごしていると、誰かに事細かに観察されているような不快な感覚に襲われた。即座に緊張が走った。瞼を開けると、脳は目よりも先に状況を認識した（やはり、信じがたい異常事態との遭遇に慣れていたのだ）。私はその光景に驚愕（きょうがく）した――小さな赤い星の付いた毛皮帽（ウシャンカ）を被った、つり目で頬骨の出たロシア軍兵士がじっと私を見つめている。その眼差しには嫌悪の気色がはっきりと浮かんでいた。兵士の顔はまるでフランケンシュタインの怪物のようで、ドイツ陣営の司令部（以前、私が光栄にもお仕えしていたところだ）が勇敢なる戦士たちに叩き込んでいたモンタージュ写真と瓜二つだった。〈冬眠状態〉のなかでさえこの謎の答えを見つけることはできた。ロシア兵がいるとしたら、それは別動兵が連れてきたからとしか考えられない。そうであるなら、このロシア兵は単に一人でやってきたのではなく、すでにこの地域全体が赤軍の支配下に収まったことを意味している。結論にいたった――ついに私は解放される！

私の目に表れたその直感的なひらめきは、この客人を驚かせたに違いなかった。ロシア兵は慌てて立ち上がると、ぎこちなく歩き去り、別動兵との坑内巡察に戻った――私をこの場所へ連れ込んだ男たちの一人が、媚び諂いながら先導している。この瞬間こそ、この状況こそ、私がとても筆舌には尽くしがたいほどに待ち望んでいたものであった。私は、夢うつつで横になったまま、この顔を覗き込んだロシア兵の表情について考えた。動物園を訪れて、ガイドブックの描写と幾分食い違う、異様な雄牛の標本を吟味する人間のような顔だった――。そんな風にあれこれと思うことがあって、私はまだこの解放軍の一員とめぐり合えた喜びに向き合えていなかった。あるいは、もう何もかもどうでもよかったのかもしれない。地下での生活を経て、私は過去にも未来にも完全に無感覚になっていた。そして、この瞬間をあまりに長く待ち続けたせいで、すべての希望を失ってしまっていた。しかし、とにかく、私はついにこの墓穴から出られることとなったのだ――ロシア軍の到着が、自由の前兆である以上に、新たな苦難の始まりを意味するものだとは知るよしもなかったが。

洞窟にいた別動兵は、赤軍に好印象をあたえたいと思ったのだろう、いとも簡単に私たちを引き渡した。それも、あたかも彼らが、武装した私たちを戦闘のすえに取り押さえて捕虜にしたかのように。これは事実からはほど遠かった。廃坑に詰め込まれていた見窄らしい兵士の大半は、ただの脱走兵にすぎなかったのだから。ある者はこの場所のことを知って自発的に参上していたし（ソヴィエト軍が到着するまでの隠れ場所として）、他の者の多くも、深い森のなかを何週間も歩き彷徨った挙句に（早く別動兵と遭遇して捕虜になりたいとさえ思ったことだろう！）飢えと疲労とで瀕死状態のところを見つかり、少しの抵抗もせずにこの洞窟へ連れ込まれていたのだ。別動兵のついた嘘は私たちの運命に大きく影を落とした。よくいうように、どんな物にでも代償は必要なのだ。私たちの多くが〈避難所〉だと信じ込んでいたものは、結局は〈収容所〉にほかならず、将来の辛苦の一端をまえもって味わうための場所にすぎなかった。そして、その賄い付き下宿の高価な代償は、私たちの〈自由〉をもって支払われたのである。

　捕虜生活の終幕は、お決まりの型に従うものであった。私たちは入口付近に集められて、整列を命じられた。そして、数人のロシア兵が、いってしまえば、穀物と籾殻とを選り分けていくのである。片側には、粗末ながらも清潔な身なりをした別動兵（直前まで私たちの見張りをしていた連中だ）とその妻子が並べられた。一方で、汚いぼろ服を着た〈仇敵〉たちは、何週間分もの不浄を嫌というほど身にまといながら、その反対側に立たされた。そうして私たちはスロヴァキア——つまりチェコとハンガリーの境界——へ向かって歩き出した！　暖かい服を着た数十人の兵士に監視されながら、新雪に覆われた無限の大草原を越えていくのだ。初日の行進の終わりに、一行は小さな村に立ち寄った。当然ながらロシア軍の支配下にある村だった。そこで私たちは物置のなかに押し込まれた——黒パンの厚切れと一個の玉葱をあたえられたあとに。飲むことを許された井戸水はすっかり凍りついていたので、私たちは雪を食べて水分を補った。私は、後悔しながら、あの低劣なスープを思い浮かべた。あれは少なくとも温かかった――。この食事と比べれば贅沢品であったのだ――。それでも、わずかな配給を残す者は一人もいなかった。翌日も長い行進を強いられるとわかっていたし、何より、気絶した人間に対するロシア軍の（ドイツ軍も同じだが）治療法がその首筋に銃弾を撃ち込むことであると、よく知っていたからだ。暴をもって暴に易うロシア軍に対して、抵抗などできるはずもなかった。しかし、スリッパのように固いパンを噛んでいるうちに、もしかすると私たちの新たな主人は別動兵の嘘を大して真に受けていないのではないかと思いいたり、微かな望みを感じた。そうでなければ、〈潜在的な敵〉として報告された私たちは最初に通りかかった雑木林のなかで撃ち殺されていたに違いなかった――もしも運悪くドイツ軍が先に廃坑へ到着していたら、まさにその通りにやっていたはずだ。こうした騒乱のなかにあっては、無所属で広原を横断するより、それが何色であれ特定の旗のもとに仕えているほうが望ましいのである。

翌日の早朝、私たちはふたたび出発した。正午に数分だけ立ちどまってから、その日の晩には次の村に到着した――そして即座に指定された場所へ倒れ込んだ。こうした行進は少なく見積もっても一週間は続いた。尋常でない歩行距離は、ただでさえ惨めな状態であった私たちの衣服に――とりわけ靴に――最後の仕上げを施した。そんな状況ではあったが、（廃坑において長期間悲惨な目に遭ったにもかかわらず）私はこの苦難をもっともよく耐えていた人間の一人だった。第一に、私は毎晩の配給を翌日の旅のために残しておくことを心がけていた。歩きながらそれらを少しずつ口へ運ぶことによって、必要な働きをすればその分だけ褒美として〈カロリー〉を貰えるのだと身体に錯覚させようとしたのだ。第二に、従わざるをえない命令を内心で拒むと身体に二倍の負担がかかるということを、以前の軍役から学んでいた。要求を満たすための努力に加えて、その際の抵抗感を抑えることまで強いてしまうためだ。だから私は、少しでもあきらめの気持ちが過って歩調を遅らせることのないように、ロボットのごとく、他人の動きに合わせて機械的に進むことにした。身体はまるで私の意思から分離して無重量になったかのように前進していった。極度の疲労に気付くのは毎晩の寄留地に着いた瞬間だけだった。もっとも、私たちを場所から場所へと先導していく兵士たちにとっては、これは単なる定型の任務にすぎなかった。もし私たちが連日の行進で疲れ果てて十分に進めなかったとしても、彼らはただそれに同伴していればよかったのだ。朝が来て行進が始まると、私たちにはいつも罵詈雑言が浴びせられた——グルジアやウクライナの方言に始まり、コーカサスの方言、さらには、どこの地域の侮蔑語か誰にもわからないようなものまで。しかしそんな侮辱を気にしている余裕などなかった。どこへ向かっているのかさえ見当のつかないなか、私たちは、苦しむ身体の奥底で、とにかく一刻も早く目的地に着きたい、と願っていた。そして、私たちの疲れきった肢体から生じた熱烈な願いは、神のもとへ届けられた。

* * *

一週間にもおよぶ長い行進のすえ、私たちはある村に到着した。ごく最近に要塞化された村であるらしかった。有刺鉄線の施された高い防壁に囲まれ、木製の見張り塔が随所に設置されている。命令されるままに防壁の内側へ入ると、後方で鉄製の門が大きな音をたてて閉まるのがわかった——要するに、新築の強制収容所に入居させられたのである。私たちは、細かく班分けされてから、木製の粗末な小屋を割り当てられた。それぞれの区画には番号が付されていたが、かといって綺麗な列を成しているわけではなかった。私もまた、受難をともにしてきた仲間と、そうした小屋の一つへ入った。全員がなかに入ると、戸がばたんと音をたてて閉まった。当番の哨兵が足で乱暴に閉めたようだった。このことは、私たち囚人が彼らにどう思われているのかを鮮明に示すとともに、この場所での滞在が不快な驚きと未知の試練の連続になるのではないかと私たちに予感させた。しかし幸いなことに、規律こそ厳格ではあったが、私たちの予想とは裏腹に、この場所は懲罰収容所(ペナル・キャンプ)ではないらしかった。悪名高いドイツ軍の収容所で行なわれたような悲惨な虐待を受けた者はおらず、実際のところは一種の〈野外監獄〉とでも呼ぶべきものだった。

ゆっくりと、そして単調に、日が経った。最初の数日は長い行進がもたらした足の創傷(そうしょう)や裂傷(れっしょう)を手当てすることに費やされた。ビタミンが極端に欠乏する栄養不良の状態に長く置かれていたために、それなりに治癒するまでには長い時間が必要だった。毎日の自由時間になると、私たちは各自の小屋を出て、脚を引きずりながら互いの場所を訪ね合った。いや、正直なところは、まだ煙草の切れ端を持っていそうな人間を求めて流離い合った、というべきかもしれない。誰一人として収容されてからの日数を数えようとしなかったから、見張りの監守を別にすれば、正確な日付はおろか、その日が何曜日であるかさえ、誰にもわからなかった。少なくとも今は地上で生活しているという事実が心の拠り所となってくれたが、それでも、廃坑での日々によって根深く宿された無関心と無感動は、依然として私たちの倦怠感のうちに見え隠れしていた。とはいえ、ある一日を別の一日よりも大切に扱うべき理由が見当たらないことも事実であった。過ぎ去っていく日々には何一つとして変化がない。献立がその最たるものだ。一切れの黒パンと妙な味のする砂糖の欠片（かけら）が、毎朝、私たちにあたえられた。そして正午と夕刻には、いつも一杯のスープのために列ができた。そこで、悪臭を放つ脂肪分のかたまり――つまり低劣な豚脂（ラード）――で味付けされた、黒ずんだ液体が配られる。この粥（かゆ）状の料理は、たしかにロシア式の調理法には従っていたが、かの有名なロシア軍の酒場（キャバレー）やレストランで別動兵（パルチザン）の美食家たちが愉しんだ、滑らかで美味しいスープとはほど遠いものであった。

　抑留期間の初めの頃は、どうすれば首領（ナチャルニク）（収容所の司令官）の注意を引いて、別動兵（パルチザン）の不正に気付かせることができるかと思案しながら過ごしていた。私は一度ならず、自分の状況を説明するために首領（ナチャルニク）との面談を依頼しようと考えた――上手くいくかはわからなかったが。しかし、結局その瞬間は訪れなかった。行動に移す直前に勇気を失っては、そのすぐあとにまた希望を募らせる、そうしたことが何度も繰り返されたのだ。私が躊躇ったのは簡単な理由からだった。首領（ナチャルニク）のような強大な権力者は、無価値な人間の釈然としない話をわざわざ信用して時間を無駄にしたりはしないものなのである。私たちは別動兵（パルチザン）によって〈ロシア軍の仇敵〉として列挙されていたので、なおのことであった。そのうえ、私は彼らの話す言語を知らず、非常にお粗末なドイツ語しか話せなかったのだ。せめてそのどちらか一方を話すハンガリー語の通訳者を見つけたいと思ったが、それさえも望み薄だった。しかしながら、ある日、すっかりあきらめていた機会は、奇妙な、予期せぬ形で訪れた。

＊＊＊

問題のその日、私は一人で日課の散歩に出ていた。そしていつもと同じように、物思いにふけってじっと地面を見つめながら歩き、収容所を囲む有刺鉄線の防壁に沿って二列に並ぶ粗末な小屋の間を通り過ぎていた。私は毎日決まった時間にこの場所を通ったのだが、大抵の場合は誰とも出くわすことがなかった。しかしこの日は事情が違った。俯（うつむ）いたまま小さな交差点に差しかかると、そのときだった、突然左からやってきた誰かと衝突してしまい、後方に転倒しそうになった。相手のほうも手を背中の後ろで組み、何かを熟考しながら歩いていたので、私の姿に気付かなかったのだろう。男は体勢を崩して地面に尻を打つと、頭から滑り落ちた官帽を手で探りながら、私を睨みつけた。その上着の勲章の意味するところは、私が張り倒した男は、不幸にも、首領（ナチャルニク）その人であるということだった。

どちらの側にしてみてもまったく意図しない事故であったのだが、司令官の数歩後ろを歩いていた二人の将校は異なる捉え方をしたようだった。二人は私の腕を掴み、怒り狂ったように揺さ振りながら、ロシア語で何かを叫びつけた。私は急な状況に愕然（がくぜん）としていたうえに、ロシア語を知らなかったが、それでも彼らの意味するところは完璧に理解できた。その間に司令官は官帽を手に取り、そして乱暴な護衛たちが（私への徹底的な制裁に取りかかれるように）息をすっかり整えた頃には、地面から立ち上がり、埃を払って、私を離すようにと合図したのだった。私はもごもごと言葉を発しながら（きっとエスペラント語のように聞こえたに違いない）、陳謝の意を伝えるために必死で身振りをした。首領（ナチャルニク）はいくらか落ち着きを取り戻し、低い声で何か少しつぶやくと（私の発した言葉と同じくらい難解であった）、困惑したようにこちらを見て、ここで何をしていたのだ、とドイツ語で私に尋ねた。きっと間の抜けた馬鹿な質問をしてしまったと思ったのだろう、彼はすぐに私の名前や国籍などを問い直した――その度量の大きいところを取り巻きの少尉たちに見せようとしながら。彼の静かで明瞭な話し方のおかげで、私は例の件を忘れていたことに気が付いた。そして、この機会を最大限に活用しようと試みたのである。私は、司令官の質問に正面から答えることはせずに、自分がどのような経緯でこの収容所に入ったかについて説明を始めた。自分の遁走劇をなるべく冷静に描写しようと努めた。もっとも、話しすぎることを心配する必要はなかった――私の拙いドイツ語では望むべくもないことであったのだ。可能なかぎり明確に伝えたかったので、私は、適切な言葉が思い浮かばない様々な出来事をできるかぎり表そうと、身振り手振りを交えながら、独演会を繰り広げた。首領（ナチャルニク）の護衛たちはそのセント＝ヴァイタス・ダンス(14)に不安を感じたらしく――あるいは、司令官の命を奪いかねない精神異常者だと思って恐れたのかもしれなかったが――、私をふたたび掴み上げた。司令官は気の短い将校たちにうんざりしながら（同時に、あきらかに私の話に興味を抱いたようだった）、私を解放するように伝えて、物思わしげに帽子を被り直すと、ゆっくりと頷き、話し続けるように促した。そしてやっとのことで、私が実際には——別動兵(パルチザン)の説明とは裏腹に——自発的に降参した多数のうちの一人で、一介の哀れな脱走兵にすぎないのだと理解すると、そのときまで伏し目がちだった司令官の瞼は大きく開き、そこには一筋の同情と慰労の思いが垣間見えた。

話し終えた私は首領(ナチャルニク)の目をまっすぐに見た。あとはあなた次第なのです、と訴えかけるように。彼は立ったまま深く考え込み、そして私の小屋番号を尋ねた。それから、驚いたことに、司令官は私に敬礼をして（私も無意識のうちに返礼した）、そのまま両脇に将校を引き連れてすばやく歩き去ったのだった。私は司令官たちの後ろをゆっくりと歩いて自分の小屋へ戻った——捕虜として過ごした長い月日のなかで初めて一縷(いちる)の望みを感じながら。

＊
＊
＊

だが、悲しいことに、何日待っても日々の生活に目立った変化は見られなかった。それどころか、冬めくにつれて気温はますます下がり、私たちの衣服——浮浪者さえ欲しがらないような薄手の服——ではほとんど凌ぎきれないような状況になってしまった。しかも私たちの多くはすでに自らのシャツやセーターを引き裂いて、布切れにしてしまっていた。あの忌まわしい行進の間、それらを包帯代わりにして足の怪我を守ったのである——たとえ寒さに震えることになろうとも、首筋に銃弾を受けないためには、なんとか行進を続ける必要があった。弱さを見せることは死を意味していた。

　無論、そうした事情は私の持ち衣裳にも当てはまった。少なくとも三か月は皆と同じように収容所で暮らしていたのだから、当然のことである。そして、身を刺すように寒かったある朝、私は、正午のスープにありつくまえに身体を温めておこうと思い、日課の散歩に出かけようとした。そのときだった。将校の一人が高圧的な大声を張りあげて、収容所全体が死んだように静まり返った。その命令は、全員直ちに小屋へ戻り追加の指示があるまで待機せよ、というものであった。私たちはこの予期しない命令に当惑した。どのような意図があるのかわからなかったので、最悪の場合を思い浮かべて怯えたのだ。別動兵(パルチザン)の嘘のせいでとうとうシベリア送りにされる日が来てしまった、と一人の者がつぶやき、その場の誰もが意気消沈した。このときばかりは、哀調を帯びた無関心によって淡々と将来を見つめられる悲観論者たちを羨ましく思ったものだ——彼らは自由を取り戻すことなどとっくにあきらめていた。わざわざ、岩塩鉱山での生活に関する陰鬱(いんうつ)な描写（それと比較すれば私たちの地中での暮らしなど天国も同然だった！）を披露してくれる者までいた。幸い、私たちの苦しみは長く続かなかった。

　昼食の時間になると、私たちは外に出ることを許されて、整列させられた。二列に並んだ背の高い兵士の間に、司令官が立っている。私はこの仰々しい状況を見て、背筋に戦慄(せんりつ)が走った。過去の経験が教えていることは、この種の虚飾じみた演出は何らかの重要な事実を公表するための手段であるということだった——そして往々にして、戦時中であればなおのことだが、それは受け入れがたい事実なのである。皆が並び終えて静まった瞬間、司令官に向かってソヴィエト軍兵士たちが一斉に敬礼をした。そして司令官は当然のようにロシア語で声明を読みあげ、その内容はバビロン捕囚民[15]の利益のために複数の言語に翻訳された。その宣言発表の要旨は次のようなものだった。

ナチス・ドイツ軍との戦争は最終段階に入る！　光栄ある赤軍の努力によって、チェコスロヴァキア、ルーマニア、そしてハンガリーの三国はいずれもすでに事実上解放されたか、間もなく解放される状況にある。そして今度はまさにウィーンがヒトラーの魔手から救われることとなるだろう！　こうした空前の功績を称えるべく、東部戦線を任される司令官の権限のもとで、厳正な手続きにより恩赦（おんしゃ）をあたえることを決定した！　自身の犯した軍事行為が、政治背景審査を担う委員会によって定められた一定限度を超えなかった者については、全員、その罪を赦す！　釈放された囚人は、ふたたび兵士として厳重に武装されたのち、様々な集合場所へ送られる。そこで短期の追加訓練を受けたあと、ドイツ軍という巨悪（ヒドラ）を完膚（かんぷ）なきまでに打ち砕く、最後の完全勝利（グランドスラム）に加わるのである！

「放免される囚人は今後」、ドイツ語の通訳者は続けた、「それぞれの祖国の、新たに組織された民主的軍隊に配属され、偉大なる赤軍の指導と慈悲深い保護のもとで、ドイツ軍と戦う！　解放対象者の選定については、すでに先刻、決裁が下りた。これから名を呼びあげる者は、現在の列を離れ、中庭の反対側の端に整列せよ！」

最後の宣言は、まるで裁判の判決のようだった。心臓が高鳴り、胃は痛んだ。それでも、この長い日々のなかで初めて、皆の目に希望の光が差し込んでいた。囚人たちはふたたび生きた人間の姿に戻ったのだ——彼らの顔にはいかなる無感動の痕跡も見出だせなかった。私もまた、自分が恩赦の対象に含まれているのかもわからないうちから、幸せに包まれた。結局、名は無事に呼びあげられ、私は直ちに中庭の端にいる集団の一つに加わった。そして周りの人間とともにある建物に入ったのだが、そこは収容所にある数少ない堅牢な建物の一つで、倉庫として使われている場所だった。すべてが即座に支給された——新調の軍服、軍靴、ロシア製の機関銃（カマンベールチーズのような形の弾倉が搭載されている）、予備の弾薬、そして、大きな赤い星で飾られた戦闘帽。私は中庭の一角でそれらに着替えたのだが、自分はもう除外者（パーリア）ではないのだという事実に安心するあまり、身を刺すような寒さのことさえ忘れていた。

＊＊＊

そして、数百キロメートルの移動を経てハンガリー領内に入ると、私たちは大型トラックの護送団から降りていった。そこは組織されて間もない〈ハンガリー民主軍〉の将校らが統率する野営地の中庭であった。ほどなく、そこで寝泊まりしている兵士たちが現れて、大きな歓声で迎えてくれた。そしてここでもまた、整列せよとの命令が轟いた――トラックの一団もじきに野営をあとにした。ハンガリー軍の隊員にはさまれて立っていた大佐は、(16)私たちが予期しなかったほどの温情を込めて、手短に歓迎の挨拶をした(大方、ソヴィエト軍の司令官が話した内容の繰り返しであったが)。その後、将校らは列に沿って歩き出し、一人一人の前で少しの時間立ちどまっては、以前の全体主義軍隊での従軍履歴や階級についての聞き取りを行なった。私は手短に自らの冒険のあらましを説明すると、騎兵隊に仕えていた頃に話を戻した。私の所属した連隊が、戦闘が起こるやいなやロシア軍に間引かれてしまったこと。私自身も戦車部隊へ異動になったこと――短い訓練期間を経て、大型戦車を操縦できるようになっていたのだ。そして、部隊がほとんど壊滅状態になるまで戦線に残って戦ったが、ついに、もはやいかなる解決策もないのだと悟り、ドイツ側勢力から逃れる機会をつかむことにしたこと――。

私は電文体発話のようなやり方でまったく無感情に自分の過去を伝えた。とにかく、戦争への恐れや軍隊生活への嫌悪を垣間見られてはいけないと思ったのだ。将校は、憐憫と好奇の入り混じる表情で耳を傾けながら、話し続けるように促した。私は仕上げに、ナチス軍によってハンガリーの領土と軍隊が食い物にされるのを見ていると逃亡以外に選択肢がないように感じられた、と主張して、この話を締めくくった。当時のハンガリー軍司令官は、ドイツ軍最高司令部の下僕に成り果て、あらゆる権限を失っていた。そのようにして私たちは、身命を賭したいとは微塵も思わないような、成就する見込みのない運動のために戦うことを強いられたのであった。聞き取りの巡回を終えた数人の将校も、列の最後で私の話を熱心に聞き続ける仲間のところへ集まってきた。そしてそのなかの一人が私のそ

ばへ歩き寄り、優しく肩に手を乗せて、言った、

「君の言うことは、少しも意外なことではない。ここにいる将校は皆、かつて戦線にいたときに、なるべく早い段階で赤軍に接触しようと各自が試みたのだ。その結果、こうして新しい民主的なハンガリー軍の編制を任されている。短期の軍事的、政治的な訓練を受け、この国に戻ってきた。赤軍とともに戦い、ハンガリーを完全に解放するために。ところで、ここでの訓練はまえの軍隊でのそれより小難しくなるかもしれないぞ」、彼は笑顔を見せた、「この種の戦争に向かない騎兵隊は、すでに解体されているからな。それに、現時点では君を戦車部隊に配属することも難しい。率直にいえば、活動できる準備が整っていないのだ」、将校はいたずらっぽい笑みを抑えようとしながら続けた、「まだ新型の大きなT－34が到着していないからな。でも心配はいらない」、そして陽気に締めくくった、「その間にできることもたくさんある、我々で何か考えておこう。」

　そしてその将校は、長旅の疲れをいくらか癒すようにとの配慮から、残りの時間を休暇としてあたえる旨を全員に伝え、気を付けの姿勢をとる兵士の列の間を抜けてゆっくりと立ち去っていった。次の日の早朝、数人の准尉に付き添われる形で、私は中尉の執務室へ出勤した。かつて（あの戦車部隊にいた幾分狂気じみた期間に）小隊を担当していた私にあたえられる、その日の任務を聞くためである。もっとも、単にその小隊の死に損ないであったというほうが適切なのだが。

　私はこの新しい軍隊においても、まえと同じ階級をあたえられた。私の任務は、歩兵隊に必要量の重火器類が届くまでの間、つまり、すでに弱っているナチス軍に最後のとどめを刺すための赤軍の

大規模攻撃作戦に参加する準備が整うまでの間、隊員を最高の状態に保っておく（この上品な表現には笑みを零（こぼ）さずにいられなかった）というものであった。すでに一九四五年の三月上旬になっていたが、ドイツ軍は依然として粘り強い抵抗を見せていたので、戦争がすぐに終結するとはとても考えられなかった。それどころか、アルデンヌ高原での直近の攻撃(17)は、失敗に終わりこそしたものの、ドイツ軍にはまだ多くの余力があるのだと私たちに印象付けるには十分なものであった。ちょうどこの頃、赤軍は米軍に加勢していた。*しかもロシア軍は、この歴史的な栄光ある勝利を他の同盟国と分け合いたくなかったので、ベルリンを攻め落とすために自国の総力を尽くして戦ったのであった。赤軍の支援にあたっていたハンガリー軍の大隊もこのことをよく理解していたので、私の所属する小隊は兵舎からそう遠くない場所にある廃校――ハンガリー軍が接収した学校――へと移された。これは、事実上、私たちの戦時編制が解かれたことを意味していた。私たちは皆、事の成り行きに大満足であった。おびただしい数の艱難（かんなん）のすえに、ついに祖国に戻ってきている――。

私の家や家族とも、さほど離れてはいなかった。

＊　＊　＊

＊こうした経緯でドイツは東西に分割されることとなった。

もしこの自叙伝が著名な音楽家の回想録に期待される類いの〈甘美な成功の香り〉ではなく〈火薬の臭気〉に包まれていたとしても、どうか気を悪くしないでほしい。この不運な人生の縺れは、誓っていうが、まったくもって私の手には負えない代物であったのだから。

訳註

（1）ソヴィエト連邦の軍隊が用いた、圧倒的な物量と人員で強引に戦線全体を押し潰すような攻撃手法のことを、蒸気式のロードローラーにたとえて〈スチームローラー〉と呼んだ。
（2）モスクワの中心部にある宮殿。ロシア革命後は、ソヴィエト連邦の政府中枢機関が置かれていた。
（3）“Kalinka”(1860). ロシアの愛唱歌。
（4）〈ムーラン・ルージュ〉などのキャバレーと並んで人気を誇ったパリの劇場。
（5）ハーブの一種で、古くから香や香水に用いられる。
（6）オーデコロンはときにアルコールの代用品として飲まれることがある。
（7）“Viens, Poupoule!”(1902).
（8）“Nuit de Chine”(1922).
（9）「私は、日々、あらゆる面で、ますますよくなっている」と何度も唱え続ける自己暗示法。
（10）森や山などに潜伏して活動したゲリラ集団。
（11）麻酔薬として使われることのある有機化合物。
（12）飛行機などが、出発点に戻るだけの燃料がなくなり、あとに引けなくなる地点のこと。
（13）受動的にとらされた姿勢をいつまでも保ち続け、自発的にもとに戻そうしない症状。
（14）死ぬまで踊り続ける原因不明の病気。
（15）紀元前六世紀にユダ王国に勝利した新バビロニアが、ユダヤ人たちをバビロニア地方へ捕虜として連行した歴史的事件〈バビロン捕囚〉にちなむ。

（16）前出の軍隊階級図を参照。
（17）ドイツ軍が米軍に攻撃を仕掛けたバルジの戦い。一九四四年一二月から一九四五年一月まで続き、最終的には米軍を中心とする連合軍が反撃を行なって勝利した。

第八章　ハンガリー狂詩曲第二番――失敗

ある日の早朝、撫でるような暖かい微風が吹き、長く皆を苦しめてきた寒気を払い除けた――春の日差しだ！　小隊全体の士気が高まっていた。太陽が皆の心と身体（どちらも、あの極寒の冬を早く忘れたくて仕方がなかった！）を温めたのである。

私たちは、少しまえに、新たな任務に関する詳細な指示を受けたところだった。全員がその任務を最大限に尊重し――盲目的に従い――、迷わず、いかにも職業軍人らしい行動様式で、一体となって取り組んだ。

届けられる予定の新型戦車を待つ間、私は若い新兵たちの身体訓練を任されていた。この歩兵隊の任地となった学校には、そのお遊戯に足るだけの広い運動場がなかったので、私たちは仕方なく遠くの牧草地へ早足で向かった。そこはそれなりの畜牛の群れを養えるほどの広さで、牧草はすでに近隣に住む高齢の農家たちによって刈り取られていた。ちょうど訓練に適した地形であったため、私たちは日曜日を除けば毎日、その場所へ赴いた。私はそこまで熱心なほうではなかったが、新兵たちの怠けぶりはそれ以上のもので、訓練に打ち込む気力をほとんど維持できないようだった。そのため、私は常に率先して手本を見せなくてはならず、日が暮れて任務のことを気に懸けながら駐屯地に帰る頃には、ほとんどいつも新兵らの何倍も疲弊しているのだった。もっとも、彼らは実際より疲れている風を装うことが得意であったが。小隊長や軍曹というのは、本来、やる気のない隊員を懲らしめる立場なのだが、私は怠けている人間に気付かない振りをしたので（自分も一緒になって怠けることさえあった）、隊員たちは安心したようだった。早い話、彼らの体形を維持しておくには、日々の往復だけで事は足りたのだ。兵舎の粗末な食事で肥え太ることができるとは考えにくかった。それでも時々は、まったく戦う意欲のない若者たちに戦争の心構えをさせるべく、彼らに忍耐訓練を課すことにした――怠け者に対しては、アドルフ一団の残党と対峙したら訓練で私を背負う程度の苦労では済まないぞ、と脅しながら。装備状態での障害物通過訓練も行なった。駆け走り、瞬時に身体を（全身装備のままで）地面へ投げ出し、ロープに沿って仮想の川を這い渡る――。それが終わると、ようやく短い休憩時間にありつけるのだった。

私は、誰に強いられるわけでもなく、いつも軍事演習に参加した。自ら進んでそれに加わったのだ。私は今や、洗脳工場の産物、〈戦争の車輪を動かす歯車〉も同然であった。とはいえ実際は、総統親衛隊式(1)の練兵教官の命令のもとで過ごしたあの耐えがたい日々に比べれば、この種の演習など単なるお遊びにすぎなかったのだが。ちょうど蒸気機関車の回転する動輪と同じだけ変化に富む充実した日々、誂えたようなよい生活であった。

夕暮れ時に見る野営地の景色が苛立たしい。疲労というよりも怒りに近い感覚であった。今思うと、それは周囲の環境が私を堕落させようとしている兆候だったのだろう。実際、こうした日々にはもううんざりしていた。それでも大抵の場合は、一晩眠って朝がくればすべてを忘れてしまい（私はなんと奇妙な生き物なのだろう！）、明くる日には、少しも心を乱すことなく、自分の小隊がきちんと整列するように監督しているのであった。

近くの村の住民は、私たちを快く受け入れてくれた。毎日の任務が終わると、私たち教官は外出を許された——要するに、一種の夜間通行手形を手にしたというわけだ。村人たちとはすぐに顔見知りになったが、その大部分は農業労働者であった。運がよければ、家に招かれることもあった。彼らは時折、簡素な夕食の場に誘ってくれたのだが、それが本当に親切心から生じた自発的なものであったので、私たちは深く感動したものだった。無論、ほとんどの場合、私たちは遠慮なくそうしたもてなしを受けたのだが、それは食事のためというよりも、むしろ夜分の安らかな団欒のためだった——これは村人たちの喪失感を癒すことにもなった。彼らはつい最近に解放されるまで占領下で困難な時を過ごしていたが、それゆえか、謙虚で控えめな願望しか口にしなかった。加えて、戦地にいる息子や夫、それに父親からの知らせがないことに、多くの家族が深く心を痛めていた。絶望に抗う気力さえ失っていたのだろう、村人たちは、長い無声をはさんで途切れ途切れになりながら、抑揚なく言葉少なに話をしたので、私は外国語を聞いているような気がしたものだ。このことは特に老人において顕著だった。

戦争が起こるまえ、この小ぢんまりとした場所には農業集落が栄えていたという。肥沃な畑と牧草地が広がり、そこで作られた農産物は、近隣の町の市場に並んだ――。それが今や、農民は種を手に入れることができず、自らが食い繋ぐだけの玉蜀黍(とうもろこし)を生産することすらままならないのである。かつては活気のあった乳牛の群れも、神の恩寵によって生かされている餓死寸前の数頭を残すのみとなっていた――それらは、腹を空かせた貧相な豚とともに、食べ物を求めて草原を彷徨っている。他の牛たちは、無残にも、戦況によって前進と後退を繰り返す血に飢えた両軍の兵士たちによって、代わる代わる屠殺されてしまったのだ。

空腹の亡霊を振り払うために、私はよく夕暮れ時の散歩に出た。そうしたとき、頻繁に、見知らぬ夫人が用心深げに近付いてきては、一斤の白パンと燻製(くんせい)されたハムやソーセージなどが入った小さな包みを手渡してくれるのだった。そんな温かい親切心の一方で、彼女らはほとんど何も言葉を発することがなく、実際、冷淡ともいえる態度を見せた。終始、謎に包まれた無愛想な表情をしていたが、それはきっと彼女らの心境を反映しているのだろうと思われた。

もっとも、こうした態度は中年の夫人に特徴的なものであって、その娘たちはまったく異なるふるまい方をしていた。乙女たちの多くはいつもいたずらっぽく目を輝かせていたのだが、これこそ、世代を超えて受け継がれる、田舎娘の最大の魅力に違いなかった。夕方になると、こうした娘たちが腕を組み合って姿を見せた。精いっぱいに着飾って、不自然なほどの頻度で村の通りを行き来するのだ――はっきりとした行き先に向かっているかのような顔をして。彼女らの活気に惹かれた私たちは、その辺りを散歩場所に選ぶようになった。村の娘たちは、淑やかそうに俯いて、若い兵士たち（わざと何度も同じ道を通りかかっていた）のしつこい視線に気付かない振りをしていた。どの娘も、遠くから兵士の姿を憧れるように見つめていた――もし彼が思いきって愛の告白をしていれば、娘は喜々としてその腕に抱かれたのかもしれない。毎日の身体訓練を済ませた私たちにとって、この夕方の散歩こそが唯一の楽しみであった。村には映画を観られる場所もなく、唯一の映画館はすでにミサイル攻撃によって瓦礫の山と化していた。

音楽にいたっては、その気配すら感じられなかった。往時は村の文化的中心であったはずの通りのカフェも閉じていた――きっとこの店でも、貧しいジプシーが何かを演奏して、気高い農家の一杯をいかがわしい乱飲乱舞の酒宴へと変えていたことだろう。日々のお遊戯へ向かう途中に仲間の教官が吹いていた低劣な口笛も、かつて私を虜にした〈音楽の魅惑〉の痕跡を呼び戻すようなものではなかった。そのうえ、稀にピアノのことを考えるときにも、もはや単なる抽象的な存在としてしか思い出せなかった。私は今や、上官の命令に備え続ける〈善良な兵士シュヴェイク〉(2)の典型になっていたのだ。人生観も一変した。毎日の献立、いつかの晩にすれ違った金髪の若い女の誘うような視線、そして翌日に飛び越す障害物の高さ――。それだけが私の関心事であった。それに引き替え、かつての芸術的理想――あるいは飯の種――であったピアノは、遠い過去の記憶となり果て、すっかり〈若き日の過ち〉という烙印を押されてしまっていた。

にもかかわらず、またもや私の制御しえない、予期しない出来事が起きて、ピアノを私の潜在意識の奥底から救い出すのである。

私がピアノに近付こうとしないのを見て、運命の女神が介入した――ピアノのほうから私を訪ねてきたのだ。その日、私は部下の連中に対戦車障害物（タンク・トラップ）の掘り方を教えていた。昼になると、食事のために食堂へ戻った。[*1]私たちは列に並んで食事を受け取ると、席に着き、その日の料理――料理長がいうには〈子牛肉のフライ〉――をがつがつと噛んでいった。ナイフを入れればすぐにわかることだが、料理長はたった一文字を間違えただけだった。すなわち、彼が〈ＦＲＹ（揚げる）〉かどうかよりも、子牛肉が〈ＦＬＹ（逃げ去る）〉かどうかの問題であった。もっとも、朝の訓練を終えて、皿一杯の爪を出されても食べきれそうなほど腹を空かせていた私たちにとっては、どちらでも構わなかったのだが。私は食事を終えると中庭へ行き、牧草地の冒険を再開する時間がくるまで、そこで煙草を吸うことにした。壁に凭れながら、〈ごみ入れのごとく使われている〉ことに胃袋が抗議するのを聞き流した（幸いなことに、控えめな抗議だった）。そして、その場を離れようとした瞬間、ある上級将校がやってきた。その将校――あるいは神の使い――は陰謀めいた雰囲気で私を傍（わき）へ呼び寄せると、私の顔を覗き込んだ。まるで、これから伝えることの重大性を認識できるだけの知能が備わっているのだろうか、と訝（いぶか）しがるように。そして、彼は然るべき重々しさで話し始めた。

「昨今の戦況の結果生じた心理的駆動性分断の運動学的転移を経験している我が民衆の本来的欲求であることと併せて、文化的蓄積の一定部分の享受をその最大限の重要性が達成されるよう都市社会専門家との相互連携にもとづいて認めることが望ましいと最高司令部の思慮さる計画に関して、貴殿が以前に為した学業の成果によりその現地化が可能となることを踏まえると、貴殿の専門的水準での参加は根源的なものとなりうる。」

「椅子をお持ちしましょうか……？」、私は透き通るような軽やかな小声で言った——偏執症に苦しむ患者を宥（なだ）める際に看護婦が用いる類いの声だ。

「不要ですか？　では、少し私の話を聞いてください。私は立派な総合大学を出ておりませんし、修辞を凝らした文章も得意ではありません。ただそれでも、おっしゃられた内容がわかったような気がして、不安を覚えました。要するに、将校の皆さんや地方のお偉方、つまり司祭や教区吏員や墓掘りや町長といったお歴々がこっそり一緒になって、[*2]田舎者向けの〈文化的饗宴〉をお考えになったということなのでしょう。そして今、あなたにお鉢が回ってきて、その退屈な〈カード遊び大会〉を〈ローマの謝肉祭（カーニヴァル）〉に一変させてくれるような男を血眼になって探している——。田舎のぼんくらの士気なんて高めなくても、動員が解かれる頃には、皆さんはきっと新しい袖章（ストライプ）を得ていらっしゃるのだと思いますよ。では、お許しいただけるようなら、私は対戦車障害物（タンク・トラップ）の作業に戻らせていただきます。」

「な、何をいっているのだ？」、将校は驚きのあまりどもりながら言った。

＊1　新入りたちがその上階に寝泊まりしていたことから、何人かは食堂のことを〈託児所〉と呼んでいた。
＊2　医者や教師も含まれていたに違いない。

「我思う故に我あり（コギト・エルゴ・スム）、畏（おそ）れながら」、私は敬礼をした。

「少し待ちなさい」、彼は私の腕を掴んで、意気消沈したように言った、「私がどのような評価に値したかはよくわかった。今はあるべき状態に戻っている。少し話を聞きなさい。」

「お断りします」、私は固執した――込み上げる怒りを抑えきれなかったのだ。

「あなたはもちろん私の上官でありますし、私は引き続き上官からあたえられるいかなる命令にも従う所存であります。私の階級が果たすべきそうした任務については、最善を尽くしてこれを遂行します。戦車を操縦することも、新兵を訓練することも、低劣な食事を飲み込むことも、すべて従います。そして、畏れながら、私の任務はそこで終わりなのであります。以前の活動については、おっしゃられた通り、私の市民生活に関するものですから、あなた方の関与すべきものではありません。どうかその手をお放しください。どこかの識者がまとめた書類を探してくるだけで事は足りると、つまりあなた方の問題は解決すると、そう思っていたのでしょう。その書類によれば、たしかに私はかつてピアニストをしていた。それであなたは、一つ命令をくれてやれば、私が油塗れのエンジンに触れるのをやめて手の汚れを綺麗に洗い流し、演奏会の準備でも始めるとお考えになったのではないですか？畏れながら、私が遠い昔にその〈専門的水準〉とやらの演奏をすべてやめてしまったとお伝えすれば、あなたがどんなに滑稽な間違いを犯しているか理解していただけるはずです。そんな急な話でヴィルトゥオーゾに変身することなど不可能ですし、今やピアノを見ることさえ耐えがたいのです。私はもう完全に、人生のあの時期に終止符を打ってしまったのですから。」

興奮していた私は、もう一度将校の顔を見られるように、深い溜息を吐いて自分を落ち着かせた。私は激しい抗議の余熱に包まれたまま、音楽の夢に終止符を打った、と初めて口にしたことに自ら愕然としていた。今までは一度もその勇気をもてなかったのに。私は仮面を付けずには自分自身を直視できないところまで落ちぶれてしまったのであろうか？　まさにその寸前であった。

将校は、困惑して呆気にとられながらも、私の内面で繰り広げられる意志と失われた幻想との苦闘を無言で見守っていた。しかし、このときにはまだわからなかったが、彼こそが私を長く忘れ去られた夢へと連れ戻すのである。この私の恩人は、教科書通りにしばらく黙り続けてから、貴殿の気持ちはよく理解できる、と重々しく言った。そして例の文化的〈腰馬〉（ホビー・ホース）(3)に話を戻して、私を仰天させることとなる、もっとも気の利いた質問を口にしたのだった。

「貴殿がその手に秘める爆発的な力を取り戻して、その虜となるべき我々の心臓を破裂させるには、いかほどの期間が必要と考えるのだね？」、彼は、私の思考回路を見越して、堂々とした粋な表現で尋ねた。

私は白昼夢を見るように立ち尽くした、将校の存在とその滑稽なもったいぶりのことは気にもとめずに。当の将校は、私を心変わりさせるために最善を尽くす覚悟であったので、質問が私の胸を打ったことに気付いて喜んでいた。

「もう一度、挑戦してみてはいかがだろうか？　長い期間こそ経ってしまったが。」

考えもしないことであった。ただ、私の魂を生き返らせたこの考えには、何か漠然とした不安も感じた。私は、考える時間を貰いたい、と将校に伝えた。すでに勝利を確信したのだろう、彼は親切そうな笑みを作って頷いた。その夜、私は寝棚で横になりながら、幾度も繰り返し、上手い断り文句を見つけようと試みた。いうまでもなく、かつてあれほどまでに愛した音楽との決別を図るためである。しかし例の悪魔が、つまり、ときに善意から政界に乗り出したはずの政治家の心を惑わせ、ときに知識ある完全無欠の評論家を見守る[4]あの悪魔が、一晩中私を唆(そそのか)し続けるのであった。誘惑に負けさえすれば手に入る絶好の機会を餌にして。悪魔は言った。第一に、お前はもう一度、自分自身を直視できるようになるだろう。第二に、お前は仲間の兵士たちを大いに喜ばせるだろう。第三に、これを機に仕事を得られれば、お前は戦場に舞い戻らずに済むだろう。第四に、もうお前も自己の野心について考え始めてもよい頃だ、そして演奏以外にそれを成し遂げる道はない。第五に、お前の人生は危機的な状況にある――水を離れた魚は長くは生きられぬ。第六に、いったい何の危険があるというのだ？

まったくその通りだ、いったい何の危険がある――？　私は眠気を感じながら思った。例の紳士たちの特別な夜会まではまだ一〇日もある。将校たちは私を必要としているのだから、頼めばその間は任務を外してもらえるに違いない。あとはただ兵舎の静かな場所でピアノを練習するだけだ――。本当に？　実際問題、私の手はシャベルや鶴嘴(ピカクス)を握り続けたことで硬くなっていて、ピアノよりも戦車の操縦に向いているというのに――？　いや、しかしこの両手はこれまでに課されてきたいかなる軍事作業にも楽しみを見出だせなかったではないか。一〇日もあれば、手指の筋肉をほぐして、記憶の奥底に埋葬された何曲かをかき集めるくらいのことはできるはずだ。たとえばリストの《ハンガリー

狂詩曲第二番[5]》や《第六番[6]》なんてどうだろう——。そこで、その後者に関して、私の良心が囁くのが聞こえた、

「お前は厄介なことに足を踏み入れているぞ。何よりもまず、シフラよ、もっと謙虚になるべきではないか。そんな状態の手首と指先で、《ハンガリー狂詩曲第六番》のフリスカ[7]を切り抜けられるはずがない。精緻なヴィルトゥオージティのためではなく、軍用設備の修理のために使われてきた指の関節が、今さらあのオクターヴの連続を弾ききれるとは考えにくい。必要なのは一〇日ではなく一〇か月の練習だ、それでさえ足りるかどうか……。」

そこまで考えたところで私はうんざりして、暗闇のなか、粗末なキャンプベッドに横たわり、茫然と宙を見上げた。結論が導かれた——私は難点を誇張しすぎている。

「良心よ、そうはいうが、私をこんな気持ちにさせるかけがえのない宝を失うのはとても悲しく辛いことなのだ。もうとめるのはよしてくれ。私は野営司令官のところへ行って話をつけてくる」、微睡(まどろ)みながら言った、「もし彼が本当に私を必要としていたら、その素晴らしい文化的夜会までの一〇日間、私に軍務免除をあたえるに決まっている。そして彼が何かしらのピアノを調達してくれれば、兵舎の喧騒からなるべく遠く離れたところで、日に八時間は鍵盤に触れていられるのだ。そうなれば最低でも多少のしなやかさと技量の断片くらいは取り戻せるだろうし、ハンガリー狂詩曲の《第二番》を準備することもできるはずだ——もしかすると、地方の民謡を用いた即興演奏なども次第に勘が戻ってくるかもしれない。」

心を決めた私は、そのまま夜明けまで眠った。そして朝になると、私の嗅覚は、良質な肉のたくさん入った煮えたつベーコンスープが到着していることを、喜々として知らせてくれた。そのスープは、野営司令官の指示のもとで私のために特別に作られ、将校付きの当番兵によって運ばれてきたものであった。これは名案としかいいようがなかった。あの将校は自らの為すべきことをよく心得ていたのだ。彼は知っていたに違いない、戦士の心へいたる道はその胃袋を通る、と。当の私も以前に何度かこうした経験をしていたので、古い格言の真理に頷きながら、迷わずそのとてつもない朝食に向かった――つまり、意を得ない幸福は例外なく誘惑である、と。そして私は、今後の食事への期待感によって、自身を（少なくとも当面は）コンサート・ピアニストに転向させる決意を固めたのだった。つまり、このときの私にとっては、ピアノは野蛮な連中に神の言葉を理解させる手段である以上に、自分自身の胃袋を満たす手段なのであった。私は〈心の平静〉を取り戻していた。それこそ、過去三年にわたって私の繊細な感覚が蝕まれてきた程度を考えると、私がもっとも必要としているものであった。

したがって、この日は〈空砲を用いた安全な近距離戦闘訓練〉には加わらないことにした。夜明けと同時に少将――この野営における最高位の階級――との面会を求め、すぐにそれが認められた。彼は教養のある男で、趣味で音楽を愛好しているピアニストでもあった（ここにもいようとは！）。私はその場で、今度の素晴らしい〈社会文化行事〉（少将の好んだ言い方だ）に参加する意思を伝えた。少将は、満面の笑みを浮かべて、私に一枚の紙を手渡した――〈今後二週間、すべての軍務を免除し、以後、必要に応じてこれを延長する〉。そして、私の練習用ピアノが「本日中にやってくる」と明言した。

「どこにあるかは私の知るところでないが、いずれにせよ、我々は必ずそれを見つけ出す」、彼は頭を掻きながら思案顔で言った、「最高の偵察隊にこの仕事を任せるつもりだ。きっと簡単な任務になるだろうな。結局、この近くにはそれなりに大きな町があるのだから。そうは思わないか?」、彼は、私を安心させるためというよりも、あきらかに自分自身を納得させようとして、そう尋ねた。

私は満足げに頷きつつも、司令官の言葉を疑いうる立場にない、と答えた。彼は吹き出して笑い、握手をしてから、私を退室させた。私は中庭へ戻っていった——少なくとも三日はピアノの痕跡すら見つからないだろうと確信して。

しかし少将は非常に有能な男なのであった。彼は部下たちに近隣の家々を調べさせると、午前のうちに古いピアノを見つけ出し(その持ち主の、教職を引退した老婆と同じだけ衰えていたが)、そして長い話し合いのすえに、それをどうにか取り上げた(失礼、借り上げた)。そうしたわけで、正午の少しまえには若い兵士が私の部屋へ駆け込んできた。その顔は朗報を届ける満足感と喜びによって輝いている。

「少、少将殿が、例のものを見つけられました」、厳格に気を付けの姿勢をして、どもりながら言った。

「何を見つけたって?」、私は不愛想に返した。

「ええと……小さめの収納棚(アルモワール)、いうなれば……食器棚であります」、彼は躊躇いながら言った。

「何だそれは？」、私は驚き呆れて言った。

「はい、シフラ軍曹が叩いて音楽をなさる、小さな食器棚であります。申し訳ございませんが、それを正確に何と呼ぶべきかは存じません。今回初めて見たものでございます。」

怒りで真っ赤になった私は、怒鳴りながら、彼を追い返した、

「出ていけ！　この馬鹿者が！」

私はそのとき、仰天して思った、

「いや……もしかして……！　リストとバルトークを生んだこの国に、まだ人生で一度もピアノを見たことのない人間がいるのだとしたら……！　まさに少将の〈社会文化の夜会〉にうってつけの連中ではないか！　あの哀れな男は、たとえ軍務を解かれたとしても、生まれたときと少しも変わらない無骨な人生を歩み続けるのだろう。まさかアップライトピアノを収納棚（アルモワール）と見間違えるとは――！　そんな馬鹿なことがあるだろうか？　とにかく、あのまぬけとその同類たちから私の食器棚の名誉を回復するには、すぐにその場所へ行かなくては――。」

私は仕方なく自分にそう言い聞かせて、その驚くべき〈叩くと音の鳴る収納棚（アルモワール）〉を一目見るために部屋を出た。

* * *

わざわざ探し回るまでもなかった。中庭の隅には、六人の屈強な兵士がスクラムを組むようにして集まっていた。彼らは哀れな古いアップライトピアノを四方八方から持ち上げて、牛のごとく汗を流していた。それはまさに売春宿に似合いのピアノであった――金箔を着た女神（ムーサ）の青銅像によって執拗に飾りつけられ、彼女らの締まりのない腕と太腿とが全体に絡みついていた。その持ち上げられる様子といったら、謝肉祭のパレードを思わせた。

六人の兵士は、荷運びをする家畜のようにぶつぶつと不平を言いながら――そして馬鹿げた貴重品棚に絡まっている好色な乙女たちを罵（ののし）りながら――、間違いのないようにピアノを移動させ、不安定な足取りで、体育館へ運び込んだ。それを見て、何もすることのない兵士が数人、冷やかしに、すぐ後ろをついて行った。

移動が終わると、私は汗を流している兵士には礼を言い、怠け者たちは追い出した――軍隊式の冗談など聞きたくはなかった。長い間待ち望み、同時に恐れてもきたこの瞬間と、自分一人で向き合いたかったのだ。終わりのない戦争の日々のなかで、私は軍事演習（マヌーバ）に加わっていても、馬の背に乗って跳ね回っていても、戦車の小窓の後ろで身を屈めていても、廃坑や強制収容所で飢えていても、常に一つの欲求を感じてきた。ほとんど官能的ともいえる欲求を。鍵盤に触れ、愛撫し、あるいは単純に手を置きたかった――たとえそれがどんな状態のものであっても。ついにその大望を遂げたのだ。目の前には、泡沫（うたかた）の夢のように、〈叩くと音の鳴る収納棚（アルモワール）〉が置かれ、神秘的かつ挑戦的にこちらを見つめている。パンドラの箱さながら狡猾に誘う、ニスで塗装された蓋に手をかけると、私の手は注射を欲する薬物中毒者のように震えた。だが、鍵盤を一目見た瞬間、私は現実へ引き戻された。三分の一そこそこの鍵盤が沈み込んでいた。私はすぐにそれらをもとの位置へ——この馬鹿げた創造物の製作者が意図したであろう位置へ——戻そうとしたが、まったく叶わなかった。心配になり、急いで数体の女神像（ムーサ）を取り外して、ピアノの内部を見た。先刻私が怒りにまかせて馬鹿者呼ばわりした、あの若いまぬけ兵士の顔が浮かんできた——彼は完全に正しかった。このピアノは外見こそ華やかだが、実際には、私の人生がしまい込まれた〈収納棚（アルモワール）〉以外の何物でもなかったのだ。

真っ二つに割れた共鳴板の下でハンマーと弦とが無秩序に縺れて壊れ放題になっているそのありさまに、私は自らの経歴の残骸とかつての野心の亡骸（なきがら）を見た。

きっと、天の配剤なのだ、私は自分の手を見て思った。

老兵のものと変わらないほど硬くなった手は、いたるところに肉刺（まめ）ができ、ひび割れている。近距離戦闘訓練でナイフの刃を浴びてできた掌の傷跡にいたっては、いうにもおよばない*。私の手とこのピアノにはあきらかな共通点があった。〈分相応に風が吹く〉、つまり適材適所というわけである。しかし、私はあくまで目の前の故障品には軽蔑の気持ちを抱いていた。人生のあらゆる苦い失望に疲れきった私は、椅子に座ったまま途方に暮れ、しばらくすると立ち上がり、身動きせずに立ち尽くした。

私のあらゆる鬱憤（うっぷん）の原因となった物体——ピアノという楽器——との歴史的な面会は、そのような具合に進んだのだった。クリーム色の女神（ムーサ）たちを機械的にもとの場所へ取りつけると、私はすっかり意気消沈して、夢遊病者のような足どりで、幻想の残骸が横たわる現場をあとにした。そして自分の部屋へ逃げ込むと、胝(たこ)に覆われた手をどこに隠したものかもわからないままキャンプベッドの端に座り、心のなかの相反する感情を分析することに趣味の悪い愉しみを見出だした。だが、瘤(こぶ)だらけの指と猿のような癖をもつ穴居人(トログロダイト)――あるいは直立猿人(ピテカントロプス)――は、その極度に神経質な一人芝居に自らの身体を供することに嫌気がさしてもいた。どちらの人格も互いのことを心底嫌っていたが、結局は互いの別人格(オルター・エゴ)を投影したものにすぎなかった。揃いも揃って、私に屈辱をあたえることにかけては達人的だった。そして私は、交互に相手の悪意を真に受けては対立を激化させていく二人の頑迷固陋(がんめいころう)な〈ブリンプ大佐〉[8]から暴虐を受けることにうんざりしていた。好色な兵士から空想にふける音楽家に（逆もまた同様）向けられた下手な一人芝居には眩暈がした。結局、もう苦しみ悶えるのはやめにして、少将のところへ行って話をつけようと心に決めた。そして進言してやればいいのだ。接収した老朽の安酒場ピアノはバーベキューのための最高の燃料となりうるし、あるいは望むなら見事な養蚕棚(ようさんだな)にもなりましょう、と。

　私たちを乗せた芸術の船が凪(なぎ)に遭っている今、この無風状態を解決する手段はほかになく、私は、〈夢を売る者〉としての活動が終わったことを告げる天からの知らせについて、少将に報告した。

　ところが、彼はまったく異なる意見の持ち主であった。その鋭い眼光によって、彼の太鼓持ち連中

＊奇跡的に、その深い切傷は何一つ深刻な事態を招くことなく治癒してくれたが。

が幾分常識に欠けていることをすでに明察していたのである。そして、すべてを忘れ去ってもなお残るものこそが文化なのであり、その残ったものを観客に届ければよい、という文化観をもっていた。少将は、手始めに、〈下品な姿勢の酒保商女（ヴィヴァンディエール）が何人も絡みついた不快な移動式娯楽所（カンティーン）〉を恐れることなく持ち帰ってきた哀れな偵察兵たちに一週間の謹慎を命じると、すぐさま、一二人の立派な戦士を選び出した――履歴書を見る分では、リードオルガンとドイツ製コンサート・グランドピアノの区別がつかない輩ではなさそうだった。大いに満足した私は階段を下りて自分の部屋へ向かった。すると、その途中、野営司令官の大声が中庭に轟くのが聞こえて、その場に立ちどまった。

「いいか、お前たち、二度と売春婦が絡まったこね鉢を持ち帰ってくるんじゃないぞ！　演奏できる状態のまともなグランドピアノかどうか、しっかりと確かめてこい！　門限までにだ！　いざ実行！」

またもや、心の準備をする間もなく、執念深い主人が私の運命を決してしまった。私は、自らの馬鹿げた虚勢によって、約束を守ることを余儀なくされたのだ。すなわち、荷車引き同然の掌を一〇日以内に音楽家の手へ一変させる、という無謀な約束を。私が動かしてしまった〈悪魔の機械〉に輪止めをかけるものは何もなかった。

その日の夕方、約束の時間にトラックが戻ってきて、その〈臨時救世軍〉の一隊は扱いやすい大きさの洒落たグランドピアノを荷台から降ろした。彼らはそれを掴んで得意顔で体育館のなかへ運ぶと、年老いて致命的に故障した楽器（まだ女神（ムーサ）たちがこれ見よがしに抱きついていた）の横に置いた。今回は、私はさりげなく目を通すだけにした――まるで牛車でも眺めるかのように。驚いたことに、彼らの言葉を借りるなら、〈脚絆（ゲートル）のボタンはすべて揃っていた〉。兵士らは私を残して立ち去った。今や時間は遅い。だが、私はすぐにでも練習に取りかかりたかった。しかしどうすれば、青銅の美女たちの夢を見ているであろう同僚の兵士たちの安らかな眠りを妨げずに済むだろうか？　全速力で走る戦車のエンジン音を消すための急場凌ぎのやり方ならたくさん知っている。だが、今はこの場所で、それをピアノに対してしなくてはならないのだ。たくさんの男たちが平和に眠る兵舎の中心で、何の道具もなしに。緊張感のない女神（ムーサ）たちのまとうシフトドレスがその答えをくれた。大尉（たいい）[9]がよく大佐の部屋係の女と睦み合っているのを知っていた私は、彼の部屋へ忍び込み、上品な長い肩かけとセーム革の手袋を失敬した。ドイツ軍に教わった習慣が抜けきらないのか、この大尉は凄まじい量の手袋を持っていた——子羊や子山羊の皮革、それに豚革のものまで。本当によく自分の手の面倒を見る紳士であるらしい。

私は戦利品を抱えてピアノのもとへ戻った。そして鍵盤蓋（フォール・ボード）を取り外すと、ハンマーに沿って肩かけを弦の下へ滑り込ませ、それからまた鍵盤蓋（フォール・ボード）をもとに戻した。私はこうして望み通りの消音装置を手に入れたのである。ハンマーの動作を妨げることなくすべての鍵盤の音を消すことができたので、手荒いながらも目的に適（かな）っていた。こうすることで、私は昼夜を問わず、誰にも聞かれずに、また誰の平穏も乱すこともなく、ピアノを弾き続けることができた。その究極の美点は、微かな音が聴こえることによって、自分だけは出している音を把握できたということである。*

この骨の折れる仕事が終わると、私はセーム革の手袋をはめて、次から次へと音階（スケール）を復習（さら）い始めた

——週の終わりには自分の手が鍵盤を自在に支配し、この練習をしないで済む状態になっていることを祈りながら。そして、手指の劣化具合や弱点を把握するのにそれなりの時間を費やした。事実上一から練習を始めたのである。

遠くのほうで午前四時を告げる教会の鐘が鳴り、私を現実に引き戻した。今にも倒れてしまいそうなほど眠たかったが、ピアノの蓋を閉じて、ビューグルコール[10]までに一、二時間の睡眠をとるべく、手探りで部屋へ戻った。そして、べとべとした透明の蛸のような〈海の怪物〉と戦う悪夢に憑かれて何度か目を覚ましながらも、夜明けまで眠った。私がひどく汗を流しているのを見つけた当番兵は、よく慣れた手つきでマッサージをしてくれた。そして間もなく、以前に野営司令官と交わした契約の通りに、私はすべての軍務と訓練を免除された。司令官は、根源衝動との接点を失ってしまった英雄たちのことをよく理解してくれていた。今後一〇日以上にわたって正式に軍務を免除されると知らされて、私はドン・ジョヴァンニ[11]よろしく彼を夕食にでも招待したいと思った。とはいえ、食事を必要としていたのは私のほうであった。眠れない夜を過ごして、〈カロリー〉をほとんど使いきってしまっていた私は、大皿に盛られたベーコンとさや豆の熱いシチューによって体力を回復するべく、食堂へ向かった。それが済むと、また短期特訓を続けるためにピアノのある体育館へ戻った。

食事のための三〇分の休憩を別にすれば、練習以外のことは何一つしなかった。日に八時間から一〇時間の練習でさえ、十分だとは思えなかったのだ。夕食を終えるやいなや消音装置を取りつけて指の苦行に戻る、ということもたびたびであった。最初の頃はいつも手袋をはめていた。まずは〈技術〉だけに集中し、あらゆる種類の音階（スケール）、三度の和音、それにオクターヴや跳躍に取り組んでいった。然るべき速度と正確さをものにしてから難曲に手を付けるほうが賢明だと思われたのだ。もちろん、先に進みたくなかったというわけではない。だが、（誰もがそうであるように）すでに完璧に熟達しているはずだと思い込みたい一方で、不安もたしかに感じていたのだった。

そんな風にして、私にあたえられた最初の五日間が過ぎた。弾き間違いに気を落としては、上々の出来に勇気づけられ、私は延々と自分の両手を受刑者のように働かせた。時折、この熱狂的な挑戦に好奇心をそそられたのか、仲間たちがやってくることがあった。彼らは静かに部屋へ入り込むと、壁に凭れて、私の一〇人の奴隷に課された厳しい訓練をただ茫然と見つめていた。そして何人かの粗忽な連中は（彼らはとても常識的で、私の狂気じみた練習に呆れていた）、時々の短い休止を制して、服のポケットに隠し持った携帯瓶（フラスコ）を私に恐る恐るすすめてきた。

「隊長、無理をしてお体を壊されるより、こいつをぐっとお飲みになるほうが上手に弾けるのではないですか？」、彼らは囁いた、「ひと飲みすれば、手に翼が生えますから！」

それこそまさに私が望んでいない行為であった。彼らは私のことを一種の奇人のように感じているらしかった――つまり、やめれば楽になるとわかっていながら自らの頭をハンマーで殴り続ける奇人

＊これ以降、私は頻繁にこの原始的な方法を使ってきたが、いつも上手くいった。

のように。多少はそれに通ずる部分があったのかもしれない。私は彼らがいるときには決して手袋をはめたままで練習をしなかったが、そうでなければ私は気の狂った不適任者だと思われたに違いない。私は頭を振って酒瓶の誘惑を払うと（普段であれば魅力的でないわけがないが）、また例の大隊の祭典のための練習に戻った。そうなると酒神バッカスの酩酊者たちも静かに部屋を出ていくのであった――空軍の戦闘機に燃料を送り込むような勢いでぐいと喉を潤すために。こうした気まぐれな来訪を別にすれば、私は誰にも邪魔されずに練習に打ち込むことができた。

頻繁にバーへ繰り出している仲間は、この〈ダヴィデとゴリアテの戦い〉のことを村中に広めた。当の住人たちはというと、エレディアの言葉を借りれば、〈新星が昇るのを目の当たりにした、海底から、未知の空へと〉[12]。つまり彼らは私の挑戦を〈その努力だけをとっても尊敬に値するような偉業〉と考えたのである。練習は順調に進んでいた。手もふたたび良好な動きをするようになった。私の手指は、無限の数珠（ロザリオ）を爪繰りながら果てしなく祈り続けていくような、懲罰的な責め苦を味わっていたが、それによって、ほとんど完全に往時の感覚を取り戻したのだった。そして、ときに解釈者（ピアニスト）の感性を高め、ときに聴き手の受容性を高めるその第六感は、ふたたびピアノの技芸を私のものとした（一度もこの体験したことのない人は、うわべだけ取り繕って疑いの眼差しを向けるであろうが）。練習の一例をあげると、私は両手の自律性を確かめるのにうってつけの課題を編み出していた。米国とソヴィエト連邦の国歌をそれぞれの原調で重ね合わせたのである。一方は三拍子で他方は四拍子であるために、それぞれの手で異なる旋律を奏でていくかけ合わせの過程は、幾分複雑なものとなった――この二国の足並みが揃わないことも頷けた。

当日のプログラムの大部分は、私の知るかぎり、民謡などの愛国的な歌曲や、平凡な乙女に扮した〈飛び入りの有志〉によって演じられる民族舞踊から構成されていた。寸劇もいくつか予定されていたが、それらは〈敵軍に囲まれ、追い詰められた兵士の果てしない不幸〉という陳腐な筋書きを田舎者じみた機知（火を見るよりもあきらかな誤解であふれていた）によってこってりと味付けしたもので、見るに忍びない出来になりそうだった。

決戦の日は近付いていた。宿舎を娯楽場（カジノ）へ一変させるために皆が全力を尽くしたので、すでに兵舎はオペレッタの兵士が切り盛りするおとぎ話の駐屯地のようになりかけていた。ある連中は、夜明けから日没まで、意匠を凝らした紙の紐細工（ガーランド）を切り抜き続けたし、別の連中も、切紙細工（ペーパー・レース）職人となるべく急遽再訓練された挙句に、同じ紙から角灯（ランタン）を切り出していた。彼らは最後の仕上げに、その華奢な指先を使って、それらの紙細工の着色に取りかかった——まるで神聖な写本作業に向かう修道士のような至福の表情を浮かべて。

積極性に定評のある別の一隊にいたっては、もっとも広い意味での〈運搬に係る野外作業〉のために派遣されることとなった。彼らの運搬している物品については多くを質問しないほうが賢明だった——すなわち、脅迫によって手に入れたのか、もしくは略奪、着服、窃盗によってか、あるいは、遠慮なしにいわせてもらうと、置き引きしてきたのか。侵略軍が過ぎ去ったあとは（やられたらやり返すという単純な原則に従って）多かれ少なかれ解放軍が社会の基準となっていたのだが、解放軍の権威筋は、幾分接収に熱中しすぎている兵士らの道徳心を点検する以外にもすべきことがあったため、ある程度の非行には仕方なく目を瞑ったのであった。私の使用していたピアノも、おそらくは、旧ハンガリー政府が（例の〈情け深い庇護者〉の同盟軍となるやいなや）国外に追放してガス室送りしたどこかの家族の所有物なのだった。哀しいかな、持ち去るべき物品にあふれた廃家はどれも同様の被害に遭った。要は、赤軍の親密な同盟軍であり、以前の独立政府と同じだけ人気のあった私たちの大隊もまた、例の文化的な誰何（すいか）に怯えていたのである――〈待て！　そこを行くのは誰だ！〉。幸い、私が特別命令の保護のもとで立て籠（こも）って〈超人的事業〉の総仕上げを行なっていた体育館については、まだ誰もその接収の許しを得ていなかった。だが決戦の日の二日まえになると、勇敢な機動部隊が喜々として侵入を図った。彼らは行くところすべての物を掃除して、固形石鹸の最後の一個を使いきるまで磨き上げていったので、逃げ場を失ったトカゲたちは慌てて兵舎（すでに娯楽場と化していたが）から退散しなくてはならなかった。その効果たるや劇的なものであった。腐った床板は舞踏室のそれと見紛うまでになり、司令官の言葉を借りると、「あきらかに食堂の食器類（カトラリー）よりも清潔」になった。また、小窓の輝きがあまりにも眩かったことで、春の日差しから逃れようと涼しい場所を探すコバエは何度もその窓にぶつかるはめになった（それでも一部の老練なハエは見えなくなった窓がどこにあるかを知っていたが）。

私が無一文のフランソワ・ヴィヨン[13]からウマル・ハイヤーム[14]へと変貌を遂げるための最後の詰めをしていると、また別の天使の聖歌隊が到着した。壁面に足を広げる巨大な鉤十字（ハーケンクロイツ）の塗装を鑢（やすり）がけによって削ぎ落とすという任務を授かった彼らは、ダナイデス[15]のごとき忍耐力でその作業に着手した。鉤十字(ハーケンクロイツ)の中心には何かを取り外したような四角形の跡があり、かつてその場所に肖像画の掲揚が義務付けられていたことを窺わせた。無論、その肖像は、悪名高い軍事同盟を締結したことで追い風を受けたオーストリア人の大佐、つまりハンガリー元首ミクローシュ・ホルティ[16]を祝して描かれたものであったはずだ。

　祝祭はいよいよ翌日に迫っている。二時間におよぶ大仕事のあとで、時代遅れの主義思想をした墓掘り人夫たちはある結論にいたったらしかった——つまり、この場所を人前に出せるようにするには少なくとも三日を要する、と。窮余(きゅうよ)の病には窮余の策だ。彼らの一人は、仲間と話し合ってからその場を発つと、少しして、血のように赤い一本の銀紙を携えて戻ってきた。彼はそれを床に広げると、壁に残る鉤十字(ハーケンクロイツ)の輪郭よりもわずかに大きな星形に切り抜いた。そして共犯者たちはその赤い星型の銀紙を受け取ると、今となっては軽蔑されている古い表号(エンブレム)の上に、慎重に取りつけた。その作業を後ろで見守っていた主犯格の男は、またも場を離れて、今度は新体制の最高権威の肖像——ヤルタ会談[17]において新たな力の配分を規定することとなる、情け深い笑みをたたえた男の肖像——とともに誇らしげに戻ってきた。私はこの新時代の共同統治の寓喩(アレゴリー)を見つめながら途方に暮れていた。行きがかり上、戦車の砲塔や軍服の襟に両方の表号(エンブレム)を付けてきた私にとって、この新しい飾りに熱狂すべき理由などどこにもなかった。この記号が私の人生にいったいどんな重要性をもちうるというのか？　博物学者のビュフォン伯[18]は書いている、ちょうど雉鳩(きじばと)が貞節の象徴であるように鶯(うぐいす)は移り気の象徴である、と。ではこの表号（エンブレム）はどうか？　新たな人生の夜明けを示すものなのであろうか？　それとも単に私の魔宴（サバト）じみた生活に新しい色と形を持ち込むだけの標（ひょう）にすぎないのであろうか？

　私の特訓はとうとう最終段階を迎えていた。ようやく自由に動くようになった一〇本の指は、二日まえに私の悪魔的ともいうべき練習から解放され、今は、リストの《ハンガリー狂詩曲第二番》と、有名な歌謡曲にもとづく即興演奏（ちょうどいい頃合いで私の演奏の目玉になるだろうと目論んでいた）の大枠を考えることに集中しているところだった。威勢のよい穴居人（トログロダイト）軍団が作業の仕上げにかかったので、私は観念してゆっくりとピアノの蓋を閉じ、彼らのほうを見た。状況は幾分切迫していた――またもや屈強な男たちの一団が到着し、アルコールの過剰摂取による藪睨（やぶにら）みの気（け）のあるその連中が、私の楽器を急場凌ぎの演壇へと移すべく待ち構えていたのである。その演壇ときたらまさしくダーウィン理論の好例なのだった。すなわち、何事も消し去られず、生み出されもせず、すべてはただ姿を変えるのみ。政治の世界もその例外ではない。その傑作を組み立てた臨機応変な兵士たちは、ピアノの重みにもかかわらず、演壇を支える部材として高慢な鉤十字（ハーケンクロイツ）の金属片以上のものを見出さなかった。*つまり、舞台は以前の屋敷神の残骸の上に築かれ、しかもそのあとがまの肖像の謎めいた眼差しを受けていたのだが、私はそんなところから村人たちに両方の表号（エンブレム）（すでに誰もが見飽きていた）を忘れさせるべく試みることとなったのである。

＊　＊　＊

私の特別演奏会が始まる運命の時間は、翌朝の一〇時と決定された。任務を外れていた私は、一〇日間の独房監禁に耐えた褒美として、村を散歩することにした。〈かつてはカリビュディスの部下であったが、今となってはスキュラに仕えている〉(19)という馬鹿げた考えを忘れたかったというのもある。外は素晴らしい天気だった。住人たちも日課の散歩のために大通りへ繰り出していた——なんともったいぶりながら。私は驚きのあまり目を奪われた。色鮮やかな衣裳に身を包んで精いっぱいに洒落込んだ村人であふれ返っている——まるで大量の花に彩られた巨大な観閲行列山車ではないか。

この田舎村では、誰一人として、都市部の流行に関心をもつ者はなかった。結局、老人たちにはあまりに近代的であったし、若者にしてみても、そうした流行は高価すぎて手の届かないものであったから。そのため、村人たちはそれぞれの年代の事情に応じた恰好をすることとなった。オーガンディーのドレスを着た娘たちには、木製の履物を履く者も、裸足で歩く者もいた。彼女らの髪はパチュリーの代わりに数本の野花で飾られている。ませた娘たちは、若い従軍司祭のそばを通る都度、物欲しげな深い溜息を吐いては、彼の頬を緋色に染めさせていた。一方、年配の男たちが誇らしげに着ていたものは、昔の驃騎兵の制服である。まさに逸品というべきものであった。遠くトルコにその

*少しまえまで集会場に美を添えていたそれらの金属片を廃材置き場からかき集めてきたのだ。

起源をもつにもかかわらず、依然として高い人気と威信を保持していた。明るい色をした上着は、豊富に盛られた金色の装飾と飾りボタンとに彩られ、長ズボンや銀の拍車の付いた編み上げ靴とよく調和がとれていた。これらの素晴らしい衣裳——玩具の兵士が着るような完全な蒐集品——と比べると、私たち軍人はまるで二流傭兵のぼろ服をまとっているかのようだった。実際、女たちはそのことだけに注目しているといっても過言ではなく、目を楽しませるという点においてさえ、私たちには分が悪かった。

一〇日間の強制隔離のすえに、私は春の空気を浴びながらこの色鮮やかな行進に見惚れていた。昔の時代に運ばれるような幻想の仕上げをしたのは、数人の容赦ない老婦人たちであった。彼女らはこうした派手な装飾を潔しとせず、無数のペティコートの上から伝統的な民族衣裳を仰々しく着飾り、白髪のシニョン[20]には、しっかりと糊を利かせた様々な種類の地元の頭巾を乗せていた。彼女たちは、通りの傍や藁葺き屋根の洗濯屋の近くに置かれた石のベンチに座りながら、立派なカイゼル髭や尖った口髭をたくわえ、この行事のために特別に粧し込んだ老紳士たちと静かに会話をしていた。

何も考えずに散歩を楽しむことができたのは幸運なことだった。私はすうと息を吸い込んだ。周辺にある森や草原から陽気な微風に乗って運ばれてきた春の香りだ。そのとき、不意に自分が美しい女たちに囲まれていることに気が付いた。

「ほらこの人、訓練担当の軍曹だわ！　きっとわたしたちの恋人をひどい目に遭わせているのね！」、一人が笑いながら言った。

「いいえ、この人は違うわ」、別の乙女が言った、「この人は音楽家。例の一人楽団よ。わたし知ってるの。悪い人じゃないわ。」

「村で噂になってるわよね、あの楽器の使い方を知ってるって」、別の〈野百合〉が、巻き毛混じりの金髪をなびかせて、話に加わった。

「ねえ、明日、あなたがわたしたちにちょっとした演し物をしてくれるって本当なの？」

「いったい何のことかな、お嬢さん？」、彼女が少し揶揄うような態度であったので、私も皮肉っぽく言った。

「何って、三本しか足のないピアノのことよ」、可憐な娘はそう答えると、同情するような口ぶりで言った、「あの大隊の人たち、それなりにまともなピアノを見つけられたのかしら？」

「世界最高の美女でさえ、人にあたえられるのは彼女の持っているものだけだ」、私は教養ありげに答えた——〈時の人〉という新たな役回りを演じきるため、威厳を保とうと懸命に努力しながら。

「だとしても楽しみね」、生意気な魅惑の娘は、農業品評会で入賞した牛を見るときのような承認の眼差しを私に向けて、言った。

「いずれにせよ、近距離戦闘訓練の教官が軍務を離れて象牙を擽るダンディに化けるところなんて、そう見られるものではないさ、そうだろう、お嬢さん方？」

甲高い笑い声が響いた。そして、気まぐれな女狩人たちの声色が和らぐのがわかったので、私は二〇年あまりで蓄えた知恵を振り絞って打ち明けた。つまり、この血に飢えた傭兵の心にも、その奥深くには、愛すべき洗濯婦や羊飼いの娘に捧げられるべき高貴な気持ちが満ちているのだ、と。

夜の帳が下りてきていた。名残（なごり）惜しかったが、私はこのかわいらしいプリムローズの花束のもとを——勿忘草（わすれなぐさ）色の儚い瞳や透き通る海のような黄緑色の美しい瞳、それにいかなる軍の勲章よりも魅力的な胴衣（ボディス）のもとを——離れなくてはならなかった。

その場を去りながら、私はあることに気が付いていた。皆は互いのことをいとこやおじといった具合に言及している——この村の人々は皆、曾々祖父から、生まれたばかりの赤ん坊にいたるまで、事実上の親戚関係にあるに違いない。つまり彼らはすべて、翌日の祝祭に向けたドレスの予行練習のために喜々として盛装している、田舎村の大家族の一員なのである。私は、村人たち（今となっては私を無条件に崇拝してくれていた）と晩の挨拶を交わしながら、英雄のごとく兵舎へ歩いた。名馬ブケパロス[21]でさえ消化しきれないほどのオート麦フレークの皿盛りが、私の帰りを待ち侘（わ）びているのだ。その日、門番をしていたのは、私が以前に水溜まりの這い進み方を教えていた兵士の一人であった。彼は私に気付くと、ヒトラーを仕留めて持ち帰ってきた人間に向けられるような敬意をもって、かかとを合わせて敬礼した。

「いよいよ明日が決戦の日ですね、シフラ小隊長」、彼は厳格に気を付けの姿勢を保ったままで言った。

私は堂々と頷くと、高名な将軍のように夜空を見上げた。

＊　＊　＊

時刻は朝の五時。晴れた日になりそうだった。私は二度寝をするか、あるいは少なくとも、特別待遇を受ける最後のひとときを満喫するためにベッドに潜って怠けているべきだったのだが、四年にもおよぶ愛国の放浪を経たことで、そうした退廃的な資産階級(ブルジョワ)じみた気質はすでに身体から取り除かれてしまっていた。

私は起き上がって、すばやく顔を洗い、急いで食堂へ下りていった。数学の学位をもつ料理人が、大皿に満載した塩漬け豚とその消化を助けるための少量のレンズ豆を用意して、私を待っているのだ。しかし、この素晴らしきニュートンの崇拝者――あるいは微積分学の信奉者――はある残念な癖をもっていた。その思考が二次方程式にかかりきりになる間に、膨大な量の胡椒と塩を私たちの食料にそそぎ込んでしまうのである。彼がシチュー鍋に振り向けた情熱は、修理が必要になった戦車部品に対して私がもっていたそれと同程度のものにすぎなかった。ちょっとした雑談のなかで私が音楽家であることを知ったこの料理人は、少々風変わりなところがあったので、我々二人は意気投合すべき同類である、と言い張った。音楽と数学は同じ法のもとに置かれているのだから、と。今日というこの日に、彼の高尚な論法に対して、いったいどんな気の利いた反論をしたものか、私には見当がつかなかった。

私は口いっぱいに頬張りながら、かのクラウディウス皇帝[22]がカーテンの翳に隠れていたときのことをこの料理人に思い出させた。古代ローマの親衛隊が大慌てで彼を担ぎ出したのは、結局のところ、塩漬けベーコンがなければ人生は意味をなさない、と速やかに布告するためであったのだ。こうした議論によって眠気を覚ました私は、朝の散歩に出かけた——単に低劣なラッパの音を聞くのが嫌だったというのもあるが。

丘や牧草地の上を、二時間ばかり歩いた。栄光の日とでもいうべき心地よさだ。この田園地帯は本当に美しい。青い勿忘草が咲き、朝日がプリムローズを藤色に染め、長く優美な茎をした野花の群れはうきうきと生気に満ちあふれている。少しまえまで敵軍との攻防が繰り広げられていた地面だとは信じがたかった。私の心はゆったりと寛いでいた。

私は物思いにふけった、まるで何か異教の祭壇に祈りでも捧げるかのように。少ししてコンサートのことを思い出したときには、太陽は幾分高くなっていた。そろそろ戻らなくては。遠くのほうには、精いっぱいに着飾った村人たちが家を出るのが見える——若者も老人も揃って大興奮しているようだった。そして私もすぐにその理由を知ることとなる。

＊　＊　＊

私は人込みを分けてさっと会場に入ると、傍（わき）にあるカーテン——すり切れた備蓄袋を縫い合わせた代物——の後方へ進んでいった。その芋袋は今や舞台袖として使われていて、そこで役者たちが、台詞を確認したりくだらない冗談を言い合ったりしながら、舞台に向かう不安感と必死に闘っていた。

もっとも平常心を失ったのは、地元出身のお調子者の男だった。彼は普段なら饒舌なのだが、このときばかりは、連隊を代表してこの土地の方言で地元住民を歓迎するという役目を前に、歯をがたつかせながら壁ぎわの地面に崩れ落ちてしまった。

そして突然、すべての会話がとまった。盛装した司令官が入ってきたのだ――慌ててピン留めされたらしい大量の勲章を胸の上に輝かせながら。

「さぞ大変だったことだろうよ、こうも一瞬でクリスマス・ツリーみたいに粧し込んでくるってのは」、私のとなりにいた男が囁いた。

沈んだ顔をした親愛なる司令官は、〈汝(なんじ)との晩餐のために、あと一〇分で神が到着なさる〉と聞かされたときの法王のような気分であったに違いなかった。

「諸君、親愛なる諸君！」、司令官は声の震えを抑えようと努めながら言った、「視察のために当地へ向かわれているハンガリー軍大元帥殿[23]、およびソヴィエト参謀本部元帥殿[24]とその従者らが、先ほど、いいいい、彼らも臨席するこの文化的行事の成功を祈る、と声明する電報をお打ちになった。こうなった以上、すべてはお前たちにかかっている……。」

彼は死体のように硬直した姿勢で、死人のような表情を浮かべ、そう締めくくった。

この知らせは山火事のごとく拡散し、演者らを一層不安にさせた。実際、舞台に出るくらいならどこかの未開の部族の女とでも戯れていたい、と誰もが思っていた。すると、内部事情に興味津々の無関係な兵士や将校らが舞台裏に集まってきた――すでに十分窮屈であったし、彼らに頼むべきことなど何一つなかったのだが。開幕時間が遅れることはもはや疑いようのない事実となっていた。貴賓の到着をお待ち申し上げなくてはならないのである。そして、それまでの時間を埋めてくれたのは、今にも失神してしまいそうな役者らを盛り上げるべく歩き回っていた、何人かの親切な人たちだった。

私のところには若い将校がやってきて（ああ忌々しい！）、私の〈士気を高める〉ことが彼の任務なのだと主張した。私は以前に彼と会ったことなどまったく覚えていなかったが、一方の彼は、かつて新聞の見出しを飾ったフランツ・リスト音楽院入学に関する信じられない記事を読んで以来、何年もまえから私を知っているのだという。この男は、典型的な将校語で、音楽家の集中力を弱める〈過度な緊張〉の欠点について長々と語ってくれたうえに、私が神経不安に包まれるまでそうした類いの妙な持論を披露し続けてくれた。彼はポケットから酒瓶を取り出してぐいぐいと飲むために何度かそのキケロ風の弁論を中断したが、そのあとも〈緊張のあまり舞台上で固まって動けなくなる可能性〉について陽気に喋り続けたのだった。そして、私が何度か酒の誘いを断ると、この悪魔の弟子はついにピアニストの身に起こりうる最悪の事態、つまり〈度忘れ〉について述べたて始めた。三〇分もこうした弁舌にさらされた挙句、私は自らの自信が一滴残らず干上がってしまったことに気付き、ひどく狼狽えていた。そして、私はとうとう、ぐらつく手で何度も酒瓶を手渡してくるこの鬱陶しい中尉に屈服して、嫌々ながら、それを少し啜ってしまったのだった――少なくとも一〇年は熟成された、格別のウォルナット・ブランデーを。彼は、味はどうだ、と私に尋ねた。それから、目に涙を浮かべて、この繊細な〈芳香〉は彼の愛する母君の美しき魂の蒸留物にほかならないのだと打ち明けながら、私に恭しく同調した。この蜜酒を拒むことは母君との記憶に対する不敬になりそうだった。将校は自らの崇拝するその液体を取り戻し、まるで聖晩餐のように高く掲げると、その母君の魂にさらなる生け贄を捧げようとした。私は野暮なことはしたくなかったし、こうした孝行心を踏みにじりたくもなかったので、仕方なくもう一口だけ飲むことにした。このとき、私を強張らせていた不安感が消えて、優しい暖かさが全身に広がった。私は何度か、無表情に、カーテンの穴の向こう側を見た――会場はすでに満員で、あとは大指導者らの到着を待つばかりであった。それでも、この親愛なる中尉は、抗緊張飲料をもっと飲んでおきなさい、と、しきりにすすめ続けた。

「大勢の観客と対峙するなら、こいつを飲まない手はないのだよ！」、彼は腹鳴りとげっぷを交えて言った。

気付けば、私はその蒸留酒を母乳のように飲み下していた。歓迎の挨拶と勝利を賛美する言葉が述べられる頃には、私の威厳に満ちた平静は、いくらか無気力な昏睡を呈してはいたものの、演奏自体に支障をきたすほどではなさそうだった。ほんの少ししか飲まないようにすれば、我に返る最後の瞬間には、恐怖心によって余分なアルコールはすべて体内から消し飛ばされ、活力を取り戻すことができる――。私はそういう算段をしていた。実際、まだ酔っている感じはしなかった。ただ、身体が強張り、瞼が垂れていくのがわかった。そして、挙句の果てに感じ取ったのは、内心、舞台上へ歩いていく意思が失われたことだった（まっすぐに歩くくらいはまだできたはずだが）。私は緊張感を失って茫然と前を見て立ち尽くしていた。すでに私たち二人は〈母君の魂の精髄〉を、単に称えるだけでなく、飲み干しつつあった。
ありがたいことに、こうした時間はもうそれほど長くは続かなかった——明け方から母君に敬意を表し続けてきた私の恩人が、突然、驚くべき勢いで去っていったのである（彼がそんなに早く動けるとは思いも寄らなかった！）。中尉は、椅子をひっくり返し、舞台上を突っ切って、爆発寸前のボイラーのような音をたてながら千鳥足で出口へ向かっていった。これが孝行心のなれの果てとは——。私は思慮深げに頷きながら思った。

酒に酔って幸福そうな中尉と舞台道具との奮闘劇は、客席からも丸見えになっていたために、すぐさま好奇と憤慨の入り混じった反応を引き起こした。それを何人かのまじめな伍長(ごちょう)が[25]〈シー〉といって非難したらしかったが、私には遠くのざわめきとしか知覚できなかった。私の思考は混乱する一方であった。そして、誰かが私を引っ張って舞台上へ連れ出したことを漠然と認識した頃には、もうすっかり冬眠してしまう寸前なのだった。霞んで見える聴衆の発する不明瞭なざわめきも、ほとんど私の涅槃(ねはん)には届かなかった。

ちょっとした弾みか何かが、私の強張った足を運んでくれた。私は、どういうわけか必死に自分の眠気を隠そうとしながら、前方の一等席を見渡した。そして小さな演壇の真ん中まで進んだところで、じっと立ち、満員の聴衆をぼんやりと見つめた。最前列に目をやると、一直線に並んだ華麗な肩章(エポレット)が眩(まぶ)しく光り、彼らの突き出した胸には無数の勲章が輝いていた。ゴルフ場のグリーンを走り回る野良犬と同じくらい歓迎されている気がした——実際には叫び声もまぎれてしまうほど大歓声であったのだが、私は埋葬白布（シュラウド）に包まれたような居心地の悪い静寂を感じていたのだ。頭は真っ白になり、奇妙な幻覚だけが残された。気付けば、椅子の上に腰かけてしまっている。目の前には黒く立派なピアノが聳え、その漆黒の影に浮き上がる真っ白な鍵盤は、私を見て不気味に微笑んでいた。

腕は関節の外れた操り人形のように無気力にぶら下がり、一トンほどの重みがあるように感じられた。加えて、手指もほとんど自分のものとは思えないくらいに無感覚になっていた。そして、ちょうどそのとき、混乱する私の脳に電撃が走った。客席の様子を見てしまったのだ。聴衆たち、つまり有名な将校のお歴々や、オペレッタ歌手のような襞（ひだ）付きスカートをまとった農家の娘たちが、揃って私の演奏を待っている――。もはや自分の手に集中して複雑な動きを制御できるような状態ではなくなっていたが、私は、これまで数えきれないほど弾き込んできた名曲の出だしの一部分を必死に思い出そうとした。この曲を演奏するためにこそ、頭と指は激しい苦闘に耐えてきたのだ。しかし、私は認めざるをえなかった、あの自問自答の日々と骨身を惜しまない準備の時間のすえに残ったものは、ただ瓦礫の山だけなのだと。

今や、できることといえば、このリサイタルを済ませてしまうことだけであり、実際、それはたしかに済んだのであった。私は記憶の墓地のなかから、リストの《ハンガリー狂詩曲第二番》をなんとか最後まで掘り返すことができた。どうやってそんなことができたのかは未だに謎のままであるが。

私はこの奇妙な演奏を終えると、茫然としたまま演壇を離れた。歩きながらふらついてしまうことこそなかったが、夢遊病者のように意識なく動いていたのは事実だ。通例に従ってお辞儀をしたのかさえ思い出せない。私は、弾き始めた瞬間から、自分の演奏が言い表せないほどにひどいと感じて、不安な気持ちに取り憑かれてしまったのだった。一方で、このような種々雑多な聴衆が、どの程度、演奏者の内部で繰り広げられる虚無との絶望的な闘いに気付いているのかは、定かでなかったが。〈資質〉とは、正確には何を意味するのだろう？　それは、私が思うには、適格であると同時に才気が漲っていることである。しかしこの恐怖の日に、私は嘆かわしいほどにその両方の点で挫折してしまったのだ。田舎の粗野な音楽愛好家（ディレッタント）連中でさえ、そのことには気が付いていたらしい——午前中の数ある演し物のなかで、私のピアノ演奏がもっとも弱弱しい拍手によって称えられた（あるいは、罰せられた）のである。もっとも私の酒酔いは、そのせいで一〇本の指が〈魔法を届ける力〉（本来であれば私の演奏のもっとも顕著な特徴なのだ）を失ったと観客に見抜かれるほどには、ひどくなかったのだが。とはいえ、そんな馬鹿げた理由のために、筋の通った演奏に触れて魔法にかかる機会を聴衆から取り上げたことには、変わりはなかった。あれほどの苦労をして以前の水準まで技術を高め直したにもかかわらず、今や私の音楽はかつてないほどに落ちぶれているのだ。最後に出演した表立ったコンサートは、少なくとも五年まえのもので、とっくに不確かな記憶となり果てていた。しかも、その間に起こった出来事の大半が、本来の目標を、以前にもまして手の届かないところへ追いやってしまっていた。そして私は今、灰のなかから生き返る[25]試みの最初の結末を迎えたのだった。

　思い出せるかぎりでは、この祭典は午後一時頃に閉会された。観客はちりぢりに去っていき、兵士らは夕方までの自由時間を得た。私はといえば、苦難から解放されると同時に、有名人たちの祝賀懇親会からそそくさと逃げ出して、一直線に自分のベッドを目指したのだった。そして、夢に魘されることもなく翌朝まで眠り込み、目を覚ますと、前日の出来事が驚くほど鮮明に頭に浮かんできた。屈辱的な気分だった。恥辱に苛まれながら、自らの不名誉と不面目（こうしたものこそが、神の輝きを失わせ、悪魔の醜悪さを覆い隠す）に思いをめぐらせ、その場で泣き崩れた。あれほど途方もない苦しみを耐え忍んできたにもかかわらず、私はとんでもない失敗を犯してしまった——。それから寂しさが、つまり私が過去四年にわたって気付かない振りをし続けてきた孤独の亡霊が、姿を現した。私はこれまで、人生の不毛な時期をともに過ごしたこの唯一の連れ合いが陰険な攻撃にさらされずに済むように、多かれ少なかれ注意を払うことができていた。だが、これからはそうした抵抗を続けることもできなくなりそうだった。つまり、私は負けを認めたのだ。

＊　＊　＊

巡察兵はいたるところで私を探していたらしかった。私は部屋の床で両腕を伸ばして気を失っているところを見つかった。少しして、多少体調が回復すると、心配な気持ちが込み上げてきた。つまり、上官たちはこの新兵訓練担当軍曹に対してどのような感情を抱いたのだろうか、と。しかし結局のところは、誰も私の素行に不自然な点を認めなかったらしい。

私はすぐに野営司令官と面会することとなったのだが、彼さえも、その相当に広範な知性をもってしても、私の道化に対して少しの皮肉を言うことすらなかった。彼は、完璧にまじめくさった顔をして、一枚の紙を手渡してきた——〈訓練生たちに課してみるべき戦争挑発演習の一覧〉とある。要するに、私の大失敗には何の懲戒処分も下されないということだった。私は処罰を免れたのである。そうしてまた時が経ち、この祝祭もすぐに遠い記憶となった——私を除く全員にとっては。

＊
＊
＊

大失敗の記憶は、疼く傷のように心を苦しめ、その先何年も日ごと夜ごとに私を追い回した。実際、この苦い経験を忘れるためには、二〇年にもおよんで充実した演奏家生活を積み重ねていくことが必要だった。それ以外のどんな軟膏もこの苦痛を癒すことはできず、また、心のなかの深い傷を消すこともできなかった。

＊
＊
＊

そうした状況のなか、私は自分の苦々しい感情を周りにいる訓練生にぶちまけるようになった——ほかに手頃な身代わりがいなかったのだ。私は捻(ひね)くれた本能の赴くままに行動し、気付けば、いっぱしの奴隷使いになっていた。新兵訓練を口実に彼らを疲弊させ、気力を挫(くじ)き、苦しめることに大きな愉しみを見出だした。ときには、不運にもその運命によって私の目前へと放り込まれた新兵たちを、肉体的に虐待することさえあった。高圧的に彼らと接し、手ひどく扱った。無論、こうした態度は健全なものではない。私はあらゆる物とあらゆる人を嫌っていたのだが、いうまでもなく、すぐにその報いを受けた。私の横暴がひどくなるにつれて、一人また一人と友人が減っていった。訓練生は、陰でひそひそと私を罵りながら、歯を食いしばり、這い、走り、飛び跳ね続けた——眩暈がするような速度で、一休みもせずに。それでも私はまったくお構いなしだった。彼らの反感は、むしろ、よい気晴らしになったのである。上官たちも上官たちで、長い間、少しも私の嗜虐趣味(サディズム)を問題視しなかったので、そのうちに、事無く、反抗的な怠け者たちは規律ある立派な兵士に一変してしまった(信じてもらえるかわからないが、一度として抗議のざわめきは起こらなかったのだ)。

そうやって訓練生に祖国愛を躾(しつ)けていた一方で、夜になると、私はあの強迫観念を振り払おうとして、明け方までひたすら散歩をするのだった。そして、外で過ごす眠れない夜は、翌日の私の残忍さ(もう誰にも驚きをあたえなくなって久しかったが)に拍車をかけていった。

それでも、この頃の一連の出来事によって、私は正気を取り戻していくこととなる。戦争は終わりに近付き、ハンガリーはナチス・ドイツの迷惑な友情——まったく自国のためにならない経済政策と政治的保護——からすっかり解放された。そして、一千年続くとされた〈大ゲルマン帝国〉(27)が崩壊すると、急激な物価急騰(インフレーション)がそれに続いた。(28)近くの村では主だった酒場が可能なかぎり営業を再開していたが、果てしない喉の渇きを癒そうと店を訪れるのは、いつも決まって、通貨が安定するのを待ちながらちょっとした物々交換を営んでいた地元の大酒飲みたちなのであった。軍人はというと、まだ門限時間に縛られていた。それでも、孤独を避けたくて仕方のなかった私は、酒飲みの群れに加わるために、自らの〈放蕩者一代記〉[29]を企てた。早い話が、夜警を兼務したのである。

私は毎日、夜明けから日没まで、大声を出して声を嗄（か）らしながら、新兵の関節や軟骨をすり減らし続けた。そして日々の夕食を終えると、一軒の酒場を目指して村へ繰り出した。閉店時間になるといつも決まって気品ある常連たちが盛んな殴り合いに熱をあげるようなところだ。総じていえば、彼らは信心深い男たちで、〈日曜夜の大ミサ以外ではナイフを使わない〉という規則を滅多に破らなかった。私も時々はそうした〈槍突合戦（ジョスト）〉に加わった――〈天使の庭（エンジェル・コート）〉の秘密の象徴であるナイフに敬意を表して。時間の過ごし方としてはまずまずのものだった。そしてにぎやかな見世物が終わると、大抵の場合は、親切な酒飲みが最後の一杯に誘ってくれた。当然、私はもうまっぴらであったが、彼らは幾分しつこかった。「犬じゃあるめえし、こんなお別れの仕方でいいわけがねえ！」、という具合に。私はありがたく受け入れることにした。酒場はいつも一〇時に閉まったのだが、どのみち、真夜中になるまでは野営に戻らなくてもよかったし、戻る理由もなかった。実際、真夜中から朝の四時まで寝られれば、それだけで事は足りた。そして目を覚ますと、私はすっと起き上がり、ラッパの音が鳴るまでの間、鍛冶屋をはじめとする早起きの村人を訪ねては彼らのくだらない仕事を手伝った。そうやって小遣い稼ぎをしては毎晩酒場に通い詰め、なんとか人生を楽観的に見つめようとしていた。

数週間が数か月になり、私はどんどん酒と暴力の生活にのめり込んでいった。沼地をもがき進む人間のように、自分自身との接点を失っている感じがした。新しい仲間からも随分と影響を受けていた。誰も彼もが、私と殴り合い、罵り合い、酒を飲み合った。それでも、彼ら〈退廃の騎士〉との付き合いが、私の心を慰めてくれたのだ。

そうやって私が今にも〈自滅の沼地〉に沈没してしまいそうになっていたとき、途切れ途切れではあったが、郵便制度が再開された。仲間の兵士たちも徐々に家族からの手紙を受け取っていた。

そしてある夜、一人のほら吹きの農家と騒ぎを起こしたあとで（彼が割れた瓶を振り回して私の顔面を変形させようとしたので、私は仕方なくその農家を糞尿貯留槽（スラリー・ピット）のなかに放り込んだ！）ワインの臭気を放ちながらよろよろと帰ってきた私は、自分のキャンプベッドの上に一通の封筒があるのを見つけた。たちどころに酔いが醒めた――これは妻の文字だ。それでも、いざ封筒を手に取ろうとすると、もはや自分とは関わり合いのないもののように思えてきて、固まってしまった。そしてしばらく躊躇していたのだが、とうとう腹をくくり、急いでその手紙を掴み上げた。

その手紙はたしかに〈ピアニストのジョルジ・シフラ〉に宛てられたものだった。

訳註

（1）ヒトラーを護衛する目的で創設されたナチスの組織。
（2）ヤロスラフ・ハシェク（Jaroslav Hašek, 1883–1923）の連作短編小説『兵士シュヴェイクの冒険』からの引用。
（3）馬の装具を腰に付けて踊る出し物。
（4）旧約聖書『箴言』第二二章の「主は知識ある者を見守る」をもとにした皮肉。
（5）Hungarian Rhapsody No. 2, S. 244 (1847).
（6）Hungarian Rhapsody No. 6, S. 244 (1847).
（7）ジプシー音楽における、速く狂騒的なリズムをもつ部分のこと。
（8）デイヴィッド・ロウ（David Low, 1891–1963）の風刺漫画に登場する人物。「わが軍は敵が組織するものより大きな海軍を組織するべきですな、それも、わが軍が敵の組織するものより大きな海軍を組織するということを耳にした敵が組織するであろう大きな海軍よりもさらに大きなものを」などといった、頑固かつ非常識な発言をする。
（9）前出の軍隊階級図を参照。
（10）ラッパによる呼び出し。
（11）モーツァルトのオペラ《ドン・ジョヴァンニ》に登場する人物。
（12）Ils regardaient monter en un ciel ignoré Du fond de l'Océan des étoiles nouvelles. フランス高踏派の詩人、ジョゼ＝マリア・ド・エレディア（José-Maria de Heredia, 1842–1905）の詩『征服者たち』からの引用。
（13）フランソワ・ヴィヨン（François Villon, ca. 1431–1463）。一五世紀フランスの詩人。窃盗団や売春婦と行動をともにして無頼の生涯を送りながらも、近代詩の新境地を切り拓いた。

(14) ウマル・ハイヤーム (Omar Khayyám 1048–1131)。セルジューク朝ペルシアの詩人。フランソワ・ヴィヨンとは対照的に、年金暮らしをしながら詩作や学問の研究に励んだ。
(15) ギリシャ神話に登場するダナオス王の五〇人の娘のこと。
(16) ミクローシュ・ホルティ (Miklós Horthy, 1868–1957)。ハンガリーの政治家。一九一九年のハンガリー革命を武力鎮圧し、その後一九四四年までハンガリーの独裁的指導者となった。
(17) 第二次世界大戦の末期にクリミア半島のヤルタで開かれた連合国首脳の会談。ルーズヴェルト大統領［米］、チャーチル首相［英］、スターリン書記長［ソ連］が出席した。
(18) ビュフォン伯ジョルジュ＝ルイ・ルクレール (Georges-Louis Leclerc, Comte de Buffon, 1707–1788)。フランスの博物学者、数学者、植物学者。
(19) カリビュディスとスキュラはともにホメロスの『オデュッセイア』に登場する海の魔物。ここではドイツとソヴィエト連邦のことを指している。
(20) 髪を後頭部などに束ねて、渦巻き状に編み込むなどして整えた髪型。
(21) アレクサンドロス大王 (Alexander the Great, 356 BC–323 BC) の愛馬。
(22) クラウディウス (Claudius, 10 BC–54 AD)。ローマ皇帝。堅実な政治を行ない、ブリタニア、トラキア、アフリカを属州とした。
(23) 前出の軍隊階級図を参照。
(24) 前出の軍隊階級図を参照。
(25) 前出の軍隊階級図を参照。
(26) 「不死鳥は、死に際して自らを火中に放り込み、その灰のなかからふたたび甦る」という古代の伝説から。
(27) 第二次世界大戦中にナチス・ドイツが構想した広大な国家概念。

(28) 一九二七年に導入されていたペンゲー通貨は、第二次世界大戦後に超物価急騰(ハイパー・インフレーション)に見舞われた。当時の郵便料金は一九四五年五月から一九四六年七月にかけて四〇兆倍になったといわれる。

(29) イングランド人画家ウィリアム・ホガース（William Hogarth, 1697–1764）の作品で、放蕩の生活のすえにすべての財産を失った人物の半生を描いたもの。

第九章　終わりなき夜

終戦から一年以上が経っていたが、私の動員解除命令はまだ届いていなかった。そのため、私は〈日常的な潜勢態(デュナミス)の視覚化によって達成される、いかれた概念の恒星的昇華(サブリメーション)〉(1)にすっかり没頭したまま、任務を続けていた。この華麗な婉曲(えんきょく)表現*は、精神科医になるのを夢見る知的な同僚の唇から零(こぼ)れ落ちたものだった。

だが私は、彼と違い、そのような悟りを開くことができなかったので、上官たちに自分のことを理解してもらおうとした――すなわち、私は軍人の楽園にふさわしい人物ではないので速やかに動員を解かれるべきである、と。しかし、それは言葉でいうほど簡単なことではなかった。結局のところ、ディドロ(2)が述べたように、〈兵士は殺されるために存在している〉のだから。それでも、二か月が経

*もちろん軍務のことを指している。

つ頃には、私は膨大な量の書類を（うんざりしつつも）記入するにいたっていた。そしてさらに数週間が過ぎると、その書類は、途方もない政治的混沌のなかで国家を運営する数々の省庁（の全階層の職員）によって型通りに押印、署名、副署されて、とうとう私のもとへ戻ってきたのである。

三か月におよんだ些細な駆け引きのすえに、私はついにその日を迎えた。一九四六年の九月、側近に囲まれた親愛なる野営司令官は、重々しく、私に文書を手渡した。軍務が解かれたことをロシア語とハンガリー語で証明する正式文書であった。

「祖国に対する貴殿の任務はここに終わりを迎える」、彼はもったいぶりながら朗々と読みあげた、「天下無敵の赤軍と手に手を取って、資本主義、帝国主義の害悪を撲滅するための運動に取りかかる、その日まで。」

またすぐに呼び戻されるのかと思うと、少し寒気がした。しかし、話に実が入ったのか、司令官はそのまま話し続けた。

「新しい労働者階級（プロレタリア）軍は、我々の聖なる運動を〈平等な世界〉へと結実させることであろう。」

もっとも、そんなときまで労働者階級（プロレタリアート）が生き残っていればの話だが——。私は心のなかでつぶやいた、レニングラード包囲戦[3]や広島の原子爆弾のことを思い出しながら。

そして、精いっぱいに至福の表情を作って司令官の長々しい別れの挨拶を聞きながら、考えていた。彼のこの〈山上の垂訓〉は、取り巻きたちへ伝えるべき教義の精髄であるのか、あるいは単に失業の恐怖から引き起こされただけのものであるのか、と。

彼はその尊い書類を手渡すまえに私の目を見て、今一度、途方もない過ちを犯していることを悟らせようと試みた。再編されたばかりの軍隊を辞めて、ほぼ確実に昇進の約束された薔薇色の未来を手放すわけであるから、無理もないことであった。私は礼儀正しく沈黙を守り、それから、今日までの賄い付き下宿に対する心からの感謝を伝えた。もちろん、彼の慈悲深い庇護なしに生きていくことの悲しみについて力説することも忘れなかった。

＊＊＊

そして退去を許された。普通の服を買えるだけの持ち合わせがなく、また、私物を詰め込んだトランクも今頃ロシアかチェコスロヴァキア辺りで迷子になっているに違いなかったので、私は仕方なく軍服のまま家へ帰ることにした。

がたがたの線路の上をブダペストへ向かって進んでいく古い列車に揺られながら、白昼夢を見ていた。

「子供と軍人は半額」、車両と同じだけ老体の改札係が、私の持っていた最後の紙幣をそのポケットに収めながら、小さな聞き取りにくい声で言った。

そうか、ただで乗るなんてことは、夜中に忍び込んで乗り逃げするでもないと無理だろうな、私は二年まえの脱走劇を回想しながら思った。

「今日の運賃は半額で済むにしても、これからはどこへ行っても満額だ。どうやって払ったものか……。」

列車は終着駅に着いた。車両から降りて通りに出ると、私は街灯の柱に寄りかかり、広い並木通りの様子を驚きの気持ちで見つめた。こうも多くの乗り物や活気ある人々であふれていようとは！　図々しいほどに茂った枝葉は、この穏やかな秋の日の優しい日差しをあざ笑っているかのようだ。街全体が生き返っていた。ミサイルに破壊された建物や記念碑（モニュメント）も修復されている。まだ傷跡に包帯を巻きつけたような姿ではあったが、ブダペストは優しい挨拶で迎えてくれていた。歩道の上が、点在する瓦礫の山のせいで遠目にもわかるほど散らかっていたために、込み合った雑多な人の群れは、縫うようにして車道を歩き、牛車から路面電車まで、想像できるかぎりの乗り物とすれ違っていた。喫茶店やレストランも、その荒れ果てた外観にもかかわらず、大勢の客でにぎわっていた。物価急騰（インフレーション）は終息したのだ。惨害こそ残っているが、今や戦争は〈不快な思い出〉以上のものではなかった。

ちょうど昼食時であった。厚かましい風が、何度もしつこく、プラットフォームの売店から揚げソーセージの匂いを運んでくる。六時間の旅路を経て空腹に耐えかねていた私は、ブラッド・ソーセージや豚腸（とんちょう）の揚げ物の匂いに鼻孔（びこう）を震わせながら、軍服のポケットを探ってみた。二〇キロメートル離れた家のほうへ向かうバスの切符すら買えそうになかった。

私は平静を装い、最後の行進へ出発した。両足は、強力な磁石に引き寄せられるかのように、歩みを速めていく――波に揺られながら港へ帰る船客の心地だった。私は少しまえに家族へ向けて手紙を出していた。すでに届いている頃であろうか――？　当時の郵便の状況を考えると、あまり期待はできなかった。私はいったいどれほど望んでいたことだろうか、再会の喜びにあふれる腕の柔らかい感触によって迎えられることを。そして、優しい愛情をこの顔のうえに感じることを。結局、事がそのように進むことはなかったのだが。

私を現実に引き戻したのは、近所に住む夫人であった。夫人によると、私の妻とその母（二人は同居していた）は、折悪しくも、製鉄所で、鉄道用の枕木や屋根架構の部品を貨物車両へ積み込む仕事をしている最中であるらしかった。妻は早朝から夜分遅くまで働き続け、その間は遠戚に息子の面倒を見てもらっているのだという――もちろん謝礼金を支払って。

「それが昨今の流れだよ。皆が皆、生活費を稼ぎだそうと必死ってわけ」、隣人はそう締めくくった。

実際、そのことについては、あとで懲り懲りするほど思い知らされるのだが。

私は息子の預けられた場所を知らなかったので、ひとまず、道端の野原へ出かけて妻のために巨大な花束を摘み、そのあとで、自宅の手入れされていない小庭へ戻って何度も細道を行ったり来たりした。時間は絶望的なほどゆっくりと過ぎた。身体は疲れきり、胃も、もう二日近く仕事に就けていないことについて、ますますひどく不平を言っていた。私は長く伸びた草の上で手足を伸ばした。大きな雲が眠たそうに上空を漂っている――。そして私もすぐに微睡んだ。

＊　＊　＊

頬を伝う温かい雫が私の目を覚ました。妻が横で膝をついている――。妻は、庭で寝ている私を見つけて、静かにうれし涙を流していたのだ。あまりに長い間、このときが訪れるのを待ち続け、祈り続け、そして願い続けてきたので、私を果てしない悪夢のなかから優しく起こすまえに、その感情の赴くままに喜びを噛みしめていたのだった。

＊　＊　＊

家で過ごす最初の数日は、互いの近況を確認し合うことに費やされた。年季の入った愛すべきアップライトピアノ――幼少期の遺物、あるいは永遠の友――もふたたび演奏されることを喜んでいるようだった。すでに小さな紳士となっていた息子は（私はこのときまで彼の顔を知らなかった！）、じきに四歳の誕生日を迎えようとしていた。初めて私を見たとき、彼は走ってばあばの後ろに隠れた。無理もないことだが、軍服を怖がっていたらしい。それからというもの、私たちは少なくとも一〇日以上、片時も離れずに生活した。一緒にいることの喜びは言い表せないほどだった。あっぱれなばあばは、何日も台所に籠りきりで、残り物をかき集めながら、気前よさと愛情をそそぎ込んだご馳走を拵え続けてくれた。私たちが長い間待ち望んだ〈幸せで平和な日々〉は流れるように過ぎていった。

＊　＊　＊

二週間にもおよぶ贅沢な生活のあとで、私は覚悟を決めて、それなりに魅力的な〈主権市民を宥めて生計をたてる仕事〉の空きを探すために、街へ出ることにした。クラシック音楽の仕事に空きはなかった。力を貸してくれる人の心当たりもない——そうでなくともこの国が〈独立したまともな音楽家生活〉などという贅沢をあたえうる状況にあるとは考えにくかったが。折しも、スターリンは中央委員会の場で象徴的な言葉を口にしたとされた。すなわち、優れた音楽を聴くのは、新たな条約のインクが乾くまでのいい時間潰しになる、と。彼が調印を待つ間、ラジオは人気の歌謡曲を流していたのだが、幸いにもこのいわゆる軽音楽は党派色の影響を免れていた。そうした事情もあって、天の配剤が働き、独創的かつ聡明な優れた音楽家は繁華街のナイトクラブへと飲み込まれるようになっていた。このことを理解していた私は、父の足跡をたどるかのように、はるか昔から職のない音楽家たちの待ち合わせ場所であり続けてきた〈夜中音楽家市場（ムーンライターズ・マーケット）〉と呼ばれる悪名高い秘密の場所を目指して、ブダペスト市街へと繰り出した。その場所のことはすでによく知っていた。実のところ、音楽院を出たあとに、今回とまったく同じ事情によって、そこを訪れていたのである。そこは育ちの悪い木々が点在する小さな広場で、この日もまた、失業中の音楽家たちが立ち話をしていた。昼夜を問わず、四管編制の交響楽団を揃えられるような人数がたむろし、また、小洒落たカフェのオーナーや売春宿の調達係、それに多種多様な悪の巣から這い出てきた凶漢連中にいたるまで、様々な人種が彼らとの交渉のためにこの場所へやってくる——そして、大急ぎで望みの音楽家を見つけ出し、ドラム奏者やコントラバス奏者、ヴァイオリニスト、そして事によってはジプシー楽団を丸々、連れて帰るのだ。もっとも売れ行きのよい種族は、無論、ピアニストであった。

チューバを手に取らなかったことを神に感謝しなくては――！　私は、円形に群れるこの集団に交じって喋りながら、〈白馬の王子様〉がひょっこり現れて奇跡のような申し出をしてくれるのを待つことにした。あの幸運、つまり、幼少期のあらゆる困難を乗り越えさせてくれて、少しまえの〈英雄的行為の祭典〉においても腕を失ったり木製の義足やガラスの義眼をはめこまれたりすることなしに私を帰還させてくれた幸運の女神は、今度も、私に仕事を恵んでくれるのだろうか――。そんなことを考えながら人生の庇護者に懇願していると、比較的美しい身なりをした痘痕顔（あばたがお）の商人が広場の真ん中でせわしなく動いているのが目に入った。嬉しいことに、彼はピアニストを探しているらしかった。私を含む五人が、それぞれ哀願しながら、手を挙げた。彼はまず、反対側の端にいる一人目の音楽家の耳元で何かを囁いた。その音楽家は見た目にもわかるほど熟考して、自分の両手を眺めると、結局、首を振った。

なんと罰当たりな、私は腹がたった。どんな条件であろうと、残りの誰かが頷くに決まっているのに。私は間違っていた――他の求職者も揃って〈お手上げだ〉という身振りをしたのである。希望が見えた。次は私の番だ。だが、いったいどんな支障があるというのか？　余程の難題でもないかぎり、〈夜中音楽家市場（ムーンライターズ・マーケット）〉の人間が仕事の話を断るとは考えにくかった。実際、彼らの大半は、〈仕事を見つけるためなら、自分のコントラバスに乗ってドナウ川の対岸へ漕ぎ渡ることもやぶさかでない〉と豪語した男に共感を示していたのだから。

この奇妙な商人は、私の前へ来ると、柔らかいながらも疑い深い声で尋ねた、

「……どんな曲でも即興で演奏できるかい？」

私は頷いた。

「……暗闇でも？」、彼は声を低くして続けた。

「暗闇？　いったいどんな暗闇でしょう？」、私はひどく驚いて聞き返した。

「それが、真っ暗闇、なのだよ」、彼は怪しく囁いた、「身元を隠したい常連さんや要人の方々がお忍びで出入りするような、深く睦まじいキャバレーなものでね。ちょうど街で営業を再開したところなのだが」、そして私の反応を観察しながら、専門用語めいた言葉を使い始めた、「いかなる状況にも対処できるピアニストを探しているのだよ。そう、つまり〈催淫（さいいん）的な〉緊張を創出し、敏感な、いうまでもなく特殊な〈親交関係〉で結ばれた人々の情熱をかきたててくれるような、そんな幻覚を起こす即興演奏ができるピアニストを。」

この奇怪な男は、ちょっとした広告文のように、自らの主張を並べたてた。私は自分のすり減った靴をじっと見つめてから、静かに頷いた。つまり、暗闇で相手を選ぶことによって快感を増幅させたいと願う高潔な顧客たちの求めに応じて、暗がりのなかに——オイディプス[4]が誤って母と交わるような暗がりのなかに——座ることとなったのである。念のためにいうと、他の音楽家たちは、この〈ほとんど高給が保証されるような仕事〉を倫理的な問題から断ったわけではなかった。要は、まったく目の見えない状態で演奏できる気がしなかったのである。そうした状況では、ミスタッチをする恐

れが飛躍的に高まるし（曲自体を間違えやすいのはいうまでもない）、それが即興演奏であるならなおのことだった。しかし私にとっては、乗り越えられない困難ではないように思われたのだ。加えて今は、不快感を表に出すような時分でも、決まり悪そうにする時分でもなかった。一方、男は私の無言を憤りの表れと受け取ったようだった――きっとこの道徳的に非難されるべき放蕩行為に幾分困惑し、自らの良心に照らして善悪を測っているのだろう、と。そして彼は、私のことをたった数枚のコインで乱痴気騒ぎの黒ミサを見逃してくれる珍しい人間だと見定めたかのように、冗談めかして言った、「よし、堅苦しいやり取りはもうやめにしよう。実際、こんなことは大昔からあったじゃないか。結局のところ、アブサロンは父親の妻たちと寝ていたし、ユダは義理の娘と、オシリス神は妹と交わった、そうだろう？　それにロトは娘と――」

「もう十分わかりましたよ」、私は低い声で言った、「ご先祖についてよくご存じで。」

「素晴らしい。では」、この博識な色情魔は、握手するのに気が引ける手を差し伸べながら言った、「君に期待しよう。」

物思いにふけりながら、私はふたたび徒歩で[*1]帰路に就いた。未だに軍服を着ていた私は、仕事にふさわしい見栄えのする紳士服をどこで借りたものかと考えあぐねていた。だが、人の群れのなかを歩くうちに、服装をめぐるこの無意味な心配に笑いが込み上げてきた。どのみち、〈完全な暗闇〉である以上、そんなことには少しの重要性もないではないか。修道服かキルトスカートをまとっていても役目を果たせることだろう。もちろん熱意が満ちてくるような仕事ではないが、重い鉄道用の枕木を運ぶ妻の姿を見るよりはましに決まっている——。すると突然、肩に誰かの手が触れるのがわかった。私はまだ路地裏の戦いでの身のこなしを覚えていなかったが[*2]、臨戦態勢を取って振り返りながら、片側へ飛び跳ねた。意外なことに、数分まえに会ったばかりの〈博識なぽん引き〉が、驚きの表情を浮かべて私の威嚇を見つめていた。

「若いというのは素晴らしいことだな」、彼は感心してつぶやいた。

だが、どうして彼は私のあとを追ってきたのであろうか?

「一つ伝え忘れたものでね。必ず、夜会用の燕尾服を着てきてくれたまえ。」

「暗闇でそんなものを着て、何の意味があるというのですか?」

「暗闇であろうとなかろうと」、彼は言い張った、「君は正しい服装をしていなくてはならない。もし略式のタキシードしか持っていないというなら、それで目を瞑ろう。」

「申し訳ないのですが、軍の遠征から慌てて帰ってきたばかりで、まだ替えの服がありません。今晩着るための普通の背広さえ借りるあてはないのです。」

彼は疑うような目つきをして、私のいくらかすり減った軍服を見つめた。

＊1　私の住む街外れには公共の交通機関がなかった。

＊2　こういう場所では絶えず警戒を張りめぐらせる必要があるのだ。

「そしたら何か、つまり、これが君の一張羅だというのかね？」、私の雇い主は年老いた貪欲な雌猫のように不気味な笑みを浮かべた。

「実際その通りです」、私は鬱々と答えた。

「では私の家まで一緒に来たまえ、いい考えがあるぞ。きっと上手く折り合える。君のほうで少しだけ譲歩してくれれば、だがね」、この老いた色男は甘ったるい声で言った。

軟派な麝香の臭いから逃れようとして、私はすぐに後ずさりした。

「こらこら、後生だから少しだけ話を聞いてくれ。」

私ははっきりと言った、

「慈善行為は願い下げですし、それもあなたに対するものならなおさらだ。ええ、以前は私にも世話になっていた仕立屋がありましたよ、そう、ドイツ軍が彼をランプシェードに変えてしまうまでは。[5] 当然、あなたのほうをその材料に選んでくれていれば、今頃、私はもっとましな恰好をしていたことでしょう。この身なりが熱心に神意を追い求める神学生たちの妨げになるとお考えなら、あなたのところの〈サートゥルナーリア祭〉[6]を盛り上げてくれるような、もっと適任の気取り屋をお探しください。」

私は茫然と立ち尽くす彼のもとを去って、自分の家へ帰っていった。こうして、クラシック音楽の周辺世界へと舞い戻る最初の試みは幕を閉じた。

＊　＊　＊

だが、その翌日も、私は懲りることなく、街へ向かう道の上で靴底をすり減らした。ただ今度は、〈夜中音楽家市場（ムーンライターズ・マーケット）〉へ戻る代わりに、別の見窄らしい地区を彷徨っていた。その辺りの酒場の主人たちは、安いピアニストが着る服のことなどにはこれっぽっちも興味がなく、ついでにいえば、彼らの妻の衣食よりも水槽に貯まっていく売上金のほうに熱心であった。そして、一週間にわたって門前払いをされ続けたあとで、私は最終的に〈ダナイデスの甕（かめ）[7]〉として知られる店で一杯食わされることとなった。上手く名付けられたもので、実際に何人かの客は、ダナイデスのごとき根気強さを発揮して、日々の振戦譫妄（しんせんせんもう）[8]の発作のせいで家へ帰らざるをえなくなる最後の瞬間まで店に留まり続けるのであった（もっとも、彼らのうちの手抜かりのない者は、それを休業日に合わせて発症させていたが）。店主は、店を円滑に営業することと比べれば私の服装には大して関心をもっておらず、一つの明確な付帯条件のもとで私をピアニストとして雇い入れた――〈音楽家は必要に応じてその演奏の合間に店主に手を貸し、ビールジョッキよりも飛び出しナイフに熱中するような迷惑客を放り出すこと〉。このようにして私は、公式の用心棒（ボディガード）兼吟遊詩人（ミンストレル）の座に就いたのである。

数日が経つ頃には、バルカン半島の酒飲み歌のほとんどをそらで歌えるほどになっていた。夜の九時から朝の五時まで、やむことなく酒がそそがれた。雲のような煙草の煙に包まれながら、男たちは虚ろな声でお気に入りの曲を求め続けた――それも、私がピアノの前に座って応じるか、あるいは、彼らが例の契約条項にもとづいて外に放り出されるまで。一晩のうちに少なくとも一度は客の男たちが私とともに酒を飲みたがったので、仕事をこなしていくのは大変だった。少なくとも五〇人はそうした客がいた。私は彼らの誘いを断ろうと努めたのだが、店主は異なる思想の持ち主であった。〈ダナイデスの甕〉に似合わない抵抗はするな、と私に求めたのである。つまり、このいい仕事を手放したくなければ酒を飲め、ということだった。私は観念して飲むことにした。皆が酔っていた。私たちは、戦線で命を落とした人間に乾杯し、生きてその場を離れることができた人間に乾杯し、そして不朽の天才ベルリオーズとその名高い《ハンガリー行進曲》に乾杯した。次から次へと酒を飲み下していく――今日もまた新しい一日が過ぎ去るという事実をただ忘却するためだけに。

私はそこでひと月ほど働き、身の回りの出来事に無感覚になりながら、地獄のような煙霧のなかで暮らしをたてた。自分がこの環境に慣れてきているのではないかと思うと、不安が募った。しかしこうした状況は長くは続かなかった。酒の飲みすぎで不恰好な体形をしていた店主は、実はある美しい女の〈幸運の騎士〉であり、彼女との交際をとても嬉しがっていた。それがこのところ、彼は近所のアパートに住んでいたその魅力的な女をほとんど見かけなくなっていたのだった。というのも、この尻軽女を誰かと分け合うのはまっぴらだと考えた別の愛人によって、彼女は部屋に軟禁されていたのである。無論、どれだけ入念に見張ったところで、豊満な尻をした不実のメッサリーナ(9)が性生活の快楽に溺れるのをとめることなどできないのだが。そして避けられない結末が訪れた。

ある夜、時計の針が一一時を告げたとき、カウンターに座って何杯目かもわからない酒を味わいながら満足そうにしゃっくりをしている善良な酔っぱらい客の後ろから、突然、警察の一団が押し入ってきた。私の雇い主はここしばらく怒りっぽく不機嫌になっていたのだが、その彼は、武装して自分のほうへ向かってくる警察を見るやいなや、慌ててカウンターを飛び越え、酩酊状態の常連客を張り倒しながら裏の勝手口へ逃げていった。彼は瞬く間に捕らえられた。警棒で殴られて、手錠をはめられると、警察車両へ押し込まれた。彼がすっかり連行されると、最後まで残っていた警察官は、ピアノのそばで立ち尽くす私を見て（私はまだ軍服を着ていた）、その場の全員に伝えるような声遣いで言った。

「別の興行主を見つけたほうがいいぞ。あの野郎は今に人生最後の煙草を吸うことになる。」

「……何かあったのですか？」

「ガスの栓を開いて情婦とその愛人を眠らせたあと、奴は斧を使って連中を滅多斬りにしやがった。」

もはや聞くべきことなどなかった。私は黙ってピアノの蓋を閉じると、未だに困惑のただなかにいるおめでたい薄鈍たちのもとから立ち去った。路上に舞い戻った自分を見るのは、決して愉快なことではなかった。私はこのひと月のうちに、ちょっとした夜会用の衣裳を買えるくらいには金銭を貯めていたので、新しい服を手に入れてから、すぐにまた仕事探しに出発した。

＊＊＊

そして一〇日後、私を試用してくれるという小さな喫茶室に流れ着いた。その場所は疑う余地なくまえの店よりも文明的で、私の務めもそこで出されるケーキと同じくらいに〈軽やかな〉ものであった。女主人は、銀糸で髪をお団子頭にまとめている、人形のような顔をした小さくかわいらしい老婦人で、いつも腕いっぱいにクリームケーキとカフェ・リエジョワ(10)を持って忙しく歩き回っていた。シルクモアレのようにきらめく言い表せない色合いのロングドレスをまとった彼女は、さながらアンデルセンの童話から飛び出してきた妖精のようであった。私はというと、その妖精が屋根裏から持ち出してきた、青とピンクの絹のリボンでひとくくりにされた古い楽譜の山を初見で演奏してみては、その褒美としてあたえられる中国茶を啜っていた。

私の名は、壮絶な即興演奏のおかげもあって、チョコレート・エクレアやラム・ババ(11)を味わいにほとんど毎日この店を訪れていた食通の間でよく知られるようになった。彼らはそうした洋菓子、つまりモーツァルトを一滴、ショパンを少々、そして適量のシフラ風ウィーン音楽（いつもの習慣で、何の準備もなく演奏された）を加えた洋菓子を、のろのろと、幸せそうに口へ運ぶのだった。

＊＊＊

ある日、喫茶室からの帰りに（私は午後の三時から七時まで顔を出すだけでよかった！）、ちょっとした市場調査がてら、キャバレーのダンスホールで演奏されているような音楽を聴きに行くことにした。そうした場所で音楽を奏でるのは四〇人ほどの演奏家を擁する管弦楽団であることが多く、彼らはハンガリーの上流階級においてとてつもない人気を誇っていた。当時はハンガリー国内のあらゆる場所で米国風ジャズが人気を集めていて、その分野の花形奏者たちが一帯のナイトクラブを〈統治している〉といっても過言ではなかった。つま先歩きで、そうしたホールの一つに入り込んだ私は、リハーサル中の楽団を見つけた。その熱狂的な編曲（アレンジメント）は、意外な静寂を巧みに織り込みながら、茫然とする私をよそに、ドラムとコントラバスによる目も眩むような独奏部（ソロ・パート）に突入していった。そして、彼らに続くほかの黒人演奏家たちも、代わる代わる、一層驚くべき技巧を披露するのだった。私が感じたところでは、ポール・ホワイトマンやデューク・エリントン（ブダペストにも彼らの名声は轟いていた！）のバンドにさえ比肩するような、まぎれもなく最高水準の演奏であった。舞台から少し離れたところには、バンドリーダーのものと思われる一級品のグランドピアノが置かれていた。暗がりのなかで輝くピアノに興味をそそられた私は、静かに近付き、その椅子に座ると、演奏に打ち込む音楽家たちを眺めて、ピアノに負けず魅力的な彼らの音楽に耳を傾けた。舞台上のスポットライトのおかげで、彼らはまだ私の存在には気付いていなかった。もし指揮者が不意に演奏をとめて、眩い照明が室内の隅々にまで広がってしまったら、そのときはなるべく申し訳なさそうに退出するつもりで考えていた。私はそんな風に覚悟を決め、〈無賃入場者（ゲート・クラッシャー）〉の名誉とともにつまみ出される用意ができていたのだが、意外なことに、私に気付いた指揮者は満面の笑みを浮かべながら英語で話しかけてきた、

「俺たちの音楽が気に入ったのか？」

　私は頷いた。

「あんたもジャズをやるのかい？」

「ええ、少々」、私は微笑んで言った、子供の頃に郊外の映画館で字幕のない原語版の『ターザン』を観て聞き覚えた英語の断片を必死に思い出しながら。

「それなら、俺たちとちょっとした即興をやってみるってのはどうだ？」

「ぜひ、喜んで」、私は喜びに目を輝かせながら片言の英語で答えた、「しかし、もしよければ、そのまえに私が、まずは一人で、あなたとあなたの友人のために、何かを演奏します。」

「それは楽しみだ」、彼はもったいぶるように言った。

　彼は実に快く私を迎えてくれたのだが、そのふるまいにはわずかに優越感が垣間見えていた。だからこそ私は、必ずしも米国人（ヤンキー）だけが世界中の上等なジャズを独占しているわけではないのだと教えてやろうと思った。早い話、自分ができることの一部を彼らに見せたかったのだ――アッティラの末裔（まつえい）は〈肉塊を鞍（くら）の下に敷いて柔らかくする〉以外のことも知っているのだと理解してもらえるように。およそ一五分間、私は最近の人気曲のすべてを矢のように飛ばし続けた。ルイ・アームストロングによって不朽の名声を得た《タイガー・ラグ》[12]や、《ポギーとベス》[13]のあの感動的な《サマータイム》、そしてほかにも何曲かを、全速力で、フォックストロット[14]を交えながら、当時流行していた粋なリズム――ラグタイム、ビバップ、ブギウギ――に乗せていった。そして私の派手な演奏が終わりを迎えようとしたそのとき、パーカッショニスト（心臓のなかにメトロノームを持っているかのような男だった）が私の音楽の尾を捕らえた。すぐに残りの楽団も爆竹のような音とともに加わってきて、今し方リハーサルを終えたばかりの編曲（アレンジメント）を披露しながら、まるで卓球の試合のように、交互に私と即興を奏で合うのだった。少なくとも三〇分の間、私たちは最高の時を過ごしていた。そしてついに、果敢な迫奏（ストレット）をもって、この少年じみた娯楽を締めくくりにかかった。まるでハイドンの《告別交響曲》[15]のように一人ずつ演奏をやめていき、そしてとうとうピアノの独奏（ソロ）になると、私は華々しい技巧をいくつか披露したあとで、謎めいた三全音（トライトーン）の響きによって、この楽しい余興を終わらせたのだった。

　バンドリーダーの指揮者が両手を大きく開いて喜びと称賛の気持ちを示しながら私のほうへ歩き出すと、その後ろから、興奮した演奏家たちも集まってきた。ハンガリーで何語が話されているのかよく知らなかったのだろう、彼はまた英語で何かを言った。そしてあと数メートルの距離まで私に近付いたところで、彼は後方の黒人奏者に合図をした。その奏者は子供の頃にテキサスでハンガリー人家族と暮らしていたので、私の言葉を見事に理解できたのである。彼が通訳者になってくれたことで、私たちはより打ち解けて話ができるようになった。

「二五年の音楽家人生のなかで二度目だ、こうも輝かしい音楽を聴いたのは」、彼は言った、「あんたみたいな即興ができる人間は、米国には一人しかいない。アート・テイタムだ[16]。テイタムの即興が〈驚異的〉なら、あんたのは〈奇跡的〉だ。いったいどこでこんな演奏を学んだ？」

　私は曖昧に答えるに留めた。自分の奇妙な音楽歴について一から語る気にはなれなかった。

「なんと……独学なのか……！　それで、どんな仕事で食っているんだ？」、彼は尋ねた、〈黄金の子牛〉[17]をモンゴルで発見した人間のような、微かな哀れみを浮かべて私の手を眺めながら。

「割の悪い仕事に最善を尽くしているところです」、私は苦笑いするとともに答えた。

「よしわかった」、彼の返事からは、すばやい決断に慣れていることが窺えた。

「俺たちは向こう二か月、ブダペストにいる予定だ。だが……ここの主人は絶対にあんたを雇おうとはしないだろうな。すでに払える以上の金銭（かね）を俺たちに払っちまってる。だから、俺があんたを雇ってやる、俺たちがここにいる間の共演者として。そうだな、まずは一晩二五ドルでどうだろう？　もしあんたがなんとか東西の〈境界線〉を越えられたなら」、彼は声を低くして続けた、「どこへ行ってもそれ以上は稼げるだろうが。どうだ、お気に召すかい？」

　お気に召さないわけがない――！　この願ってもない機会のおかげで、これまでひと月かけてかき集めていた金銭（かね）を、一週間のうちに稼ぐことができるのだから。本物のジャズ愛好家だけが自分の限界に挑むことの意味を知っているものだが、このめぐり合いのおかげで、私はそうした人間と同じ泉の水を飲むことができるのだ。そして、想像力と反射神経とが理解を超えた形で結び付くことで、私の技巧はより豊かなものとなるだろう。そうなれば、私の手指も音楽的着想も、即座に彼らの〈聖餐式（ユーカリスト）〉に加わることができる。そうした第一級の訓練は、私の能力を限界まで伸ばすとともに、限界それ自体を広げてくれるのである。

　この二か月は夢のように過ぎていった。そして楽団は、ウィーンやパリ、それにミラノでの公演契約のために、とうとうブダペストを発つこととなってしまった。最後のコンサートを終えた夜、この一味に加えてくれたことへの礼をしたいと思った私は、彼らの求めに応じて、明け方までクラシック作品を演奏した——装飾編曲（パラフレーズ）や回想（レミニセンス）、それに即興を交えながら。彼らはその演奏に夢中になるあまり（戦地にいたドイツ軍将校らのように）酒を飲むことさえ忘れていた。そして、私が彼らから腕いっぱいの米国製煙草とチョコレートを進呈されたあとで、バンドリーダーは私の手を強く握り、別れの挨拶の代わりに言った、

「ジョージ[18]、お前はまぎれもなく一流のピアニストだ。なんとかして西側へ出られたなら、誰もが同じことを言うだろう。どうか恐れることなくホロヴィッツ[19]たちの仲間入りをしてくれ。お前の幸運を祈る！」

　これは一見魅力的な誘いであったが、現実にはそう簡単に事が運ぶとは考えにくかった。いうまでもなく、生前に伝説的人物となった唯一の——そして疑いなく最高の——ハンガリー人ピアニストは、フランツ・リストである。彼の名声は、ロンドンからバルカン諸国を経由してモスクワにいたるまで、ヨーロッパ中のあらゆる都市に轟いていたが、何より、その評判は、リスト自身が三五歳になるまでに各地でリサイタルを開き続けたことの結果にほかならなかった。私の演奏場所は同世代のハンガリー人ピアニストのなかでは比較的恵まれたものであったが、それでも西側諸国の演奏家とは比較にならなかった。彼らは、名声を勝ち得ようと努力を重ねながら、ハンガリーを含む世界中を自由に旅していた。あらゆる面で彼らに分（ぶ）があった。優れた才能、有力な人脈、社会との適合性、そして、望んだ場所へ行く自由——。他方、私にあるものといえば、サーカス演者としての評判と、もう少し運がよければパリに生まれていたかもしれないという無意味な慰めだけだった（事実、飲食客や同僚

のピアニストたちにとっては、多少の負け惜しみもあるのだろうが、私の演奏は芸術性よりもそうした経歴との結び付きが強いものと映ったらしかった）。いうではないか、金銭（かね）のある者だけが金銭（かね）を借りられる、と。西側諸国の演奏家たちに対抗するのは難しかった。

それでも、この両手に備わった〈空虚な長所〉は、いくつかの点で私を利することにもなった。ブダペスト中の人間が私の驚異的な即興演奏（ジャズはもちろん、ファンダンゴやチャルダッシュ、そしてパソドブレまで網羅していた）を知るにいたったのである。皆が私を必要としていた。少人数のヴァイオリン合奏団は、私がシュトラウスのワルツに〈盛りつけ〉をすると、二、三人ではなく一〇人の奏者がいるかのような音響が生まれるために。ジャズバンドは、私の演奏が強烈なスウィングとパンチをもっていたために。ジプシー楽団は、私のハンガリー舞曲の独特な高揚感のために。そしてもっとも意外な高級レストランは、私をただピアノの前に座らせてにぎやかな場の雰囲気を演出するために。聴衆はすっかり有頂天になっていた。彼らが手に入れたのは、ダンスにうってつけの便利な自動音楽再生機（ジュークボックス）であり、それらに神秘のヴェールをかける軽業師（アクロバット）と奇術師（コンジュラー）であり、そして自らに四管編制の交響楽団を内包している独奏者であった。一口にいえば、鍵盤上での私の能力は、こうしてあらゆる種類の技巧を絶えず使い続けたことの結果にほかならない。そしてその能力は、秩序ある即興演奏によってさらに何倍にも拡張された。運命が私に課してきた異端教育は、時とともに私の演奏に根本的な影響をあたえ、それをすっかり独特なものに仕立て上げた。愛好家も本職の音楽家も、私がどうやってこのような技巧を身に付けたのか見抜くことができないまま、一晩中、私の演奏を眺めて過ごした。彼らは、ほとんど常に鍵盤の四分の三を使う私の独特な演奏様式を、ブゾーニやラフマニノフといった一流のヴィルトゥオーゾのなかにどう分類したものかわからなかったのだ。私の奏でた音響の豊かさはうちなる活力へも反映されて、筋肉と感覚とは高度な技巧の細部においても躓(つまず)くことなく、よく調和して働くようになった。

今や、街でもっとも珍重されるピアニストになっていた。バーもナイトクラブもキャバレーのダンスホールも、すべて私を必要としていた。私の演奏する店の前には行列ができた。私は時々、〈冷肉〉*とともに一日を始めて、それから、正午から午後三時までは、上流階級の結婚式や名だたるレストランで演奏した。そして儲けのよいいくつかの店に夜の時間を割り振って、それぞれで二時間かそこらを過ごしてから、一日を終えるのであった。いうなれば、二兎を追いながら二兎を得るようなことをしていたのである。

そうした店の一つに、〈ひっかけ〉と呼ばれるレストランがあった。その店は、通り名の示唆するように、リスト音楽院の正面玄関の真向かいにあった。音楽院の扉は大きなコンサート・ホールにも通じているのだが、私が〈ひっかけ〉で演奏する時間帯はというと、ちょうどそのホールで行なわれる演奏会の休憩時間と重なっていた。観客の多くは、通りをはさんだその店へと慌ただしくやってき

*重要人物の葬式のために急遽雇われる夜中音楽家(ムーンライター)の間で使われていた隠語だ。

て、さっと一杯飲んで戻っていく。だが時折、一部の客が、ホールへ戻って残りのコンサートを聴くのを忘れてしまうことがあった。そうしてひっかけられて店に残った客の大部分は、新進の若手ピアニストか卒業間近の学生であった。彼らは私の演奏を聴いて思ったらしかった——このピアニストは向かい側の施設の創設者と何か超自然的な取引をしたに違いない、と。ほかにも、あらゆる種類の音楽愛好家が私の即興演奏に夢中になった。独特の演奏様式と組み立て方とによって、何台ものピアノが同時に鳴っているかのような印象を彼らにあたえたのである。店主は当然ながら大喜びして、入口の扉にポスターを貼り付けたが、そこには通常次のような売り文句が記載されていた。

「どうして高い金銭（かね）を払ってまでほかの場所へ行く必要があるでしょうか？　どうぞ私の店へお越しください。たしかに道の向こう側のピアニストたちも一〇本の指を持っていることでしょうが、シフラは同じことを三本の指だけでやってのけるのです。」

　こうした夜ごとの乱取り試合によって、私は絶えず自分の技術を高めていくことができたが、その技巧は、ルナンのいう〈学者気取りの文法や難解な専門用語に束縛されない、敬虔な心[20]〉を呼び起こすものとはほど遠いのだった。どう考えても、輝かしいピアノ作品に理想的な演奏解釈をもたらす〈神聖不可侵かつ不朽の流儀〉に関して、私にはまだ多くの学ぶべきことがあった。しかし私はそうした〈掟〉を大して気にとめることはしなかったし、むしろ鬱陶しいものとさえ思っていた。私にしてみれば、苦労して習得し直した〈熟練の技巧〉（私を中傷する人間さえも〈大展望（パノラマ）のようだ〉と口にしていた）をうっかり手放すことのないように、適切に編曲を組み立てる——すなわち技術者（エンジニア）（脳）と試験操縦士（テスト・パイロット）（手）からなる機械仕掛けに上手く油をさす——ことのほうがずっと大事なのだった。この特別な技術は、私特有のある種の器用さに依存していて、その独特な即興演奏においてしか使い道のないものであったが、それこそが私の、生計をたてるもっとも確実な手段なのであった。他のピアニストの大部分は、技術的な課題を克服して難曲の数々をそのレパートリーに加えるべく、日々の練習で指を骨の髄まですり減らしていたが、一方の私も、まさにそうした、彼らが弾けない箇所を弾くことによって暮らしをたてていたので、技巧の追求に熱をあげる必要があったのだ。そして私は〈独自の弾き方でロマン派の見事な技巧的作品を演奏する〉ことに特化した。難易度を一〇倍以上に高めた即興演奏によって、異端者となるべき道を選んだのである。

　この時期の夜のブダペストにおいては、どの店へ入ろうとも私の並外れた演奏技巧の噂を聞かないことはなかった——それほどまでに私は何でも望むものを演奏できたのである。夜は、今や、果てしなく続く無休憩のマラソンになった。ショパンの練習曲やリストの《超絶技巧練習曲》[21]といったクラシック音楽のロマン派作品によって走り出し、夜明けを迎える頃には自らの即興演奏を行なっている、という具合に。出演する店はどれも満員になってにぎわい、マラソンの〈行程〉を知る常連客はナイトクラブからバーへと私を追いかけてきた。彼らは、ピアノの近くに夢心地で座ってワーグナー的な音響の津波や空飛ぶ熊蜂の召喚魔術に酔いしれていられるかぎりは、何を飲むかなど一切気にしなかったのだ。

　この珍妙な生活は数週間続き、数か月続き、そして数年続いた。どこにでも現れるという私の評判は、本職の音楽家をも困惑させていたらしい。実際、ブダペストを訪れた著名なピアニストの何人かは私の演奏するキャバレーでシャンパンを飲みながら夜を過ごしていたが、彼らは決まって酒をすすめながら、私の超絶技巧の秘訣を聞き出そうとするのであった。結局は、すっかり酔っぱらって、ピアノに何か仕掛けがあるに違いない、と自らに言い聞かせながら満足げに店を出て行くこととなるのだが。こうした渡り鳥が立ち去ると、私は気を取り直して夜鳴鶯（ナイティンゲール）のごとき不眠症の日々を邁進（まいしん）し、愛し味わうのであった、〈酒と女と歌〉[22]を。

そして早朝の電車をつかまえて家へ帰るのだが、その途中、私はよく円柱広告（コロン・モリス）の前で立ちどまった。そこには、〈新進気鋭の外国人ピアニストらが共演する定期演奏会〉といったような、様々な演奏会の広告が貼られていた。薄明りのなかで演奏家たちの名前を苦労して読み取ると（大部分はすでに有名だった）、寝不足で痛む目をほんの一瞬だけ閉じて、そこに自分の名前が載っていることを想像してみた。私はまだ希望を捨ててはいなかった。いつの日かきっとコンサートの舞台に立てる――。諺（ことわざ）にもあるではないか、太陽は皆を平等に照らす、と。この頃、ソヴィエト連邦とハンガリー政府の間では、〈友好〉の名のもとに頻繁な演奏家の交流が行なわれていて、彼らは各地のコンサート・ホールに姿を見せていた。そうした演奏家の往来は、いうまでもなく、中央政府によって適切に統制され、監督されていたのだが、それでも、家で椅子に座ってただ親指をくるくると回していたり、私のようにその場凌ぎの仕事をしたりするよりは、よさそうだった。もっとも彼らは彼らで、「いつかは西側の都市で演奏会を」といった具合に、紐（ひも）の先にぶら下がる人参に釣られていたのだが。家に着くと、椅子に腰かけ、大きな鉢いっぱいにそそいだコーヒーを啜った——自分の頭のなかから極端な妄想を取り除き、〈高官の誰かに奇跡的に名前を憶えられて、選ばれし少数の音楽家に加えてもらえる〉というわずかな可能性について、より冷静に見つめられるように。

私はいつも、ベッドで横になるまえに四時間の練習に励み、新しい作品を覚えたり、即興演奏の構想を練ったりしていた。そうすることで、神の恩寵によって国の演奏会事務局の担当者から〈リサイタルへの出演依頼の電話〉があるような場合に備えたのである——たとえそれが地方でのものだったとしても！　私はもう時流に逆らってはみ出し者のように生きることにうんざりしていたので、仮に集団農場（コルホーズ）の集会所へ派遣されるとしても、きっと感謝できるに違いなかった。だが哀しいかな、私には自分が彼らの名簿に載っていないと確信するに足るあらゆる理由があった。実際、その名簿に載るなどということは、新体制の鉄の掟のもとで暮らす演奏家にしてみれば、結局のところ、純粋かつ単純に〈禁じられている〉も同然なのであった。そうでなくとも、その筋の新しいお偉方たちが私の名前を知っているとはまったく考えにくかった——銀行家や外国人を別にすれば、私が〈野蛮人の胸を宥めすかす仕事〉に精を出していたような店へ繰り出す余裕など、誰にもあるはずがないではないか。ソヴィエトのピアニストがハンガリーの主要なコンサート・ホールを独占していると聞かされたときにも、驚きや嫉妬は感じなかった。彼らは実際、数のうえでも、そして往々にして演奏の質のうえでも、ハンガリーのピアニストを圧倒していたのである。ついでにいうと、ソヴィエトの演奏家にはベルリンからモスクワにいたる演奏旅行に出かけることも許されていたのだが、私はそこまで望みたいとは思わなかった。なぜなら、哀しいことに、それらの国で心当たりのある楽器——打楽器だが——といえば、鞭(ウィップ)と皮鞭(ナウト)だけだったのである。

結局、私は従順にも、自分に残された唯一の〈救済の希望〉である夜の街へと足を向け、バーからナイトクラブへと流離い続けるのだった。まったく気が進まないながらも、〈ひっかけ〉を盛況させるために戻らなくてはならなかった。この店には、時々、社会主義国のどれかからハンガリーを訪れた名高い演奏家が友人を連れてやってくることがあった——無論、コンサート終わりに、その日の音楽に敬意を表して、ウォッカを一瓶まるごと流し込むために。ある晩、そうした経緯で店を訪れたソヴィエト政府関係者の要望に応えて、私は〈ロシア五人組〉[23]の名曲を寄せ集めた一種の〈交響詩〉を即興で奏でていた。彼は酒を飲むこともできないほど愕然としたようだった。私が演奏を終えると、彼はピアノのそばへ寄ってきて片言のハンガリー語で言った、

「いったい、何が哀しくて、君はこんな粗末な場所で弾いているのだね？　つまり、君がもし我々の国にいたなら——」

「心配は無用です」、私は答えた、自分のグラスを彼のほうへ掲げながら。

「実のところ、以前にもナチスの将軍と米国人の資本家がその幾分やっかいな質問をぶつけてくれたことがありました。しかし、白状しますと、私はそれに何と答えるべきかわからなかったのです。だからといって、ピアノのなかを覗き込む必要はないですよ、何の仕掛けもありませんから。むしろ私の占星天宮図(ホロスコープ)を調べれば何か見つかるのかもしれませんが……。」

そのロシア人との会話によって幾分動揺したのか、すっかり酔い潰れてしまった私は、家へ向かって、旧市街のせまい路地の迷路を歩いた。傷んだ敷石が朝日を受けて輝いている。彼が、ただ通りを横切るだけで、二分とかけずにコンサート・ホールから〈ひっかけ〉へやってきた一方で、私はというと、二〇歳を過ぎてから一度もその反対向きに進むことができないのだ——。しかしいったいどうして？　私は頭に浮かぶ記憶の縺れをたどっていったが、自分がいかなる法に背いてこのような足止めを食らっているのか、見当がつかなかった。

そのうちに、かつて、親愛なるアドルフが私たちに用意してくれた〈惨劇〉と対面しに行くまえに、病床に伏していた音楽院の老師を見舞いに行ったときのことを思い出した。ベッド傍の机の上、リストの署名入りの肖像の横に置かれたラジオは、偶然にも《前奏曲》の一部を流していた。*

「連中はこの曲まで汚すのだな」、老師は挨拶の代わりに言った。

「まだ家族と一緒に国に残っているのだろうが」、彼は枕元のラジオの音量をそっと下げながら、付け加えた、「考え直したほうがいい。この国の飲み屋なんぞで演奏していてはいけない」。

思えば、国を離れるべきことを誰かからはっきりと忠告されたのは、このときが最初だった。実際、

＊まだどちらの勝利も宣言されていなかった時分、ドイツ軍の司令部はリストのその交響詩を文化的象徴として扱っていたのだ。

多くのピアニストはこうした情勢のよい時期を逃さずに国を出たのである。二度目は、ナチスの総統親衛隊の少将からだった――ロシア戦線のどこかの荒れ地で、ほとんど同じことをいわれた。それから商売上手な帝国主義者の音楽家が現れ、そして今回は（よくもこう大それた人物が次々とやってくるものだ！）ロシア政府の高官が私に伝えた。お前は生まれてくる場所を間違った、と。彼らは、私にその事実を思い出させるためだけに、鉄道信号のような規則的な周期で私の人生に登場した。それはまるで、相反する主義思想の障壁（バリケード）によって分断された四人の男の間で、同じ言葉がぐるぐるとめぐっているかのようだった。実際、彼らは正しかった。私が〈天使の庭（エンジェル・コート）〉から音楽院へと進学して手に入れたものは、〈夜中音楽家市場（ムーンライターズ・マーケット）〉へ提出する卒業証書と、一種の社会的な資格――つまり、〈共産主義体制の前夜であるという事実を主権者に忘れさせるべく適当な音楽を街なかの飲み屋で奏でること〉を認めるとともに、〈戦車を操縦しながら殺されて死後に十字勲章を受け取る権利〉をあたえてくれる資格――だけだった。それがこれまでの音楽家人生の総決算なのだ。私はとてつもない倦怠感に襲われた。しかし、物思いにふけりながら、不意に悟ったのだった。すなわち、今は夜明けなのであり、私のこれまでの人生は、その長い夜の間、マリネード――出生から絶え間なく続いてきた過酷な環境――のなかに自らを漬け込むことであったのだ、と。

おとなしく歩いて小屋へ戻る気立てのよい農馬のように、私は少しずつ自分の家へ近付いていた。すっかり老朽して石膏（せっこう）の継ぎ接ぎに覆われた見窄らしい小さな家々から、表情のない人々が慌ただしく飛び出してくる。彼らの大半は、私の妻と同じく、歩いて一時間の場所にある製鉄所で働く労働者だ。そして家の前へ通じる路地に着くと、ほとんど踊るような軽い足取りで消えていく妻の姿が遠くにぼんやりと見えたような気がした。その影を追って走っていくと、それはやはり妻なのだった――わずかな昼食を入れた包みを片手に持ち、レインコートを着て、貨車の積み込み作業のために出発していた。追いついた私は、彼女の手を取って、途中まで一緒に歩くことにした。すると妻が急に立ちどまり、私たちは、考えを読み合いながら、互いの顔を見つめた。感情が込み上げてくるが、言いたいことが多すぎてどこから話し始めたものかわからない。しかし、その必要はなかった。妻はすでに理解していたのである。彼女は、両手で私の掌を包みながら、ただ一言だけ口にした、

「あなたはこの場所にいても仕方がないわ。一緒に向こうへ行きましょう。」

＊
＊
＊

一九五〇年の初め、ついに私たちは絶えることのない困難から逃げ出す決意を固めたのだった。よく知られているように、戦争のあと、多くの国々（とりわけ東側の国々）の国境線は征服者らによって書き換えられた。すでに五年近く社会主義陣営の一員であったハンガリーも、ソヴィエト連邦の配慮のおかげで、新しく加わった〈人民民主主義の同志たち〉にすっかり囲まれてしまっていた。唯一、図々しくも独立を保つことを選んだオーストリアとの国境も、ソヴィエト政府の命令によって、すでに閉鎖されていた。オーストリアは、ソヴィエト軍の武力によってナチスの暴虐から解

放されたにもかかわらず、ヤルタ会議のすぐあとに東側陣営を離れ、西側勢力の中東欧における最初の〈橋頭堡（きょうとうほ）〉となったのである。

残念ながら、アンクル・サムの人生観と〈鋼鉄の人〉のそれとの食い違い[24]は、すでに手の付けようのないものとなっていた。それゆえ、共産主義体制の建国者たる人民は、資本主義の〈無謀な夢〉から保護されていなくてはならなかったのである。そうでなければ、その大部分は、『資本論』[25]から得たばかりの知識を実行に移したいという衝動に駆られたかもしれなかった。実際、パスポートを入手して合法的に国を離れることなど絶対に不可能であった。当時、憎まれていた国々のどれかを「訪れたい」と口にしてしまっただけで、その人は〈体制の敵〉として暴かれることとなった。そして、常に警戒を怠ることのない治安当局は、その面目にかけても、こうした人間の脳みそをもとの状態――妄信的で視野のせまい状態――に戻さなくてはならないと考えていた。

このことをよく理解していたので、私たちは可能なかぎり素性を隠したままで国境を越えようと決心した。だが、そんな計画は絵空事（えそらごと）でしかなかった。国境はとうの昔に閉じられていて、東西分割線（ディマーケーション）の取り締まりは以前より一層厳しく綿密なものとなっていたのだ。

つまるところ、生きたまま中間地帯を反対側へ渡り抜けることは事実上不可能であった。ゾンビや空飛ぶ円盤の類いを別にすれば、この迷宮を抜け出したことを鼻高々に自慢できるような者は滅多に存在しなかった。落ち葉の下に隠された高圧線を奇跡的に避けきることのできた〈選ばれし者〉も、埋め込み式の警報装置を踏んで警笛（サイレン）と非常ベルを鳴らしてしまう〈それらを合図にして、吠えずに任務を行なえるように特別な訓練を受けた番犬の大群が、獲物に向かって突進する〉のが関の山だった。あるいは、苔に隠された罠に落ちてその底に仕込まれた五〇本ほどの鋼鉄の針の餌食になるかもしれなかったし、悪運の強い〈死に損ない〉に敬意を表して四方八方に巧妙に敷き詰められた地雷のどれかを踏むことになるかもしれなかった。加えて、中間地帯の大部分では樹木が取り除かれていたので、残った一部の木々に覆い隠された見張り台に潜む兵士たちは、きわめて効率的に逃亡者を狙撃することができたのである。日没から夜明けまで、機関銃（マシンガン）に搭載された強力な探照灯（サーチライト）が休まず地面を掃いて、野兎の巣穴のなかまで照らし出したために、その穴の住人は近くに住む鳥たちとともに逃げ出して久しかった。

＊
＊
＊

そんな東西分割線（ディマーケーション）を目指したのである。もっとも私たちの場合は、大脱出の前夜に宿を借りた陰険な農家のおかげで、そうした仕掛罠（ブービー・トラップ）のどれかにかかって殺処分にされることは免れたのだが。つまり、農家の男は、私たちの素性を見破るやいなや、牢破りを告発すれば警察からそれなりの謝礼金を貰えることを思い出したのである。私たちにとっては想定しえない展開だった。

翌朝目を覚ますと、屈強な男たちが待ち構えていた。遠戚の墓に花輪を供えるためにここへ来ただけだ、と説明しようとしたが、無駄なことだった。罠にはまった鼠も同然の私たちを取り囲んでいたのは、地元の警察官ではなく、忠誠心の強い公安警察の役人だったのである。私たちはすぐさま、〈帝国主義者に雇われたスパイ〉としての罪に問われた。まだ八歳にもならない息子に対してさえ、容赦はなかった。私たちは引き離されて別々に手錠をはめられてから、地下に多くの小部屋や倉庫を備えた古い建物へと連行された。掲示板にうっすらと残るゴシック体の文字からして、そこはかつて秘密警察（ゲシュタポ）に使用されていた場所に違いなかった。取り調べで気兼ねなく話せるようにとの配慮から私たちが暴力を受けていた間、近くの独房では、〈自らの意志により上記事実を認める〉ための署名欄だけが空白にされた供述調書が、見窄らしい書記係によってタイプライターで打ち出された。

公安警察は少しの時間も無駄にすることなく私たちの事件を処理した。信じられないことであるが、彼らはたった数発の見事な蹴りとライフルの銃床での狙い澄ました一撃だけで、もっとも反抗的な人間さえ服従させてしまうのだった。傲慢な〈棍棒使い〉たちは、いくら殴っても咎（とが）められないという優越感に酔いしれていた。それは別段驚くべきことではない。かつてこの建物のなかにいた先輩たちがそうであったように、彼らにもまた〈国家の内部における国家[26]〉の象徴ともいうべき絶大な権力があたえられていたのである。確固たる忠誠心をもった第一世代の共産主義者たちでさえ、この一派の追及からは逃れられなかった。

私の意識は朦朧としていて、妻と息子がすでにどこか別々の場所へ連行されていたことにも気付かないままだった。拷問係が立ち去ったので、一度地面から起き上がろうと思った。全身に痛みを感じながらも、部屋の反対側に置かれた机の端にしがみついた。やっとのことで立ち上がった私は、手錠をはめられたまま（そしてすっかり腫れ上がった、唾を吐きつけられた顔のままで）事の成り行きに身を任せて、ただ次の試練を待った。愛する家族をこの悲劇に巻き込んでしまったことの恥辱と自責の気持ちに押し潰されながらも、監守たちに反抗するのは賢明でない――つまり、かえって高くつく――ことを理解していた。私はどんなことにも動じない覚悟をした。ただ、私を破滅へと導く、ある男との遭遇を除けば。

反対側にある戸が開き、信じられないほど痩せた気味の悪い検事が入ってきた――まるで催眠術にでもかけようとするかのごとく、細めた目で私を食い入るように見つめている。その後ろには、頭の先からつま先まですっかり武装した見張り兵がいて、彼は戸のそばに立つと、私との〈スパルタクスごっこ〉[27]が始まる場合に備えて機関銃を構えた。そして、自信に満ちた様子の検事は、ほとんど身体を押し当てるほどの距離にまで近付いてきて、私の顔立ちを念入りに調べ始めた。短い沈黙のあと、その男は意味ありげに笑いながら言った、

「お前、わしを覚えておるか……？　そうか、少しばかり遠い記憶を呼び起こしてやらんといかんようだな」、男は渋い顔になりながら〈シー〉と言って、その薄い唇の奥にある黄色い犬歯（きば）をあらわにした。

そして、私の顔から眼を離すことなく、衛兵に合図して彼を部屋から出した。検事は一層嫌味な態度になり、私を馬鹿にするように尋ねた。

「わしとどこで会ったか、本気で思い出せないというのか、ジョルジ坊やよ？」、彼は私をからかう

のが面白いようだった。

　すると検事は、突然その遊びに飽きたのか、机の角に軽く腰かけて、唐突に歯で口笛を鳴らし始めた。その風変わりで鋭い響きの曲にはぼんやりと聞き覚えがあった――事によると、私はたしかにこの不気味に窪んだ顔をどこかで見ていたのかもしれない。そのときだった、私は、愕然としたことに、目の前の人物があの卑劣な行商人であることに気が付いた。〈天使の庭(エンジェル・コート)〉で何度も夢に憑いて出た、硫黄の臭いがする悪名高いペテン師――。あるいは、私が奇妙な経緯でフランツ・リスト音楽院へ入学するきっかけを作り、その後の並外れた成功を予言した男――。その男の前で、私は今こうして、恥辱と疲労に苦しみながら手錠をはめられて立ち尽くしているのだ――。検事は私の意気消沈した顔から、とうとう思い出したらしいと読み取ると、口笛をとめて立ち上がった。

「わしのことがわかったのだな、マエストロ」、今度は優しい調子で言った。

「わしはあのときお前に、いつかまた会うだろう、と言った。お前にしても、わしがそのかけがえのない才能のためにどれだけのことをしてやったか、忘れたわけではあるまい。それが何だ、このざまは！　お前は社会の底辺から這い出て、素晴らしい名誉を得ることができたというのに、この国を裏切り、捨てることを選んだのだ。逃げ出して、敵に加わろうとした。ハンガリー国民が享受して然るべき才能を用いて、敵国の連中を喜ばせるためにだ。お前は、まぎれもない、脱走者だ！　売国奴だ！　裏切り者だ！」

　急に声の調子が変わり、検事は激怒してすっかり興奮状態になってしまった。そして私の顔に怒鳴

りつけた、

「見ていろ、わしらがお前を破滅させてやる！　今に土埃にまみれて這い回るようになるぞ！」

すっかり息を切らせた彼は、机の上に置かれた呼び鈴のボタンを押した。見張り兵が一瞬で戸口へ戻ってきた。すると、検事はわずかに親指を下に向けながら目配せをして、衛兵に私を連れ出すよう合図したのだった。

連れられるままに、果てしなく続く螺旋階段を下りていくと、巨大な地下倉庫にたどり着いた。地表から少なくとも二〇メートルは下にあり、水が壁を伝って滴り落ちてくるようなところだった。薄明りのなかには、青白い顔をした、あらゆる年代の人々が見えた——地下水のしみ出すひび割れたコンクリートの上で、群れかたまっている。私と同じ理由でこの場所に詰め込まれたのだろう、誰もが身体から血を流し、自らの早まった行動を後悔しながら、すべての希望を失ってぼんやりと前方を見つめていた——。

＊　＊　＊

監獄で一年を過ごしたのち、妻はまたあくせくと働きに出た——お情けで雇ってもらえた製材所へ。他の雇用主たちは、妻の収監された理由を知ると、誰も彼女を雇おうとはしなかった。そして、死の深淵を彷徨った息子は、二年間の治療を経て、家族のもとへ戻された。彼がすっかり快復するまでには、妻たちの愛情が一滴残らずそそぎ込まれなくてはならなかった。
私が自由の身となったのは妻の一年半後であった。収獄期間の最後の年に矯正処遇収容所(ディスプリナリー・キャンプ)に送り込まれて石材の運搬作業に従事したことで、もう十分に罪の埋め合わせをしたと思ってもらえたらしかった。私は日に一〇時間、来る日も来る日も、用意された六〇キロの石材を運んだ――地上階から、建設中の大学の六階まで。これらの石材は、順番に並べられてその大学の階段となった。この作業によって手首の筋肉をひどく傷つけられたことで、その酷使された関節の腫れを抑えるために、私は革製のリストバンドを着けるはめになったのである。とはいえ、そうした悩みこそあったものの、結局、釈放の際には、〈石材運搬人および一級の大工としての資質を認める〉証明書を手渡されるような模範的な囚人に成長していたが。工事を指揮する建築会社は、すかさず、私を現場監督として再雇用しようと提案してきた。それも、クリスマス・プレゼントとしての新品の自転車と、究極の褒美である〈毎月四八時間を家族と過ごすことのできる機会〉を提供するという特別手当つきで。私はこの話を断った。

釈放されると、すぐに家族のもとへ戻った。無謀な企てを詫びるために私が携えて帰れたものは、新しい卒業証書と八ストーン(28)の骨格模型のような身体だけだった。

一九五三年が終わろうとしていた。私たちは約三年もの間、互いの顔を見ていなかった。そしてそれ以上の期間、私はピアノに触れることすらできなかったのだ。

訳註

（1）潜勢態（デュナミス）とは、アリストテレス哲学の概念で、可能性を秘めた状態にあるもののこと。また、昇華（サブリメーション）とは、精神分析学用語で、低次の要求をより高次な要求によって置き換えること。

（2）ドゥニ・ディドロ（Denis Diderot, 1713–1784）。フランスの啓蒙思想家。美学や美術の研究で名高く、ダランベールとともに『百科全書』の編纂を主導した。

（3）第二次世界大戦中、ドイツ軍は二年以上にわたってソヴィエト連邦の大都市レニングラードを包囲した。レニングラードはこれに耐え抜いたが、その過程では百万人を超えるともいわれる膨大な数の餓死者を出した。

（4）ギリシャ神話に登場する人物。自らの母をそうとは知らずに娶（めと）った。

（5）ナチス・ドイツ軍は強制収容所で迫害したユダヤ人の皮膚を用いてランプシェードを製造した。

（6）サートゥルヌス神を祝した古代ローマの祭で、馬鹿騒ぎを特徴とする。

（7）ギリシャ神話に登場する冥界の甕。底なしであるために、ダナイデスは何度水汲みをしてもこれをいっぱいにすることができなかった。

（8）震えや幻覚に襲われる症状。

（9）ウァレリア・メッサリーナ（Valeria Messalina, 20–48）。ローマ皇帝クラウディウスの皇妃。放蕩と残虐をほしいままにし、自らの性欲を満たすために下賤な売春宿で客を取ることさえあったといわれる。

（10）コーヒーの上にコーヒー風味のアイスクリームとホイップクリームを乗せたデザート。

（11）ラム酒入りのケーキ。

（12）“Tiger Rag” (1917).

（13）“Porgy and Bess”(1934–1935).
（14）第一次世界大戦の頃から米国で流行したダンス・ステップとそのリズム。
（15）Symphony No. 45, Hob.I:45 (1772).
（16）アート・テイタム（Art Tatum, 1909–1956）。米国のジャズ・ピアニスト。視覚障害をもちながらも超絶技巧を誇り、多くの音楽家に影響をあたえた。
（17）旧約聖書の『出エジプト記』に登場する、牛を模した金色の像。
（18）György（ジョルジ）の英語読み。
（19）ウラディミール・ホロヴィッツ（Vladimir Horowitz, 1903–1989）。ウクライナ生まれのピアニスト。のちに米国へ移ると、その独特かつ卓越した演奏によって、比類のない名声を得た。
（20）一九世紀フランスで活躍した宗教史家のエルネスト・ルナン（Ernest Renan, 1823–1892）が、同時代の聖職者フェリックス・デュパンルー（Felix Dupanloup, 1802–1878）を評した言葉からの引用。
（21）Études d'Exécution Transcendante, S. 139 (1851).
（22）「酒と女と歌を愛さぬ者は、生涯馬鹿で終わる」というマルティン・ルター（Martin Luther, 1483–1546）の格言がある。また、この言葉をもとにしたヨハン・シュトラウス二世のワルツ《酒、女、歌》はワーグナーやブラームスらに愛された名曲として名高い。
（23）一九世紀後半のロシアにおいて民族主義的な音楽の創造を目指した作曲家集団。バレキレフ、キュイ、ムソルグスキー、ボロディン、リムスキー＝コルサコフの五人からなる。
（24）アンクル・サムは合衆国政府を擬人化した架空の人物。また、ソヴィエト連邦の指導者スターリンの姓は〈鋼鉄の人〉を意味する。
（25）カール・マルクス（Karl Marx, 1818–1883）の著作。

(26) IMPERIUM IN IMPERIO. オランダの哲学者バールーフ・デ・スピノザ(Baruch De Spinoza, 1632-1677)の言葉で、軍隊や情報機関や警察といった、国家のなかにありながらその統制に必ずしも従わない機構を指す。
(27) スパルタクス(Spartacus, 不明-BC 71)は古代ローマの剣闘士であり、第三次奴隷戦争〈スパルタクスの反乱〉の指導者として知られる。
(28) 約五〇キログラム。

第一〇章　全か、無か

このような人生の浮き沈みのなかで、どうして人格がその影響を受けずにいられようか？

私は、追い詰められて生命の危険を感じる野性動物のように、平常心を失ってしまった。謎めいた自己矛盾に陥ったのだ。

私という人間は、憐れみ深いと同時に残忍であり、思いやりがありながら無骨でもあり、夢見がちな愛すべき少年である一方、冷たい心をもつ厄介者でもあった。〈人は皆兄弟〉という思想を熱烈に支持する傍ら、人付き合いの悪い厭世家でもあり、あるときは当局に屈従する気鋭の自由主義者、またあるときは見窄らしいバーを千鳥足で渡り歩く厳格な道徳主義者、あるいは、愛情がある一方で無愛想な、熊のごとき気分の浮き沈みに左右される感受性の強い人間であった。そして当然ながら、ピアノこそがこの多重人格の主因なのだった。もはやピアノは〈失われた愛〉や〈脅かされた理想〉ではなくなっていた。すでにそれを単なる〈割の悪い仕事〉として見切りをつけていた私は、一層謙虚になって、然るべき結論を導いた――つまり、ピアノは〈生計をたてる手段〉として、一段と低く位置付けられたのである。運命からは逃れられない。無論、あらゆる側面を考慮してなるべく広い視野で物事を見ようと心がけはしたものの、夜の演奏活動に舞い戻るということさえ現実的ではなかった。手指の関節はたった数時間演奏しただけで腫れ上がるようになっていた。

　収監されていた間、私には石材を運搬する特権があたえられていた。そして、限界まで引き伸ばされて硬化した手の筋肉は、もう日々の長時間の練習に耐えることができなかった。意志の力さえ、見る影もない。それでも私は、まったく性質の異なる作業によって腫れ上がった手指がどうにか鍵盤の感覚を取り戻すようにと、リストバンドをはめながら練習した。そしてそれから当分の間は、関節を正しい位置に保って痛みを軽減してくれるこのアクセサリーを手放すことができなかった。

　結局、収容所を出てからふたたびブダペスト市街で職探しができるようになるまでには、四か月におよぶ物理療法（フィジオセラピー）が必要だった。私はその後、一〇日ほど街を彷徨ったすえに、まずまず安定した仕事にありついて、妻を工場での積み降ろし作業から解放することができた。よく調教された荷役動物のように大人しく厩舎（きゅうしゃ）へ戻り、レストランや居酒屋、それにバーといった、あらゆる店の鍵盤の上で手指を走らせたのである。そのまま数日が経ち、数週間が経ち、数か月が経った。

　そんなある晩のことだった、私がバーで仕事をしていると、二人組の男が酒を飲みにやってきた。私の変幻自在の演奏（きらびやかな技巧と、その複雑な響きのなかに漂う私という人間の哀愁とが、奇妙な対照をなしていたことだろう）を聴くなり、彼らは一瞬で音楽に引き込まれたようだった。だんだんとピアノの近くへ椅子を寄せてきて、本当にたった一〇本の指だけでこの壮絶な音の雪崩を生み出しているのかと確かめるように、私の手元を観察した。私はこのとき、彼らのことを、せいぜい多少品のよい酒飲みか、強い感覚的刺激を探し求める音楽愛好家くらいに思っていた。私が演奏を終えるやいなや、彼らは暖かく褒め称えてくれた。

この二人組は、街に群れ集まって生息する平凡な〈夜行性動物〉などではなかった。一人はリスト音楽院ピアノ科の教授[1]であり、そのとなりにいる人物は文化省の高官であった。

「我々はここしばらく君のことを探していたのだ」、教授は言った、「君の以前の音源を聴き、大変興味を引かれたものでね。もちろん、今の演奏はそれを上回るものだったけれども。やはり君こそは、多くのピアニストが挑み続けている〈オデュッセウスの弓[2]〉を引きうる、真の選ばれた人間であるようだ。」

彼は、私の顔にわずかな懐疑の表情が浮かんだのを見て、話し続けた、

「君の演奏は驚くべきものだよ。最高の演奏会の舞台は君にこそふさわしい、ほかのどんな音楽家よりも。君は正しい道を進んでいる。そして、だからこそ、私は君を助けたいのだ。なるべく早く文化省へ行って、ここにいる友人の職務室を訪ねなさい。後悔はさせないから。」

その数日後、私は彼の助言に従った。それでも、収容所から出されたばかりの、飲み屋で生計をたてる一介の無名ピアニストが（しかも無礼にも、文化省関係者の押印のある招待状さえ持っていないのだ）、文化省のお偉方にいったいどんな重要性をもちうるというのか？

まえの夜に手渡された文化執務官の名刺は、一層不思議な事態をもたらした。文化省の建物に入る

やいなや、私は大切な客人のように扱われたのである。見事に保存されたバロック風建築の傑作のなかを、お仕着せを着た案内係が言葉少なに先導してくれた——丁重に熱意を込めて、私のことを〈同志〉と三人称で呼びながら（呼ばれてみるとそれなりに心地のいいものだ）。そして、迷路のように入り組んだ高雅な廊下と華麗な装飾の施された部屋を通り抜けていった。埃を被ったフレスコの天井からは壮麗な水晶のシャンデリアが吊り下がり、その真珠色の光は、異国風の象眼細工（ぞうがんざいく）の壁にはめ込まれた、複雑に装飾された扉に反射している。建物全体が、多種多様な意匠を凝らしたモザイク模様からなる、一個の巨大な寄木細工（よせぎざいく）の作品であった。まるで旧社会体制（アンシャン・レジーム）の博物館を訪れたかのようだった。巨匠の絵画や東洋の絨毯をはじめ、すべてが見事に保存されていた。そして、最後を飾るのは、私の新たな庇護者の職務室——往年の霊魂にあふれた巨大な来賓室——である。かつての貴族政治の栄華を偲（しの）ばせるこの立派な広間へと、私は通されたのであった。

　私はまだこれらのオーストリア＝ハンガリー帝国の名残である骨董品に魅了されていたが、まずは目の前にいる険しい顔の男たちにか細い声で挨拶をしたほうがよさそうだった、

「おはようございます、皆様……つまり、同志。」

　彼らがすぐに教えてくれたところでは、〈同志〉という敬称は民間人のための称賛すべき栄誉であり、部外者には決してあたえられない、ということであった。

「ええ、実際そうなのです、シフラ同志」、まえの夜に会った上官が、魅力的な笑顔を浮かべて言った、「時代は変わったのです。あなたをお招きしたのは、私たちがこれまでに、あなたの演奏して

いたナイトクラブの常連たち、つまり社会のあらゆる階層の人々から、膨大な数の手紙を受け取ってきたからなのですよ。率直に申し上げ、私は職に就いて以来、これほど激しい感情の込められた市民意見（パブリック・オピニオン）を目にしたことがありませんでした。ええ、たしかにあなたの愛好家（パブリック）たちからのものでした。そして、まえの晩にあなたの演奏を聴いて、理解したのです。あなたの才能をもってすれば、酒を飲むためだけにやってきたごろつき連中を真に規律正しい聴衆へ変えることさえ可能なのだ、と。」

そこで突然、その文化執務官は何か言葉を探し始めた。

「おわかりかもしれませんが、今度の……政治体制はひどく嫌っているのです……その、つまり……過ちを。」

「それなら今すでに起こっていますよ。私自身がその〈過ち〉なのですから」、私は、回りくどい伝え方をやめさせようとして、物柔らかに言った。

しかし彼は聞かなかった振りをして話し続けた、

「私がお伝えしたいのはですね、つまり、その傑出した才能にあたえられて然るべき権利と特権を回復することで、あなたに対して行なわれた不幸な処遇の過ちを消させてほしいということです。シフラ同志、今後はどうか夜の演奏活動を控えてもらえませんか？　その代わりに、三か月の期間をあたえますので、国が我々を通じてあなたに委嘱（いしょく）する初回のリサイタルやそのあとの演奏会の準備をしてもらいたいのです。もちろん、あなたは給与を受け取ることになります。何より、もし序盤の演奏会が私たちの願う通りの結果となれば、あなたが政府の目にとまって……つまり、公的に……西側諸国の大都市へ派遣されることさえ、もはや疑う理由を見つけようにも見つけられないことでしょう。そう、まさしく、社会主義のもとに自由と独立を保持する我が国の芸術的、音楽的文化生活の頂点に輝く、もっとも眩い宝石として。」

よくもこう堂々と他人の人生を要約してくれたものだ。〈疑う理由を見つけようにも見つけられない〉という一節は、高尚の一言に尽きた。とはいえ、まさにこうした言葉を、私は何年も待ち続けていたのではないか。

私を山頂に連れ出しては新たな盲谷(めくらだに)へと突き落としてきた、この浮き沈みの日々は、とうとう終わりを迎えた。何度も何度も躊躇ったあとで、私は居心地のよいぬるま湯――金持ちの通う会員制のナイトクラブや、貧乏人の出入りする安酒場――から抜け出す決意を固めた。人は知らず知らずのうちに易(やす)きに流れてしまうものだと、十分に心得ていたのである。そうでなければ、きっと、凡庸なままでいることに少しの不安も感じなくなるところまで、私は落ちぶれ果てていたことだろう。

どういうわけか、この時期の私の人生においては、ほとんどすべての出来事が――したこともしなかったことも、躊躇いも取り返しのつかない行ないも――ある種の避けられない定めによって生じているかのようだった。私という存在は、何かより高次の意思によって管理されていたのだ――それは聖セシリア(3)というよりは、むしろ聖アエギディウス(4)でありそうだが。たしかに多くの時間は失われた。しかし、今振り返ると、それらは決して無駄になったわけではないのだと思う。私の苦難が呪術か何かによって引き起こされたものなのか、それとも一種の〈火の神判(5)〉であったのか、その判断は友人や批評家に任せたい。その答えがどんなものであるにせよ、私はついに悟ったのだ。人生は、今ふたたび、振り出しから始まったらしい、と。もっとも、まだ音楽家としての復活を遂げたといえるような状況ではなかったのだが、それでも、私の運命を司る(つかさど)委員たちは、酒場の〈彫刻格子窓〉(マシュラビア)[6]の奥で黙殺の刑に処されながら〈時刻係〉(ムアジン)[7]のように生活する私の姿——肉体は燃え尽き、精神は冬眠していた——を見て、少なからず心を動かされたに違いなかった。

彼らは、私が無力な被害者であるという暗黙の含みのうちに、私の過去を不問に付してくれたのである。運命にもてあそばれながら三〇年近くも我流で学問をしてきたために、私はすっかりマニ教的な運命論にのめり込んでいて、文化省へ向かう途中にも、ある諺について考えていたのだった——〈ひとたび射られた鳥は、弓の弦音(つるおと)にも恐れおののく〉。それが、文化省を離れるときには、イスラームの格言を思い出していた——〈神は黒石の上にいる黒蟻さえも見落としはしない〉。受入可能人物(ペルソナ・グラータ)としての扱いを受けたのは初めてのことだった。わずかな希望も芽生えた。この一〇本の指によって、天国のなかに自分の居場所を見つけられるかもしれない！　仮にそれが立見席のような場所にすぎないとしても、〈天使の庭〉(エンジェル・コート)から出てきた私にしてみれば、それは人生があたえてくれる最高の贈り物に違いなかった。

この栄転を祝して、私はこれまで何度も自分を窮地から救ってくれた〈派手な演奏〉を控えようと心に決めた。だが本当に大変なのはそれからであった。二五年近くにわたっておよそ考えられるかぎりの様々な音楽との乱取り稽古を行なってきたあとで、わずか三か月でその音楽家人生を一からやり直すのである。疑う余地なく、過去の不愉快な経験の数々は、私に生活防衛の必要性を教え込みながら、独特のピアノの技芸を授けていた――数名の独善的な批評家にいわせると、〈技巧の木々を見るのに忙しく、解釈の森を見ることができない代物〉であるらしかった。だから、私の引き受けた仕事は二重の困難を抱えていた。つまり、単にこれまで身に付けたすべてのことをもとの状態に戻してクラシック音楽へ適応させる（しかもそれをわずか九〇日の間に行なう）だけではなく、耳の肥えた客や（曲の魅力を引き出すことよりも、楽譜通りであることを金科玉条としているような）物知りな評論家に扮した知性豊かな〈導師(グル)〉たちに対して、私の演奏解釈が妥当なものであると示す必要があったのだ。しかし、個人的な経験にもとづいていうなら、評論家というのは、ごく少数の例外こそあれ、演奏家に対する非難を通して自身の〈ピラニアのごとき学識〉を見せびらかす以外には、何ら才覚をもたない人々なのである――もっともその獲物が彼にとって大きすぎなければの話であるが（そうした場合には、彼は勝者にひれ伏してすばやく絶賛する）。彼ら〈知性に群がる埋葬虫(しでむし)〉はどこにでも存在するが、その果てしない自尊心と哀れを誘うような思考力とによって、容易に識別されることだろう。

誤解しないでほしいのだが、私は批評活動それ自体に異を唱えているわけではない。実際、それは不可欠なものである。批評家は決して取るに足らない周辺的存在などではなく、二つの条件を満たしさえすれば、公衆にとっての利益となりうるし、そうあらねばならない。第一に、必要なのは専門的な批評家、すなわち、批評する内容をよく理解して自らも演奏活動を行なう音楽家だけである。第二に、どのような審判を下すにせよ、それは作品に対しても演奏に対しても建設的なものであるべきだ。

私としては、理想論かもしれないが、ロマン派の音楽運動に勢いをあたえたあの偉大な銃士隊精神の復活を見たいと思ってしまう。あの至福の時代、フレデリック・ショパンという若い無名の音楽家のパリにおける最初のコンサートの批評記事は、職業批評家によってではなく、ほかならぬフランツ・リストの手で書かれたのである。また、ラヴェルがその《弦楽四重奏曲ヘ長調》をテオドール・デュボワ(8)(この種の人間にとって唯一価値のあるものは、自分自身についての自分自身の意見だけだ)なる人物に酷評されて失意の底にあったときには、ドビュッシーが即座に短い手紙を送った――〈音楽の神々と私の名にかけて、君は一音たりとも変えてはいけない〉。このような格別の人々(リストやドビュッシーのほかにも大勢いる)は、居心地のよい殻に閉じこもるような真似はしなかった。そして、西洋音楽がその文化的遺産に恵まれているのは、まさしく彼らの存在に負うところなのである。何より、そうした音楽家たちは、単にその同輩の作品を理解しえただけでなく、ときにはそれを演奏し、指揮することもあった。当然ながら自分たちの話す内容についてよく理解していたし、世人の嗜好を先導するために詳しい批評を書くこともした。だから、私たちのいる現代においても、かつてのように音楽家が力を合わせることで、批評家連中の妄言に染まった聴衆を啓発できるに違いない。

いずれにせよ、どの動物種もその寄生体(パラサイト)をもつ、というのは有名な事実ではないか。クロコダイルは顎の内側で羽ばたく小鳥を決して飲み込まず、獰猛(どうもう)なサメも自らにまとわりつく粗末なコバンザメのことは大目に見る。つまり、いかなる芸術運動も、時間給をもらって活動する善良かつ二流の批判者を養う、というわけである。まことに自然の理(ことわり)ではないか。ディドロもこれに近いことを言っていた——〈修辞技法（レトリック）は雄弁を養う、ちょうど理論が実践を、そして詩学が詩作を養うように〉。

　この示唆に富む黄金の原理は、あらゆる種類の芸術行為に当てはめて読むこともできる。実際、個々の作曲家の形式や内容、表現様式や音楽構造を統合させる修辞技法（レトリック）の精華こそ、まさに私が〈実に長い年月を経たあとに〉記憶のなかから掘り起こすべきものであった。一〇本の指が自然とショパンの拍子加減（ルバート）に従うまでには、長い時間が必要となりそうだった。また、シューマンにはシューマンの拍子加減（ルバート）がある。ドビュッシーのピアノ曲にいたっては、ほとんど指が鍵盤に触れていないかのように演奏されなくてはならない。ラヴェルにも同じことがいえるが、もっとも彼の場合には、常に響きが透き通るようにして、しかし一方では、不安定でありながらも洗練されたその独特の色気が、ひと摘まみの金粉と仄かな世紀末芸術の香水との微妙な調合によって、見事に引きたつようにしなくてはならない。そして何より、偉大なロマン派の作曲家に見出だされるいかなる熱気も、ほかならぬリストの作品の、穏やかな外面の奥に隠された荒れ狂うような鼓動とは、似ても似つかないのだ——その野性的な衝動は、特に慎重に扱われなくてはならない。もちろん、バッハやモーツァルト、それにベートーヴェンやバルトークにも、同じだけ多くの避けるべき罠と守るべき禁忌（タブー）がある。それらを無視すれば、演奏は実質を欠いた退屈なものとなって、〈神の言語〉という地位から、単に聴衆を気分よくするだけの〈音楽療法〉へと格下げされてしまうことだろう——。

　私は文化省を出ると、早く家族に朗報を届けたいと思って急いで家へ向かったが、その途中ではこうした様々な考えが頭のなかを埋め尽くしていた。だが結局のところ、演奏家というこの上なく複雑な職業の極意を教えてくれたのは、やはり、私の流離い乞食のような人生〈私はそれにどこまでも追尾され、誤解や嘲笑に耐え続けなくてはならなかった〉なのであった。いかに感情から理性を切り離し、適切にその距離を保つのか。また、感受性豊かに語ることもできる部分において、いかに形式上の論理を用いて語るべきなのか。私はこの相反する二つの思考形態を、一つの原理に従って重ね合わせていた——すなわち、感情と理性との均整のとれた状態とは、大砲の筒の内側を思わせる〈螺旋模様を帯びた直線〉のようなものだろう、と。以前、戦車の砲身を手入れする際に、私はシューマンの述べたある賛辞を思い出した。彼はリストの演奏を聴いたあとで、この素晴らしい表現者のことを〈花々の翳(かげ)に隠された大砲〉のようだと表現したのだった。

今度こそ、私が過去に経験したもののなかで、もっとも困難な挑戦となりそうだった。私が根本的な変身を遂げて神の定めた舞台に返り咲いたのだということを、自らの演奏〈それも、ごく短い期間で準備した演奏〉によって伝えなくてはならない——。私は演奏技巧に関するかぎりはおそらく自分の全盛期を迎えていたが、他方、一人の人間としては肉体的にも道徳的にもひどく疲弊していた。

文化省の役人たちが私に生涯の貸しを作ろうとして〈過去のあらゆる〈過ち〉を呆気なく帳消しにしながら〉長々ともったいぶった話を展開してくれたのは、内心嬉しいことではあったが、私は自らの心身の消耗のせいで、危うく、一九六八年の五月危機[9]のデモ参加者がソルボンヌ大学前のリシュリュー像の台座に書き込んだような信仰告白を、ひと足先に口にしてしまうところだった。

〈願わくは、貴様らの忌々しい顔面が、愛想を尽かした大衆の汚物によって覆われますことを！〉
（Que la crasse des masses lasses masse sur vos faces de putasses!）

私がすぐに気の利いた皮肉を見つけられる類いの人間でなかったことは、家族にとって幸運なことだった。結局、一家の主は何も口に出すことなく、自分の機知を証明する機会を見送ったので、そうした反感は高らかに表明されずに済んだのである。

実際、文化省の助けなしでもきっと好機は訪れるはずだ、などといって自分を欺いてみたところで、少しの慰めにもなるとは思えなかった。遠い将来の（つまり、些細な失敗が滑稽話になり、善き行ないが崇高な逸話になる頃の）すっかり年老いた自分と対面する日のことを考えると、〈真実の時〉をこれ以上先延ばしにするわけにはいかないのだ。私はすでに窮地に置かれていた――これまで磨き上げてきた異様な技巧は、他の音楽家にいわせれば、司祭がよく説教で述べるような〈罪深い欲望〉を体現したものにすぎなかった。今こそ、自分という人間が単に音楽ホールにおける価値序列を狂わせるだけのものではないことを、それも記録的な短期間で、彼らに示す必要があった。そうして、音楽表現の目標は単なる技術の合体物を超えたものであるべき、という原則を見失わないようにしながら、私は（ミシュレ[10]の見事な言葉を借りると）〈視覚と夢とが織り成す世界、または情熱の培地〉の探求に戻ったのである。その領域――音楽が神の声を伝える力を獲得する場所――においてこそ、現実は超越され、一般大衆にも認識しうるような光輝を放つ。そして、この力を操ることこそが表現者の存在意義なのである。だがそのためには、自分がまだ少年の感性を保持していることを示す〈言葉にできない顫音〉のようなものを、心の深層から探し出さなくてはならない。そして、その顫音がしっかりとした思慮分別によって導かれるときにだけ、奏者は原初的な自己愛の力――すべての表現の根源となる情熱――を知り、感情の高まりを伝えられるようになるのだ。私の引き受けた仕事は、聖杯の探求と同じくらい困難なものであった。音楽は注文の多い女主人であり、彼女の使用人となることは忙しい御用聞きの仕事をすることにほかならない。

＊＊＊

私はぼんやりと感じていた、この汚名返上の機会は最初にして最後のものかもしれない、と。運命の女神というのは、私を含むすべての人間に対して、どこかの時点で等しく機会をあたえるものなのだ――たとえその人間が楽観主義者であろうと悲観主義者であろうと。もっとも、全力で生きようと試みる人や、波頭から波窪へ放り出されるのがどういうことか不幸にも知るはめになった人なら誰でも、その野心を遂げるには楽観主義者の片棒を担ぐほうがよいと知っているものなのだが〈楽観主義者が大きな災難のなかに好機を見出だそうとする間、悲観主義者はその戻り爆風に苦しめられていることだろう〉。いずれにせよ、こうした盲目的な予感も、ときには人を後押ししてくれる。

音楽は、岩の窪みに打ち寄せる波のように、またしても私のもとへやってきた――暗礁だらけの不吉な海域から、私の人生の小舟を救い出すために。成人後の経験によって幼少期の夢を叶えるべく運命づけられていた私は、今回の幸運なめぐり合わせによって、聴衆に熱烈な受容性と肉体的かつ精神的な高揚、つまり、いわゆる〈感動〉（ほかに適当な言葉がないのが残念だ）を届ける難事業に、一か八か挑戦することができそうだった。今になって思うと、たった三か月の間にその途方もなく長大なヤコブの梯子[11]をたとえ数段でも登ろうとするとは、なんと世間知らずな男であったのだろう。だがそれこそが、私に課された条件（ルール）なのであった。九〇日という制限時間のうちに、これまでの悲惨な人生経験の数々から〈音楽表現の真髄〉を抽出しなければならない――。悪魔（メフィストフェレス）との取引なしでそのようなことをやってのけるには、筋の通った正確な情報が必要であった。

だが、楽譜に記載された曖昧な表現は、私を助けてくれるどころか、大きな悩みの種となった。たとえば、バッハは作品中において、音色の雰囲気や拍節（テンポ）に関してさえ、一つの指示も残さなかった（彼にとっては、個々の音の役割はあまりに明白であったのだろう）。また、ショパンの場合は一層悩ましい。たしかに彼は最低限の意図こそ手稿のなかで明示しているが、その一方で、弟子や彼の崇拝者たち[*1]に対しては、本質的な感情は〈音符の背後〉に見出されるべきであると語ったのだった。《春の祭典》[12]で印象派音楽に終止符を打ったストラヴィンスキー[*2]にいたっては、少しまえにこんなことをいっていた――〈音楽は、それが音楽であるかぎりにおいては、ただ音楽以外の何物も表現すべきではない〉。私はこうした両極端な問答から抜け出して、巨匠たちの音楽に彼ら特有の美学を復活させなくてはならなかった。些細なことにこだわりすぎずに、俯瞰（ふかん）して考える必要があった。月から見ることのできる人工の建造物は万里の長城だけだというではないか。この比喩には誇張された感じがするかもしれないが、それでもたしかに私は、二か月にわたって立ちどまることなく歩き続けたことで、自らの表現秩序を取り戻しつつあったのだ。昼夜絶え間なく練習を続けたこの時期のことについては、これ以上語らないでおこう。誰よりも地獄のことを知り尽くすダンテでさえも、〈ふたたび美しい音楽を奏でたいと切望しながら煉獄で苦しみ続ける疑い深い表現者の魂〉[13]について詠むことはしなかったのだから。私が経験上よく知っていることだが、疑念は自信を失わせる。このときの私も、まさにその病から抜け出そうと試みたのだが、結局は無駄なことだった。考えを整理しようともがけばもがくほど、さらに自信を失ってしまった。ノストラダムスのごとき透視力とピタゴラスのごとき理性とが上手く調和して初めて、潜在意識は様々な表現工程の整合性を取ることができる。私はその芸術表現の物差しを奪われていたために、自らの着想と演奏解釈に不安を感じていたのだ。過大な――あるいは過小な――表現を試みる音楽家ほど哀しいものはない。挙句の果てに、私はこの短い期間のうちに、自分の手指が〈均整の取れた演奏解釈のための神聖不可侵の掟〉に従えないことを悟ってしまい、むしろこの手は鉄道の切符でも切っているほうが幸せなのではないかとすら思うようになった。もは

＊1　そこには少なくとも一人の超人的なヴィルトゥオーゾが含まれる。
＊2　彼もまた強烈な感情の扱いに長けた音楽家だった。

や、自分の感覚の透明度にも、感性と通じ合う力にも、自信をもてなくなっていた。

　素晴らしい教師のもとでそうした自信を築き上げたピアニストたちのことが、本当に羨ましかった。私は彼らに大きく後れをとっていた――。本当に？　考えてみれば、私もまた非常に早くから即興演奏の英才教育を受けていたではないか。つまり、実際のところは、単純にある障害にぶつかっているらしかった。一部の演奏家の才能を引き出し、一方でその他大勢を災難に遭わせる厄介事、〈舞台恐怖症〉。本来的には、これは馬鹿げたことである。苦労して会場まで足を運び、音楽に心を奪われるために少なからぬ金銭を払ってくれる聴衆の、いったい何を恐れる必要があるだろうか？　しかしながら、伝えるべきことのある演奏家にとって、大勢の聴衆が集まる演奏会場で自身の感性の顫音を残らずさらけ出すことは、願ってもない状況であるとともに、たしかに苦痛を感じさせるものでもあるのだ。もっとも、彼が、音楽のなかに具現化されるのを待って燃えるように光り輝く、自身の幻想の力に支えられている場合は、このかぎりでないが。舞台恐怖症というのは自信喪失の表れであり、また、技術や精神がよく準備できていないことの表れでもある。決してそれは、失望させまいという願望や責任感によって生じる、あの張り詰めた緊張感によって引き起こされるわけではないのだ。そして、この古典的な恐怖に取り憑かれた演奏家にとっては、舞台上に出るという単純な行動はまぎれもない英雄的事業となる。こうした点にこそ、表現者という役割の、そして彼の繊細さの、逆説がある。期待に胸を膨らませた観衆の前に現れて時間を使うどのような試みも（たとえどれだけ短いものであっても）、それ自体が挑戦である。舞台恐怖症によって動けなくなってしまえば、その魂の陰翳をあまさず伝えきることはできない。この段階の演奏家にはまだ音楽への傾倒が足りていないといってもよいだろう。彼は堅固な技巧の砦を築くだけでなく、自分自身をも超越しなくてはならない。それによって特別な集中力を獲得し、耳の肥えた客にも教養のない客にも一様に感動を届けることができるようになるのだ（ただ、それができる演奏家は現実にはほとんど存在しないのだが）。恐怖心は克服することができる。音楽の世界においては、他者を意のままに感動させる手段は、事実上、無限に存在するのだから。

もっとも、音楽の女神たちから宣誓供述書（アフィダヴィット）を受け取るのと、大衆にとっての詩人になるのとは、次元の異なる話である。選ばれた少数の人間というのは、自身のまとう炎の明るさに対して（それが引き起こす驚きよりも）強い関心を寄せるものなのであり、私もまた、現在まで、そうした人間に加わることを目指し続けてきた。自分は正しい道を歩んでいるのか——？　その答えを知るのは未来の自分だけだ。私には空想家じみた趣味はない。結局、どこの社会においても、音楽家の置かれる状況は政治家のそれと似ていて、もしまだ魂を売り渡していないような人間がいれば、それは誰もその魂を欲しがらなかったというだけのことなのだ。私はできることならもっと違うやり方で悟りの道を求めたかった。だが哀しいかな、それまでの私の人生は一つの標語のもとに置かれていたのだ。

〈汝平和を望むなら、戦（いくさ）に備えよ〉

（SI VIS PACEM, PARA BELLUM）

＊＊＊

一九五四年、私はもう華々しい生徒ではなくなっていた。来る日も来る日も、狂ったようにアップライトピアノに向かい続けた。探し求め、見つけ出し、取り下げては、また一から探し求めた。他のピアニストの背中を追い、莫大な失地を回復していく必要があった。リストの足跡をたどる[15]ための資金をかき集めるようになるのは、まだしばらく先のことである。もっとも、この偉大なる先人は、後世の演奏家――真の理解を追求するよりも他人の定めた基準のもとで〈新記録を出す〉ことに熱心な賞金稼ぎボクサーたち――から攻撃的かつ執拗にこき下ろされることとなるのだが。いずれにしても、私の国を保護したくて仕方がなかった例の大国の支配者らによると、〈五か年計画と健康こそが成功への鍵〉ということだった。まだ道のりは長かった。

私が夜の街から突然姿を消したことは、随分と噂になったらしい。多くの名の知れた無教養人（フィリスティン）が、口々に〈弛（たゆ）まぬ慈悲〉を保証しながら（おそらくは〈弛まぬ自利〉の間違いであろうが）、私が彼らの芸術サロンに戻るのを心待ちにしていた。私はこのときに初めて、自分の欠点がいかに優れたものであったかを知ったのだった。

結局、私は、どうすれば熱心な練習を自然な形で音楽になじませることができるかについて、助言を求めることにした――まったく無駄な試みに終わるのだが。教師たちは私の質問の意味を少しも理解してくれなかったし、私にしてみても、彼らが奇跡の強壮剤のように用いていた〈文化的専門用語〉(実用的な助言というよりはロマン派文学の気怠さに近い)を理解することができなかったのである。繰り広げられる会話はさながら長編叙事詩のようで、その場を去る頃には、私の思考回路は鉄道の貨車操車場と同じくらい縺れ合ってしまっていた。たとえば次のような具合だ。

生徒：この作品に込められた作曲家の真意を見つけるには、どうすればよいでしょうか?
教師：彼の矛盾点を構造的水準から解剖することが肝要だ。
生徒：ぜひそうしたいと思います。しかしそれは実際にはどうすればよいのですか?
教師：曲のなかに己(おのれ)の適地を見出だすことだ。
生徒：では、それを聴衆に伝えるにはどうすればよいのですか?
教師：明白なことだ。感情を、つまり自身の内面に見出だした感情を、構造化するだけでよい。

世間にはこうしたやり方の会話を愉しむ音楽教師が常に存在している。今日、余暇文明の支持者ら(配管工からコンピューター・エンジニアまで)がやすやすと操っているこの種の言語を、私は未だに理解できないでいる。今や、本物の貴族性はすっかり珍しいものとなり、代わりに目につくのは各地に増殖した上流階級の自己満足である——残念ながら、芸術もまたこうした人々の傘下に入ってしまったのだ。笑いこそが反抗心を司るものといわれるが、私は大胆にも、教師の重苦しい顔の前で笑い出し、長距離走者のごとき孤独に正面から向き合う決意を固めたのであった。そして、私はまたひとりで取り組むために家へ戻り、楽譜を広く読み込むことにした。私は歓楽の道をたどったわけではなかったので、人々から代わる代わるお世辞と罵り言葉を浴びせられることとなった。しかし、今でも確信しているのだが、芸術に関して貴人と卑人の違いを生むものは、民族性でも倫理性でもないはずである。では、私はいかにして高みを目指したのか。

頑丈そうな見た目をして思うことをはっきりと述べていたせいで、私の才能——ある人によれば〈三流の才能〉——は、それが本当に実質を欠いているようになるまで、真実の番人たちによって徹底的に検閲された。どうして私はあと少しのところでフランスに生まれ損ねてしまったのだろう。芸術の永遠の十字路であるフランス、大砲さえ機知の種となるフランスに。かのルイ一四世もその大砲に刻字させたというではないか、〈王の最後の手段〉（ULTIMA RATIO REGUM）と。

いずれにせよ、私は自分の力だけで取り組むことに決めた。まずすべきことは、演奏において欠かすことのできない直観と技術との結び付きをあえて緩めてから、磨きをかけ、そしてふたたび完璧なものにすることだった。すべての感覚を長きにわたって意図的な無秩序状態にさらすことは、芸術家にとって〈諸刃(もろは)の剣〉である——ランボー(16)はそれを『酔いどれ船』において用いたが、高踏派の詩人たちは賢明にも手に取ることを避けた。こうした作業は、音楽家にとっても、爆弾の信管を抜き取るのと同じくらい無謀なことなのだ。それでも私は、美と通じ合う感覚に手を加えるために、そうした危険を冒して、表現における因果の結び付き（それが衝動や認識、リズム、そしてきらめく色彩を、着想に従わせることになる〉を弱め、破壊さえしたのだった。そのおかげで、結果的に、〈破壊的な力の抑制〉と〈抑制のきかない破壊的な力〉とを取り違えるのを防ぐことができた。そしてこの発見こそ、私の目の前に新たな地平を切り開き、踏み古された道から外れることを可能にしてくれたのである。

　教師から学ぶことが望めなくなると、私は自分がこの業界における異分子なのだと認めざるをえなかった。今や、バスに乗り遅れるのが嫌なら、独力で取り組まなくてはならなかった。もっとも、教師に頼ることができていたとしても、それはそれで自分自身に対する偽善であったのだが——自分の技術が幾分異端なものであることはわかっていたのだから。問題の中心は、自分特有の感性と技巧をいかに統合するか、ということなのである。疑いなく、考えの似通った人間と出会うことは、いかなる教師や有名演奏家にとっても、それ自体が喜びである——思いがけずめぐり合った弟子のなかで自分の教えが生き続けることを知った師匠のような心境になることだろう。そのことをよく理解していたので、私は決して彼らに真実を告げようとはしなかった。つまり、私がその指示の通りに弾いて見せるのは、彼らの思想の鋳型（いがた）に収まってその別人格（オルター・エゴ）——像を正確に結ぶよりもむしろ歪めてしまうような、銀引きのすり減った鏡——になりたいという信念からではなく、どちらかといえば単なる正確さへの欲求からなのだという真実を。

　音楽とは何か？　定義では、〈特定の規則のもとで音を組み合わせる芸術〉のことである。一見平凡に見えるこの文字列の後ろには、一つの真理が隠されている。つまりこの言葉は、犠牲と崇拝、そして着想を伝える第六感——あるいは潜在意識——の必要性を生じさせる、ある目に見えない要素を省略しているのである。すなわち、信仰の心。それなくしては、いかなる音楽哲学の体系も、ニヒリズムに近い無味乾燥とした無神論と成り果てることだろう。残念ながら、すでにそうした芸術家たちの黄金時代は到来してしまった。邪道に落ちた人間は、世界が目的を失って漂流している、と考えるものである。ただ、逆説的ではあるが、音楽そのものに明確な主題や目的が存在しないこともまた真理であって、それゆえに音楽家は、白昼夢を見ながら、地に足の着かない綱渡りをし続けるのである。

音楽家は社会の特別な場所に君臨している。なぜか？　それは、たとえすべてのものに値段がある社会の真ん中で暮らしていたとしても、彼らこそは何らかの深遠な直観を——つまり地球上で唯一、価値の定まらないものを——所有していると思われるからに相違ない。その才能こそ、すべての偉大な演奏家に共通する、取り上げることのできない絶対的な王笏（おうしゃく）なのだ。神に選ばれた器楽奏者の心臓は、やがて作曲家や聴衆の心臓を打つ。どの音楽家も、不必要な効果を排除するために——あるいは自動操縦（オート・パイロット）の恩恵にあずかるために——そうした直感の力を使おうとする。

その奇跡は、人間同士の間でだけ作動する、見事なHi-Fiシステム[17]のようなものだ。作曲家は音源（ソース）であり、聴衆は高感度のスピーカー振動膜であり、演奏家はその磁場全体を増幅させる役割を担う。これらすべてが音楽の本質を引き出し、永遠の響き——個々の音符に隠された意味を解き明かして高尚なものにする輝き——のなかに溶け込ませる。伝えるべきことを伝えきることができれば、音楽に関するかぎり、全か無か（AUT CAESAR AUT NIHIL）でありたいという欲求は一般に思われるよりもずっと安全なものとなる。喜びや強い感情を生じさせるために行なう諧調（かいちょう）の選別は、必ず演奏家をそのいずれか――すなわち、全か、無か――に帰着させるものなのだ。その際にもっとも困難なことは、誤った選択をしないようにすることである。聴衆を喜ばせるだけで、感動させることができなければ、その演奏家は〈ダナイデスの甕〉に行き着く。そして、私としては、二度とその場所へ戻りたくはなかった。

＊
＊
＊

とうとう私は幼少期の本能を再発見した。私はたしかに早くから理解していたのだった――音楽の話法を感情伝達の言語に変えることが、表現における重要な一歩である、と。

初めての国家委嘱演奏を行なう運命の日が近付いていたが、私はまだ、自分がその瞬間からまぎれもない〈一人前の職業音楽家〉になるのだという考えに慣れることができていなかった。手にしたばかりの自由は夢のように感じられ、それをどのように享受したものかもわからなかった。私はまるで、神から「さあ、立ち上がり、歩いてご覧なさい」と告げられた麻痺患者のように、込み上げる欲望と疑念のはざまで苦しんでいた。そして、当然の帰結ではあるが、音楽美を感じ取る能力を総動員しなくてはならない瞬間を迎えて、私は気付かされたのだった――自分が悪用してきた才能がすでに錆(さ)びついて崩れかかっていることに。これは芽生えかけた職業人生への死刑宣告なのだろうか――? 強迫観念に苛まれた私は、ただひたすらにピアノに向かい、指をできるかぎり軽快に動かすことにすべての精力をつぎ込んだ。

あるとき、そうした絶望のなかで、私は田園地帯へ散歩に出かけた。目に映る動植物の優美な姿と、私がピアノの前でそれらを表現しようと試みる際の粗野で愚鈍なありさまを比べながらも、どんなに優れた演奏家でもこのような調和性と完全性を再現することはできないだろうと考えて、自分を慰めようとした。繊細優美な感覚というのは天からの恵みであり、後天的な努力によって手に入る類いのものではない、と。そのときだった、私は、今まさに危険にさらされているもの——将来の栄誉のためには絶対に必要なもの——のもつ途方もない重要性について、完全に悟ったのである。音楽表現の約束事を超越すること自体は犯罪ではない。それどころか、醜を美に一変させる可能性を秘めた、芸術における最大の特権の一つでさえある。しかしそれを実際に試みるには独自の〈表現様式〉が不可欠であり、なおかつその様式は単なる〈型〉ではなく、（私がこのとき完全に悟ったように）音楽の言語を読み解く〈特殊な感受性〉に裏付けられたものでなくてはならないのである。そしてその表現感覚は、他者から獲得することはできないとしても、自分自身のなかで養い育てることはできる——。これこそ、田舎の川辺を歩いて、そのスティレット[18]のごとく一直線に心を打つ詩的な美と律動を感じながら、私が夢想したことであった。この表現感覚を得る唯一の方法は、不幸にも、果てしない労苦だけである。フローベール[19]はそのことを知り尽くしていたはずだ。随分あとになってだが、私はマルロー[20]に究極の問いを投げかける機会を得た。

「芸術とはいかなるものでしょうか？」

すると彼は躊躇なく答えた、

「それは、形式を様式へと昇華させるものでしょうな。」

まるで啓示のような見事な定義であったが、私はそれを半信半疑の気持ちで聞いていた。たしかに、〈表現様式〉なるものは、知覚可能でありながらも、その学習の痕跡が垣間見えるものであってはならない。この黄金律に関するかぎり、私たち二人の考えは一致していた。しかしながら、不都合なことに、私がそのときまでに天からあたえられていたものといえば、私自身の性質を反映した、極端で、支離滅裂で、そして過度に装飾的な〈表現様式〉だけなのであった。

家へ戻ると、死に物狂いで戦闘を再開した。私はたしかに進歩を遂げていた——演奏解釈のおよそ三分の一は審美的に頷けるものとなっていた。しかし、残りの三分の二は、不明瞭であるか、あるいは明瞭すぎるものだった。私は真実に目を向けなくてはならなかった。問題は、まぎれもなく、自分自身の悪癖なのである。だが、それを取り除いてより望ましいものに置き換えるには、残された時間はあまりにも短い。そして私は結局、枯れ木の芯をくり抜いて吹き矢を作る子供のように、自らの悪癖をただ抉り出して、残った外面を成金じみた絵柄と縁飾りによって飾りつけたのだった——そんなごまかしは私以外の誰にも通用しなかったが。

自然な調和を追い求めることを放棄した私の演奏は、実体と影を失ってしまった。一〇年にもおよぶ死刑囚としての日々（そして思いがけない執行延期の数々）が、私の心の眼を曇らせる分厚い白内障を引き起こしたのは疑いようがなかった。調和の妙技はすっかり私の手から零れ落ちていた。

囚人の身分から解放されて初めてのコンサートは、惨めなほどに冴えないものだった。私の技巧はたしかに他のどんなピアニストにも劣らない水準のものであったはずだが、逆説的にも、この大きな利点が私の欠点を増幅してしまったために、演奏会はすっかり凡庸なものとなったのだ。一部の演奏家が自信と想像力の欠如のために退屈を生じさせていた一方で、私は逆方向から同じ罪を犯した——度を越した演奏技巧に頼りきりとなったことで、私の指先からはとめどなく退屈があふれ出た。もちろん必死に抵抗したが、それでも結局、演奏解釈は明晰さを欠き、自制を欠き、簡明さを欠いた。

幸い、それぞれのリサイタルの最後にアンコールとして弾いた編曲と即興演奏が、見事にすべての埋め合わせをして、しらけきった聴衆の眠気を覚ましてくれた。それはまるで愛の恍惚のごとき熱烈な瞬間だった。偽りの感情は示せても本心を隠し通すことはできない私の不完全な審美感覚が、感性と共謀して鍵盤に火を放ち、その灼熱によってすべての人を仰天させていた。ある評論家には〈もはや現実世界のピアニストが持ちうる技巧でない〉とさえいわせたほどだ。私がありがたみを忘れていたその才能は、他のピアニストにとって、キリスト教の聖堂内で空中にコーラン(21)の一節が浮かび上がってくるのと同じくらい奇妙なものに感じられたらしく、そのことが、私という〈従卒向けの未熟な葡萄〉の値打ちを上手い具合にごまかしてくれた。

＊
＊
＊

当時の聴衆から絶えず送られた自発的な声援を思い出すと、私はいつも感謝の気持ちでいっぱいになる。彼らは、私が舞台上においてさえその温かみを感じられたほどに、私自身とそのおぞましい過去のことをすっかり受け入れてくれていた。私の演奏したホールはどれも満席になり、一連の演奏会は成功を収めることができた。それでも私は楽屋へ戻るたびに、他の演奏家に追いつくために克服すべき数多くの欠点について思い悩んでは、士気をくじかれるのだった――名声に値する演奏家は聴衆の承認を得たくらいで逆上（のぼ）せあがったりはしないはずだと、いつにもまして確信しながら。何千人もの人々の支えは、巨大な思いやりのうねりのようだった。彼らの信任は、勝利の栄光に値しない国を助ける借款契約のように、私が自分自身と闘うのを後押ししてくれていた。実際、彼らの拍手喝采や、ほとんど崇拝的ともいえる態度は、それなりに私の自信を回復させた。もっとも、それでも私は、古代ローマの凱旋パレードにおける風習のことを決して忘れはしなかったが。その時代、パレードで皇帝の後ろに立つ奴隷は、皇帝その人に〈今日のような絶頂が続くことはない〉と思い出させるためだけに、ある言葉を繰り返す役目を担っていたのだ。

「メメント・モリ（MEMENTO MORI）。あなたも所詮は人間です。」

1954年、演奏会にて

舞台上では（多くの内気なピアニストがそうであるように）恐れを知らない勇敢さは私の第二の天性となったが、群衆のなかで演奏することは練習への熱意を倍増させるという点においても有益であった。細部に注意を払って、それが片時も頭から離れなくなるまで練習を繰り返した。自分の表現に対しても、静かな自信をもって向き合うことができた。アルプスの湖のように平穏な鍵盤を、単なる神学や神智学の域を超えた主義信条を映し出す眩い鏡へ変貌させるには、正確には何が必要なのか？規律か、習わしか、軛(くびき)か、あるいは永久的な契約か――？　私の考えでは、その変化をもたらしうるものは忍耐力と信念だけだ。自らの信条に実直であることが、他者の心を動かす巨大な力の源なのである。筋肉も欲求も、時とともに衰える。ただ信念だけが永遠不変のものであり、それが心の平静と行動を司るのだ。すべてはその人の信念次第であり、神秘的かつ魔術的な天文物理の理論さえ――それが党派主義であれ折衷主義であれ――その例外ではない。私にしてみれば、それは芸術にとっても必須の要素なのである。信念なき喜びは、幸福を害することにしかならない。信念という独特の力は、新生児の頭蓋骨と同じだけ扱いにくい性質をもっていて、（一部の傑出した人々の場合を別にすれば）時間の経過とともに変化の余地を失っていく。だがそれこそが、音楽の領域において、未熟な審美感覚のために生じる乱れを正してくれるものなのだ。つまり、論理が推論に先立つように、信念という本質は存在に先立つ。しかしながら、私の演奏はといえば、存在は本質に先立つという自己弁護的な〈実存主義〉のもとで矛盾を増していき、散漫で、いい加減で、物憂げなものとなってしまっていた。いかなる創造行為も、その人に信念がなければ、不完全かつ不安定なものにしかならず、〈理性には理解できないような感情の理性〉(22)による裏付けを欠くこととなる。信念こそが音楽家と音楽を繋ぐ臍帯(さいたい)であり（ちょうど信仰が鳴鐘係(めいしょうがかり)と教会を繋ぐ臍帯であるように）、彼に特権的な永遠の命を授けて（たとえそれがほんの一瞬の間だけだとしても）日々の生活のなかで夢を紡ぎ出すことを可能にさせる奥義なのである。幸い、この必要不可欠な力の微かな痕跡が私自身の奥深くに残されていたので、私はそれを頼りに自分の精神を再覚醒させようとした。結局、社会における表現者の役割は監守のそれと似ていて、気が滅入るほどに単調な日々のせいで人々の感情が荒廃してしまうことのないよう、細心の注意を払っておくことなのである。

私はついに問題の核心にたどり着いた。すでに私のヴィルトゥオージティは人々が木を見ずに森を見るのを妨げないものとなっていた。そして、これこそ、私が新たに気付いた、音楽を司る〈時代を超えた掟〉のために欠かせない条件なのであった。

文化省公認の〈改宗〉以来、私は日に八時間から一〇時間は無我夢中でピアノに向かったのだが、それはまだ人生の救済に向けた第一歩にすぎなかった。それからというもの、私には多くの出演依頼が寄せられ、いくらか収録(レコーディング)の仕事もするようになった。* 結局、そうしたレコードの大半は、不思議なことに、一度もハンガリーで出版されずに終わったのだが。

---

*その頃までに高度な録音技術が確立されていた。

1954年

＊＊＊

一九五六年になっていた。政府高官の間では近いうちに私をソヴィエト連邦へ派遣しようという動きがあり、しかもその年の終わり頃にはパリの演奏会に出演させるかもしれない、とさえ聞こえていた。もちろんおびただしい数の〈ただし書き〉があったので、私がずっと以前から悟っていたように、そうした話が現実のものになるとは考えにくかったが。実際、比喩的にいうなら、私はまず〈火の神判〉にかけられる必要があった。

その年、ソヴィエト十月革命を祝う記念行事[*1]の一環で、才能豊かなハンガリー人がバルトークの《ピアノ協奏曲第二番》[(23)*2]の暗譜演奏を委嘱された。彼には六か月の準備期間があたえられたが、しかし〈決算日〉の三か月まえに挫折してしまった——暗譜が飛ぶことを恐れたのだ。そのため、慌てて、ある優れた中国人ピアニストのところへお鉢が回された。[*3]彼は『毛沢東語録』のすべてを二週間で暗記した（そしてもちろん理解した）といわれる男であった。しかし、その六週間後、彼もまたこの仕事を断念した。そうして、この恐るべき作品（今日でさえ、もっとも複雑な現代ピアノ音楽の一つとされる作品）は、私のもとへ運ばれてきたのである。無論、喜んで受け入れられる話ではなかったが、それでも、モスクワやロンドン、そしてとりわけパリでの出演契約を勝ち取るには、自らの演奏でその資格を示すことが欠かせない――。それだけは嫌というほど理解していた。

　この作品に取り組んでいると、本当に気が狂いそうになった。しかし他方では、もしこの演奏不可能ともいわれる難曲をなんとか指定の制限時間内で習得することができれば、自分が真に国際的な名声に値するピアニストであるとの確証を得られそうだった。

　そして決戦の日が訪れた。演奏会は何かの不吉の前兆であるかのような大成功を収めた。集まっていた聴衆は、当時の政権[24]の行き過ぎた主義思想に辟易するハンガリー国民の縮図であった。[*4] バルトークのピアノ協奏曲はその途方もない複雑性の一方で完璧な秩序をもっていて、私はそれを頼りに自分の実力以上の響きを生みだすことができたのだが、聴衆にはその音楽がまるで灼熱の溶岩のように感じられたらしかった。普段はとても規律正しい二千人ばかりの観客は、国歌を斉唱しながらホールを飛び出し、近くの街路や通りに殺到して、街中に飾られた国旗からソヴィエト式の国章を剥ぎ取って

＊1　過去一一年にわたって、労働者も知識人も、熱狂的にこの行事を祝うことを強制されていた。
＊2　この曲は当時、演奏不可能だと考えられていた！
＊3　この時期、ハンガリーは中国と仲睦まじく交流していたのだ。
＊4　戦勝軍は一一年経ってもなお家へ戻れていなかったのだ。

いった――〈ハンガリー動乱〉[25]に加わったのである。そして、自らの手本としたものよりもいっそう始末の悪い秘密警察国家を築き上げていたラーコシ政権は、ソヴィエト連邦へと逃れた。それにともなって国境管理が手薄になり、何万人という人々がその歪みに押し寄せた。しかし他方では、動乱は瞬く間に鎮圧されてしまい、新政権[26]はそれを単なる〈一時的な気の迷い〉として片付けることに腐心していた。

今にも時間切れになりそうだった。東西分割線に生じた間隙は閉じられつつあった。そして今回は、私は自らの意志で亡命の道を選んだ。自分を自由市民の演奏家として西側諸国に売り込む準備はすでに整っていた。

＊＊＊

亡命から一〇日ほどが経ち、私はオーストリアの首都で最初のリサイタルを開いた。聴衆と評論家は一様に、私の演奏を称える喝采を送ってくれた。ウィーンに到着した際に何より驚いたのは、自分の存在がすでに音楽家や音楽愛好家たちの間で十分に知られていたことであった。その理由はあまりにも単純なものだった。私は毎日、幾分即興的なプログラムの最後の仕上げをするために、私たち家族が身を寄せる場所からほど近いところにあるウィーン国立音楽大学まで足を運んでいたのだが、大変驚いたことに、品揃え豊富なレコード店の眩いショー・ウィンドウの前を通りかかった際に、すっかり〈行方知れず〉になっていたはずの自分のレコードが店頭に並んでいるのを見つけたのである（初めてシャンゼリゼ通りを散歩したときにも同じ現象が起こった！）。

ウィーンでの最初の演奏会を済ませると、今度はパリでリサイタルを開いた。そして私は、第二の祖国となったフランスにおいて、それまでの人生と比べれば〈清めの聖水を振りかけられるような生活〉を送っていくこととなる。

＊　＊　＊

私の人生の物語は、ここで穏やかな終幕を迎えていたことだろう——礼拝堂を修復する〈茨の道〉（あるいは巡礼の旅というべきか）へ繰り出していなければ。

ピアノを演奏するシフラ

1956年、フランスにて、家族とともに

1956年、フランスにて、ズライカとともに

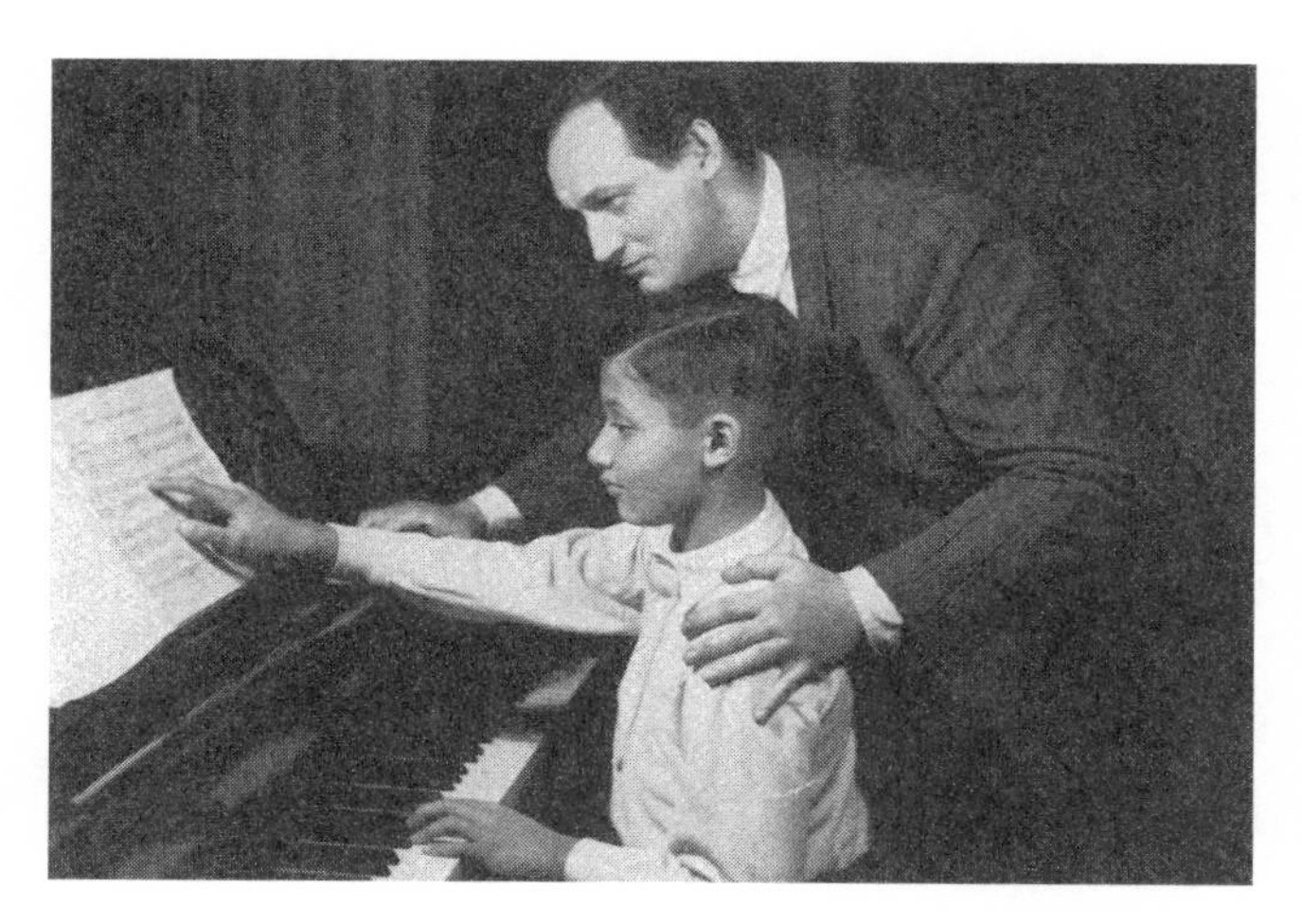

ジョルジ・ジュニアとともに

訳註

（1）ジョルジ・フェレンツィ（György Ferenczy, 1902–1983）。

（2）ホメロスの叙事詩『オデュッセイア』において、オデュッセウスの妻ペネロペイアが「私を妻にしたければ、オデュッセウスの強弓に弦を張って、一二の斧の穴を射通せ」と求婚者たちに告げる場面がある。結局、どの男も弓を引けず、そこへ帰還したオデュッセウスが難なく弓を引いて彼らを皆殺しにした。

（3）キリスト教における音楽家の守護聖人。

（4）乞食の守護聖人。

（5）中世ヨーロッパでは、有罪無罪の裁判を神に委ねるために、被疑者の手足を縛って水中に放り込む〈水審〉や、炎のなかを歩かせる〈火審〉などがしばしば行なわれた。

（6）伝統的アラビア建築に特徴的な格子窓。

（7）イスラーム教において祈祷時刻の告知をする係。

（8）テオドール・デュボワ（Théodore Dubois, 1837–1924）。フランスの作曲家、オルガニスト、音楽教師。一八九六年にパリの音楽・演劇学校（コンセルヴァトワール）校長の職に就くが、一九〇五年のローマ大賞の審査でラヴェルが参加資格を失ったことに関連する批判を受け、引責辞任に追い込まれた。

（9）一九六八年五月に、パリを中心としてフランスで展開された反政府運動。大学紛争に端を発し、労働者や大衆を巻き込みながら、ゼネラル・ストライキに発展した。

（10）ジュール・ミシュレ（Jules Michelet, 1798–1874）。フランスの歴史家。主著に『フランス史』や『フランス革命史』など。

(11) 旧約聖書の創世記に登場する、天と地を繋ぐ梯子。

(12) "The Rite of Spring" (1910–1913).

(13) ダンテ・アリギエーリ（Dante Alighieri, 1265–1321）。イタリアの詩人。地獄、煉獄、天国を描いた叙事詩『神曲』は、文学上の不朽の古典として知られる。

(14) 偽証でないことの宣誓のもとで作られる供述書。

(15) リストはハンガリーに生まれ、オーストリアへ移住したのち、パリで暮らした。これはシフラがフランスへ亡命した際の道程と重なる。

(16) アルチュール・ランボー（Arthur Rimbaud, 1854–1891）。フランスの詩人。早熟の才を示して『酔いどれ船』などの作品を生んだが、二〇歳に詩作を放棄して以後は、各地を放浪した。

(17) 高精細な音響機器のこと。

(18) 裁縫用の目打ち。

(19) ギュスターヴ・フローベール（Gustave Flaubert, 1821–1880）。フランスの小説家。膨大な資料を読み込むことで文体を練り上げていく創作手法を用いた。

(20) アンドレ・マルロー（André Malraux, 1901–1976）。ド・ゴール政権における芸術文化大臣であるとともに、『人間の条件』などの著作で知られる名高い小説家でもあった。

(21) イスラーム教の聖典。

(22) フランスの哲学者パスカル（Blaise Pascal, 1623–1662）の遺稿集『瞑想録（パンセ）』に、「感情には感情の理性があり、それは理性が理解できるものではない」（Le coeur a ses raisons que la raison ne connaît point）という一節がある。

(23) Piano Concerto No. 2, Sz. 95 (1930–1931).

(24) ソヴィエトの内政干渉によって、スターリン支持者のマーチャーシュ・ラーコシ（Mátyás Rákosi, 1892–1971）が第一書記の座についていた。

(25) 一九五六年にハンガリーで起こった全国規模の蜂起。ソヴィエト連邦の全体主義支配に抵抗したものであったが、最終的にはソヴィエト連邦の軍事介入により鎮圧された。

(26) カーダール政権。

第一一章　サン＝フランブールへの巡礼の旅

苦境に陥っている若い演奏家を見るたびに、困難な沈黙の日々を過ごしていたかつての自分の姿が思い出されて、彼らを助けたい気持ちになる。どれだけの若い才能が、〈無名〉という逆境のために苦しんでいることか――二〇代というのはその人の人生のなかでも最上の輝かしい年月であるというのに。そこで私は、自分自身が長きにわたって締め出され続けていた〈殿堂の門〉を彼らのために開いてみせる、と、秘かに誓いをたてた。

一九六〇年代になるまで、多くの演奏家は〈レコードを出しておらず音楽愛好家の間で知られていない〉という理由からコンサートの興行主に無視されていた。一方のレコード・レーベルはといえば、〈まだコンサートの出演経験が足りていない〉ことを口実に、そうした音楽家の収録（レコーディング）に二の足を踏んだ。

この意地の悪い堂々めぐりから抜け出す方法を見つけるまでには長い時間がかかったが、私は最終的にいくつかの解決策を見出だした。まず、何人かの若い演奏家を選抜して、私の出演するリサイタルやコンサート、それにテレビ番組などの終わりに彼らが演奏する機会を作り、聴衆に紹介することにした。一旦戸惑いの声が収まると、聴衆は彼らを暖かく迎えてくれた。早い話、私が行なう通常のアンコールの代わりに、若い演奏家をピアノの前に座らせたのである。さらに、私の名のつくコンクール[1]の受賞者にも、一般のコンクールとは違ったやり方で報いようとしていた。出演契約や収録（レコーディング）の機会を提供するのではなく（それではかぎられた数の愛好家にしか届かないかもしれない）、彼らがちょっとした大観衆――私のリサイタルに足を運んでくれる人々――の前で演奏を楽しめるように、受賞者と舞台を分け合うことを考えていたのだ。

　これらはたしかに名案であったが、それだけでは十分でないようにも感じられた。そして、まさにそうしたときに、私は自分の取り組みをより有意義なものにすべく、財団の設立を構想した。特別講義（マスタークラス）を主催して、あらゆる若い器楽奏者が最高の教師のもとでその技術を完成させるための機会をあたえる。そして、適切な音響設備を備えた然るべき広さの演奏会場を運営して、彼らが、誰かに〈見出だされる〉ことを夢見て何年も〈控えの間〉のなかで過ごすことなしに、意のままにリサイタルを開いたり収録（レコーディング）を行なったりするのを支援する――。

　私は耐熱性の合成樹脂（フォーマイカ）にも波形鉄板（コルゲーテッド）にも賛成ではなかったので、*〈温故知新〉という昔の格言に従うこととなった。あるとき、私はマルロー氏[2]に助言を求めてみようと思いたち、その翌日、ル・マレとして知られる歴史地区で彼と面会したのだが、このときは運が向いていたようで、私の伝えた計画は熱烈に歓迎された。

「それは実に立派な取り組みですな。残念ながら、パリで実現することは叶わないでしょうが。というのも、手つかずの土地なんて、ここパリには一坪たりともありませんから」、彼は言った——建設の最終段階にあったポンピドゥー・センター(3)の金属製の梁（はり）をうんざりしたように指差しながら。

「いや……もしかすると」、彼は言った、「シフラ殿、あるいはサンリス(4)へ行ってみるのがよいかもしれませんな。サンリスは、他のどんな歴史的村落とも決定的に異なる場所ですから。何より、そこはフランスという国の出生地でして、かつてカペー朝の王が君臨したところなのですよ。そして、その村の最古の教会、旧サン＝フランブール礼拝堂が、まさに今、存亡の危機に瀕していると、私は断言することができます。目下、崩れかかっているのです、その礼拝堂は。フランス革命の際に略奪されて〈理性の神殿〉(5)となり、それから鍛冶場となり、飼料倉庫や乗馬学校、あるいは消防団の宿営となり、そしてついには車庫へとなり果てました。それでも、往時はどれほど美しかったことか！　もしあなたがその教会を修復できるとおっしゃるならば、間違いなく、フランス政府はあなたに感謝してやまないことでしょうな。しかし、シフラ殿」、彼は声を低くして言った、「そのようなことに取り組もうと思えば、巨額の資金が必要になりますな。ご用意はおありか？」

「正直なところ、ありません」、私はやるせない気持ちになって溜息を吐いた、「もし所有者が多くを求めなければ、現状のまま購入することくらいはできるかもしれませんが。それでも、あなたがその

＊哀しいかな、私たちの余暇文明が求めてやまない〈文化施設〉のほとんどでこうした部材が用いられている。

場所についておっしゃったことから考えると……」

「その資金では不十分、かもしれませんな」、彼は認めた。

「ときにシフラ殿、その場所をどうするおつもりか？」

「まだはっきりとしているわけではありません。ですが、その教会を購入して、フランツ・リストに捧げる音楽堂にできればと考えています」、私は思いきって言った。

「手段はあるわけですな？」

「ええ」、私は急に自信を取り戻し、彼と手を重ねながら言った、「王の道[6]が私の前に開けてくれましたから。」

「それはつまり」、マルロー氏は驚きながら言った、「その二本の腕だけで、あの王宮礼拝堂を灰のなかから救い出すおつもりか？」

「まさしくその通りです」、私は答えた。

「なるほど、神があなたに健康で強靭な身体をお授けになっているのなら、それこそ最善の方法ですな。しかし、あなたはある事実を認めなくてはなりませんぞ」、彼はいたずらっぽく目を輝かせながら言った、「歴代フランス王の起源である村落を立て直すためにアッティラの子孫が戻ってくるなどというのは、まことに傑作のような話に違いありませんから。」

＊＊＊

こうして途方もない冒険が始まった。演奏旅行から戻ると、私は将来の買い物の下見をするためにサンリスへ向かった。なんと荒れ果てた光景が教会の内部に広がっていたことか。二〇台もの自動車が所せましと駐めてあった。壁も柱も天井も、すべてが略奪の被害に遭い、かつてステンドグラスがはめ込まれていた場所にあるのは、全長三メートルにもおよぶ二四個の空洞だけだ。屋根は雨漏りしている。マルロー氏の言葉は正しかった――文字通り〈すべてを〉修復しなくてはならない。

妻のズライカは、この不可能とさえ思える事業に自ら進んで立ち向かおうとしてくれた。その燃えるような直観に導かれて、私はついに教会をそのままの――風雨にさらされた――状態で購入した。

1973年、車庫となり果てていた
サン＝フランブール礼拝堂

私たちが最初にしたことは、空洞になっていた窓にガラスをはめ込み、何十羽のカラスや何百もの鳩、そして何千もの雀と黒猫に、どこか別の場所に住処を見つけるほうがよいと気付かせることであった。そして、当分の間、それ以上のことはできなかった――今にも資金が底を突いてしまいそうだった。修復作業はじれったいほどの遅さで進み、ある時期にはほとんど中断されてしまった。ますます多くの財源が必要となっていた。なんとか資金を蓄えるべく、私はガレー船の奴隷のように働いた。そうしたときだった、幸運にも、ズライカの予言通りに、新たな奇跡が起こってくれた。折しも、一九七五年に財団が公益事業として政府に承認されたことで、私たちはこの運動を支持してくれる後援者の人々から寄付を受けられるようになっていた。修復作業に必要な予算と比べればそれは大洋に数滴の雨が降るくらいのものにすぎなかったが、それでも、仲間がいるというのは心強いものだ。

この当時、私たちはパリに住んでいた。演奏旅行の合間に過ごす練習部屋の窓からは近くの教会を眺めることができた。ある夕方、私は練習を済ませたあとにその教会を訪れたが、この日はいつものような礼拝をすることはせずに、ただ、少しの間、瞑想したのだった。家に戻ったら、きっとまた、膨大な数の〈○〉(ゼロ)の文字を含んだ請求書の山（思い出すと未だに身体が震える）が私を待ち受けていることだろう——。キリスト教徒である私は、普段は決して健康と家族の幸せ以外を祈りはしない。しかしこのときだけは、その教会の守護聖人であるサン゠フランソワ・ド・サールに祈ったのだった。この運動を続けていけるだけの力をあたえてほしい、と。奇跡でも起こらないかぎり、これ

楽屋でのリハーサル、折り畳み式の無音鍵盤を用いて

以上、巨額の出費を引き受けていくことは難しそうだった。出演予定のコンサートも、十分な練習の時間を確保できないために、数を減らす必要に迫られていた。そして家に帰ると、ズライカは予期しない知らせとともに私を出迎えてくれた。ちょうど私たちが必要とする大きさの二枚の美しいステンドグラスを所有していて、しかもそれを王宮礼拝堂に寄付したい、という誰かから「電話があった」というのである。翌日、私たちは早速それらを見に行ったのだが、実に見事な作品であった。一方にはハンガリーの聖エルジェーベトが、他方にはサン＝フランソワ・ド・サールが描かれていた。

「不思議だわ」、帰り道の途中でズライカは言った、「わたしたちのもとに偶然舞い込んだものが、ほかでもない聖エルジェーベトのステンドグラスだなんて。」

「それにサン＝フランソワ・ド・サールも」、私は考え込みながらつぶやいた。

「こんな偶然ってあるのかしら？」、彼女は続けた、「聖エルジェーベトはハンガリーの守護聖人、それにサン＝フランソワ・ド・サールは……そうよ、わたしたちは彼に捧げられた教会のすぐ近くに住んでいるじゃない。それに、何より不思議なのは、リストがオラトリオ《聖エルジェーベトの伝説》(7)を指揮した場所が、まさにその教会だったということよ！　ねえ、あなたはどう思うの？」

「その偶然についてはわからない。でも――」、私は妻に、自分が昨日の夕方、絶望のなかで、その教会に行って祈りを捧げてきたことを告げた。

いずれにせよ、私が毎年〈ラ・シェーズ＝デュ音楽祭〉を主催するオーベルニュ地方の出身である王宮礼拝堂の守護聖人、サン＝フランブールの加護によってか、偶然は重なったのである。私はまだ、戦争の間に訪れた礼拝堂のことが忘れられなかった——その場所を襲った破壊的な砲撃が、自分のパイプオルガンの演奏によって招かれたものであると信じずにはいられなかったのだ。だからこそ、音楽を通じて——そして音楽のために——一つの礼拝堂が復興されていく様子は、私の心を慰めてくれた。

＊＊＊

その後の展開は目まぐるしく、財団の会員はすぐに数百人に達した。今では数千人だ。こうした予想を超えた支援がなければ、修復作業を推し進めることはできなかったに違いない。寛大な寄付者の人々は、正面入口（ファサード）と大扉を造り直すための費用負担を申し出てくれた。ありがたいかぎりである。加えて、これから生まれ変わる地下埋葬室には、先だって行なわれた発掘の際に出土したすべての遺物が展示されることとなるだろう。美しい身廊も、今にすっかりもとの姿を取り戻し、年の暮れ[8]には人々を迎えられるようになる。読者の方々にも、ぜひサンリスへお越しいただきたい。フランツ・リスト音楽堂が完成する日は近い——私は、長時間居残ってでも、この生涯をかけた仕事を遂げるつもりである。そしてそのあとは、建物の外側の修繕に取りかかることにしよう。

サンリスを訪れるすべての若い音楽家に、ブダペストのフランツ・リスト音楽院とフランスの土地にある同名の新しい音楽堂とを繋ぐ〈目に見えない糸〉の存在を伝えたい。それこそがこの王宮礼拝堂の修復という途方もない事業の意義なのだから。

略奪され、冒涜(ぼうとく)され、売り渡されてきたカトリックの聖域を、こうしてフランツ・リスト音楽堂に生まれ変わらせるのは、単にリストへの敬意からだけではない。それは、少年時代にたてた一つの誓いを果たすことでもあるのだ。一〇歳の頃、私はある〈遺言(いごん)〉を受け継ぐ使者となった。生涯の経験と苦しみを経たあとでしか理解することのできない言葉である。そして、ついにそれを他人に伝えられるようになるまでには、その一言一言が思想の奥深くまで浸透して私自身の血肉となるのを待たなくてはならなかった。その秘密の言葉は、フランツ・リスト音楽院の老師から私たち生徒へと継承された。彼がその若かりし頃にショパンの《バラード第四番》を弾いて聴かせた、ほかならぬリストその人の言葉である——リストでなければ、ショパンの音楽を覆うあの言い表すことのできない雰囲気を、あれほど見事に形容することはできなかっただろう。

ロマン派ピアノ音楽の真の伝承者であった老師は、彼の心に刻まれたリスト自身の言葉を、敬意と謙遜(けんそん)をもって引用した。

これがその言葉である。

＊＊＊

この手はもういうことを聞かない。私の書いてきた作品も、一部の作曲家にしてみれば、単なるサーカスの軽業（アクロバット）以上のものではないと思われるかもしれない。だが、好きにいわせておけばいい。私にも観念すべきときがきたというだけのことなのだから。

だが、ショパンに関してだけは、安易な評価が下されてほしくない。彼の芸術は、多くの人間が情熱だと思い込んでいる大げさな感情表現の類いとはまったく無縁のものなのだ。当然ながら世の演奏家たちは、彼の音楽が自ら語ってその本質を描き出すことを期待するであろう。しかし解釈者たるものは、いかなる状況においても、わざとらしい、あるいは無秩序な感情の告白に頼ってはならない。そのような悪魔が苦闘を演じるだけの音楽からは、知性的な満足は得られない。すぐれた演奏者は、独りよがりに陥ることなく自身の心の鼓動を感じ取り、時も空間も超えて、それを注意深くあらわにしていくものなのだ。

リストが真に非凡な存在であったことは、彼がショパンの芸術を激賞したことに見出だされる。自身の運命がショパンの卓越した才能によって啓示されたとさえ認めているのだ。

ショパンの音楽は本当にかけがえのないものだ。私はほかの誰よりも彼に感謝している。彼との出会いこそが、私の演奏をより豊かで気高いものにしてくれたのだから。ショパンの音楽の言い表すことのできない魅力を、まるでそれが〈涙の谷〉(9)であるかのように説明しようとする唯美主義者には、注意が必要だ。彼らは偽物の熾天使(セラフィム)なのだ、相手にしてはならない。

やはりショパンの真の友人から学び取るべきなのだ――光栄にも、私もそのうちの一人であるのだが。ショパンというもっとも肥沃な魂の姿形を諸君の一部とするのだ。私もほかならぬ彼から学んだ――その作品のすべてに漂う不安定で目に見えない光をはっきりと認め、聴衆へ伝えることを可能にしてくれる、特別な眼力を。ショパンの音楽を特徴づけている純真で変幻自在な雰囲気は、若々しさと陰鬱さとの、奇跡的で、他に類を見ない結合によるものだ。人間という状態から生じる耐え難い苦しみに、霊的な意味があたえられたのだ。ショパンはその人生が長くないことを早い時期に悟っていたが、それゆえに、彼の〈生への愛〉は、ほとんど一種の信仰ともいえる〈死への愛〉へと置き換えられた。彼の作品に漲る迫力は、その飾らない無垢な言語と相俟って、すべての音に涙のような純真さをもたらしている。ショパンという理想主義者の人生は、彼の受けた大変な苦悩を補っても余りあるほどに、多くの実を結んだ……。

ショパンは単なる詩人と片付けられるような存在ではない。彼は、その心のどんなに小さな顫音さえも直観的に分析しえた、唯一無二の形而上学者(けいじじょう)であった。

彼のような千里眼を備えた作曲家が新たに現れるまでには、多くの退屈な音楽が生み出され、また、忘れ去られなくてはならないだろう。

ショパンが崇敬したバッハやモーツァルトがそうであったように、彼もまた流星のごとく通り過ぎていった。彼は旅立ったのだ——その運命にある人間だけが知り、和声の法則を自らの血肉としている人間だけがなしうる方法で、自分自身を探し求めるために。ショパンは自分の外の世界にはほとんど関心をもたなかった。彼は巨大な膜となって、自らの内的宇宙——その創作意欲の唯一の源——のどんなに小さな震えさえも捉え、それらを天賦の才能によって一瞬のうちに熱烈な感情へと昇華させた。そして、そうした作曲の過程は、奇跡的なほどに速度を上げていった。彼は非常に強固な確信を抱いていたに違いない。美の境地に達してその恩恵にあずかりたいのであれば、自分は急がなくてはならない、と。実際、ショパンという作曲家は、生まれるまでの世界で知りえたことのすべてをただ引き渡すためだけに、現実の世界へ舞い降りてきたのだ。もし他の作曲家があのような驚くべき《葬送行進曲付きソナタ[10]》を書きえたとしても、最終楽章の、墓標の間を抜けていくあの幻想的な風声だけは、死の神秘と日夜向き合い続けている人間によってしか生み出されることはない。

モーツァルトの場合と同様、彼には〈死後の永遠〉について語るためのごく簡単な魔法しかあたえられなかった。それゆえ、広範かつ精緻な表現手法を完成させることによって、自らの手で、涅槃へといたる見えない道を切り拓く必要があったから、ショパンは貴重な時間の一部をそのために割かねばならなかった。ラマルティーヌ(11)のいう〈紺碧の波に映る、和やかな空〉(L'harmonieux éther, dans ses vagues d'azur)は、結核を患った肉体に閉じ込められた魂の息吹と合わさることとなったが、その魂にとっては、人生は〈死後の永遠〉への旅の途中で立ち寄った一時的な通過点にすぎなかった。ショパンがパリの文化人に対して興味を示したことといえば、彼らが一種の共鳴器(レゾネーター)として機能したことくらいだった。ショパンはそれを計器のように用いることで、聴衆の目に浮かべさせた雫よりもなお一層不安定で移ろいやすい、自らの着想の純度を計測することができたのである。ショパンにとってピアノとは、変容を求める終わりのない探求のなかで、自身の幻想に命を吹き込むための、一個の手段であった——そして鍵盤こそは、その神秘的な恍惚を奏でる道具となった。

ショパンは、その愛してやまないプレイエル製のピアノで自作の曲を弾き、また、即興演奏をした。それらを間近で聴くことは、私にとって、滅多にないほどの喜びだった。ショパンという解釈者の栄光と苦悩はすべて過去のものとなったが、彼は永遠の伝説として今も世に生きている——。彼の遺志と諸君との関係も、そういうものでなければならない。

私はこのようにして、リストの霊感を介して、ショパンの芸術について学んだのであった。最後に、今日の若い演奏家のために、私の恩師がフランツ・リスト音楽院で述べた言葉を記しておく。

「あとは君たちが然るべき結論を導き出せ。」

1976年、ブダペストにて

1976年、サン＝フランブール礼拝堂にて

1977年、ジョルジ・ジュニアとともに

1977年9月、フランツ・リスト音楽堂の落成式にて

訳註

(1) ジョルジュ・シフラ国際ピアノコンクールのこと。

(2) 前出のアンドレ・マルロー。

(3) パリの総合文化施設。一九七一年に解体された青果市場〈レ・アール〉の跡地に建設され、八年の歳月をかけて一九七七年に落成した。公共情報図書館や国立近代美術館、作曲家ブーレーズによって組織されたフランス国立音響音楽研究所などが入居する。

(4) Senlis. パリの約四〇キロメートル北に位置するフランス北部の町。

(5) フランス革命時代、権力の象徴と見做された多くの教会は略奪や破壊の対象となり、宗教的な役割を失った〈理性の神殿〉として活用された。

(6) マルローの小説『王道』を意識している。

(7) "Die Legende von der Heiligen Elisabeth," S. 2 (1857–1862).

(8) 本書は一九七七年に出版されている。

(9) 辛く厳しい浮世のこと。

(10) Piano Sonata No. 2, Op. 35 (1839).

(11) アルフォンス・ド・ラマルティーヌ（Alphonse de Lamartine, 1790–1869)。フランスの詩人。貴族出身で、『瞑想詩集』や『詩的宗教的諧調詩集』などを書く一方、外交官や政治家としても活躍した。

夜明け

冒険と奇跡の連続に彩られた、心を躍らせるような数々の挿話（エピソード）——。読者の多くはそうした類いのものを音楽家の自叙伝に期待していたのではないだろうか。しかし私の人生は、本来であればこの回想録の教訓じみた結びが期待される頃合いになってから、ようやく始まったのである（むしろ、振り出しに戻ったというべきか）。

私の人生の断片には、ある執拗なまでの一貫性があった。切迫する〈精神の死〉、そして、その破滅の瞬間に拓かれる〈音楽家としての復活劇〉の新局面。

暗闇から陽のあたる場所へ向かうとき——、あるいは、薄汚い監房から不死鳥のように飛び立つとき——。私はそうしたときにだけ、生きている、自由である、と、心から感じることができた。

今度こそ、人生の出発点に達したと信じて。

ジョルジュ・シフラ

一九七七年九月、サンリスにて

図版の引用元について

56頁（サーカスでの演奏を終えて、家族とともに）György Cziffra, tr. Á. Fedor, G. Herczeg. (1983). *Ágyúk és virágok.* Zeneműkiadó.

83頁（一九三一年、フランツ・リスト音楽院にて）Georges Cziffra, tr. G. Cziffra Jr. (1977). *Des canons et des fleurs.* Robert Laffont.

84頁（〈天使の庭〉の自宅にて、両親とともに）*Des canons et des fleurs.*

90頁（一九四二年）*Ágyúk és virágok.*

92頁（ハンガリー軍にて）*Ágyúk és virágok.*

297頁（一九五四年、演奏会にて）*Ágyúk és virágok.*

300頁（一九五四年）*Des canons et des fleurs.*

304頁（ピアノを演奏するシフラ）*Ágyúk és virágok.*

304頁（一九五六年、フランスにて、家族とともに）*Ágyúk és virágok.*

305頁（一九五六年、フランスにて、ズライカとともに）Georges Cziffra, tr. J. Hornsby (1996). *Cannons and Flowers: The Memoirs of Georges Cziffra.* Appian Publications and Recordings.

305頁（ジョルジ・ジュニアとともに）*Ágyúk és virágok.*

313頁（一九七三年、車庫となり果てていたサン゠フランブール礼拝堂）*Des canons et des fleurs.*

314頁（楽屋でのリハーサル、折り畳み式の無音鍵盤を用いて）*Ágyúk és virágok.*

322頁（一九七六年、ブダペストにて）*Ágyúk és virágok.*

322頁（一九七六年、サン゠フランブール礼拝堂にて）*Des canons et des fleurs.*

323頁（一九七七年、ジョルジ・ジュニアとともに）*Des canons et des fleurs.*

323頁（一九七七年九月、フランツ・リスト音楽堂の落成式にて）*Des canons et des fleurs.*

訳者あとがき

幾人かで同じ星を眺めるとき、私たちは、心ともなく、自分の見た星を他の人もまた見ているのだと考える。同じ光を受けとめ、同じ情感を得ているのだと。だが、現実には、それがどれだけ似たものであっても、自分の目には自分の星が見え、他の人の目には他の人の星が見えている。

この事実を前世紀の人々に対して疑う余地なく突きつけたものこそ、本書の著者、ジョルジュ・シフラの演奏であった。同じ日に、同じ空間で、同じ音を聴いたにもかかわらず、ある人は奇跡のようだとこれを激賞し、ある人は聴くに堪(た)えぬと拒絶した。ある人の頬には涙が伝い、ある人の目顔には怒りが見えた。ある人は一生分の勇気をもらい、ある人はすっかり絶望した。

だから、〈他者との観念の一致〉を信じるものがイデオロギーならば、シフラの演奏はまさにそうした種々の鋳型から零れ落ちていくものに違いなかった。事実、その波瀾曲折(はらんきょくせつ)の生涯を通じて、彼の演奏はどんな政治的イデオロギーにも音楽的イデオロギーにも収まることがなく、それのみか、すべてのイデオロギーを超えて愛されたのだ。そして、そのような現象を、特定の国や集団に所属する誰それが自らの視点で論じてみたところで、満足のいく結果は得られなかっただろうから、いよいよシフラ自身がその生い立ちや思想を説明することとなるのは自然の成り行きであった。

シフラは本書において、主に自らの〈ハンガリー時代〉について語った。幼少期の凄まじい困窮、サーカス団での活躍、フランツ・リスト音楽院への異例の入学、戦場での過酷な日々、そしてナイトクラブのピアニストとして糊口を凌いだ年月——。こうしたいくつもの驚異的な挿話を通してこそ、人々は、シフラという人物の特異な運命を知りえたのだ。〈神童〉、〈兵士〉、〈囚人〉、〈反共主義者〉、〈慈善活動家〉——。どんな単語によっても形容しがたいこの音楽家には、結局、〈ジョルジュ・シフラ〉という名のほかには、いかなる通称も副称もなじまなかった。

＊＊＊

ジョルジュ・シフラは、一九二一年一一月五日、ハンガリー王国のブダペスト郊外にある貧民地区に生まれた。バーのピアノ奏者であった父親から手ほどきを受けると、シフラの才能はたちまち開花し、五歳にはサーカス団の一員として即興演奏を披露するまでになった。ほとんど独学でピアノを習得した少年シフラのこと、その演奏はすでに相当個性的なものであったはずだが、当時のフランツ・リスト音楽院校長、エルンスト・フォン・ドホナーニは即座にこの才能を見抜いて、同校への特例入学を認めてくれた。シフラはそこで、リストの高弟であるイシュトヴァーン・トマーンや、その弟子イムレ・ケリ＝サントらに学び、職業演奏家への道のりを順調に邁進していくのである。同時期の生徒には、ジョルジ・ファラーゴなどがいた。

だが、音楽院にとっての〈生命の樹〉、トマーンが世を去ると、それまでの美しい音楽に代わって、軍靴の鋭い足音が聞こえるようになる。一九三九年に始まった第二次世界大戦は拡大の一途をたどり、ついにはシフラのもとにも召集令状が届けられた。音楽家を志していたシフラは、ハンガリー政府の徴兵制度のもとで、無情にも、一兵士としてこの戦争に従軍させられたのである。

そして、一九四三年に激戦地のウクライナ戦線へ送られると、一九四六年に復員するまでの間、シフラは、ハンガリー王国軍（親ナチス・ドイツ）の兵士、別動兵（パルチザン）（親ソヴィエト連邦）の捕虜、さらにはハンガリー民主軍（親ソヴィエト連邦）の新兵訓練担当と、様々な立場に身を置きながら、幾度も死と背中合わせの事態を経験した。時の英国首相ウィンストン・チャーチルは「事件を後で読むのと、そのなかで刻々と暮らすのとは、大きな違いだ」という言葉を残したが、シフラもまた、こうした空前絶後の状況のもとで刻々と暮らし続けていたのである。

帰国後は、バーやナイトクラブのピアノ奏者として生計を立てた。しかし、共産主義体制に失望して亡命を試みたところを公安警察に捕まり、一九五〇年から三年にわたって投獄されてしまう。そして、獄中での不自由な生活や過酷な強制労働から解放されると、今度はフランツ・リスト音楽院の特別履修生となって音楽家人生を「いちからやり直し」、体制公認の演奏家として再起を果たした。

その後、一九五六年のハンガリー動乱のさなかにオーストリアへ亡命すると、シフラはフランスを拠点にして、ウィーンやパリ、ニューヨーク、東京など、各地で演奏会を開きながら、世界的な名声を獲得していく。リストやショパンを始めとするロマン主義音楽の演奏や、超絶技巧を駆使した個性的な編曲作品の演奏は、たびたび賛否両論を呼びつつも、総じて好意的に受け入れられた。一九六八年にフランスの市民権を得て以降は、ジョルジュ・シフラ国際ピアノコンクールの設立や、サン＝フランブール礼拝堂の修復、シフラ財団の設立など、慈善活動や若手音楽家の支援にも力を注いだ。

そして、本書出版ののち、一九八一年に息子のジョルジ・シフラ・ジュニアを火事で失い、自らも一九九四年一月一五日に世を去った。すでに癌を患っていたシフラは、フランスのロンポン・シュル・オルジュにて、心臓発作により息を引き取ったと伝えられている。

＊＊＊

さて、本書の原書にあたるフランス語版は、一九七七年に出版された。これは、シフラ自身の手によりハンガリー語で書かれた原稿を、息子のジョルジ・シフラ・ジュニアがフランス語に翻訳したものとされる。その後、このフランス語版をもとにする形で、一九八三年にはハンガリー語版が、一九九六年には英語版が、それぞれ出版にいたっている。各版の詳細は次の通りである。

Georges Cziffra, tr. G. Cziffra Jr. (1977). Des canons et des fleurs. Robert Laffont.〔フランス語版〕

György Cziffra, tr. Á. Fedor, G. Herczeg. (1983). Ágyúk és virágok. Zeneműkiadó.〔ハンガリー語版〕
Georges Cziffra, tr. J. Hornsby (1996). Cannons and Flowers: The Memoirs of Georges Cziffra. Appian Publications and Recordings.〔英語版〕

これらのうち、本訳では、フランス語版と英語版を比較参照しながら訳出を進めた。

＊＊＊

本書を出版するにあたっては、多くの人の助けを借りながら二年以上の歳月をかけて権利面の調査を行なってきたが、シフラの一人息子が早世していたこともあり、著作権の帰属状況や権利者の所在を満足にたどることはできなかった。このことについてはすでに出版社が巻頭に断り書きをしているが、ここでも事情を詳説しておきたい。

訳者はまず、シフラの相続人を探すべく、シフラ財団（フランス）に問い合わせた。しかし、あらゆる連絡手段を用いたが、返事はなかった。そこで、同財団のオーストリア支部にあたるシフラ財団オーストリアにも電話をしたところ、こちらは連絡がつき、とても親身に話を聞いてもらえたのだが、すでにシフラ家が同財団の運営から遠ざかっていたこともあって、著作権に関する情報は得られなかった。

次に、原書や訳書の出版社をあたった。Robert Laffont（フランス）からは返事がなかったが、Appian

Publications and Recordings（英国）とZeneműkiadó（ハンガリー）は回答をくれた。前者は「二〇〇四年の事業承継の際に権利を手放し」ており、後者は「昔の案件であるために資料が残っておらず、権利者の情報もない」ということであった。

それから、MusicWeb Internationalというウェブサイト上に、二〇〇六年以降、本書（英語版）の全文が掲載されていて、誰でも閲覧可能な状態にあることを知っていたので、同サイトにも確認を取ることにした。何らかの理由ですでにパブリック・ドメイン等に帰属している可能性も含めて、有力な情報が得られるのではないかと思ったのである。しばらくして代表者より返信があった――残念ながら、今度もまた、手掛かりをもたらしてくれるものではなかった。「手を尽くして調べはしたが、この文章をサイト上に掲載した経緯は、すっかり〈時の砂〉に埋もれてしまっている。」

その他にも、色々な方法で調査を試みたが、ついに著作権の所在はわからなかった。彩流社編集部においても、著作権情報センター（ＣＲＩＣ）への広告掲載や、著作権エージェントを通じた調査など、八方手を尽くしていただいたが、それでも具体的な情報には繋がらなかったために、遺憾ながらこうした形での出版となった次第である。

＊　＊　＊

原書の出版から四〇年以上が経っていたわけであるから、無論、権利の問題以外にも、本書の刊行には多くの困難があった。それでもなお、こうしてジョルジュ・シフラの生誕一〇〇周年に彩りを添えることができたのは、シフラを敬い愛する多くの方々から格別の協力をたまわることができたためである。今日までの経緯を思い出すと、本当に感謝の念に尽きない。

特に、シフラ財団オーストリア支部代表のゆみ子・ヘルテレンディー氏には厚くお礼を申し上げたい。この方は、生前のシフラ夫妻とも交友のあった方で、若い演奏家を支援する多忙な日々の合間を縫って、色々な相談に乗ってくださった。

また、株式会社サンリスの宮脇愼治氏には、本書巻末の大変興味深い文章を執筆いただいたことを始め、多大なる協力を賜った。宮脇氏は当初、「一介のファンの分をわきまえたい」と、この寄稿の話を固辞されていたのだが、他ならぬこのシフラの自叙伝をすでに一九九九年には私的に全編翻訳し、さらには——映画配給事業などを経営する傍ら——今日までシフラの伝記映画の製作(!)を推進しておられる同氏が「一介のファン」の範疇(はんちゅう)に留まるわけのないことは明白であったから、訳者のたっての願いで、これを引き受けていただくこととなった。ワーナーミュージック・ジャパン社とのありがたい連携を取り持ってくれたのもこの人である。

訳者の友人である髙橋暢之氏も、音楽愛好家として、多くの興味深い意見を提供してくれた。実際、出版の見通しが立たないなかでも翻訳を進められたのは、彼という少なくとも一人の熱烈な読者を事前に得ていたからであった。

マイケル・スプリング氏、フレデリック・ゴーサン氏、アジィ・アズーズ氏、前田哲央氏、茜・エスコバール氏にも、様々な場面で、本書出版の実現を助けていただいた。心よりお礼申し上げる。

また、彩流社の朴洵利氏から頂戴した、多くの有益な意見に感謝する。この人の尽力がなければ、容易ではなかった本書の出版が実現することはなかっただろう。

そして、妻の未織には、とびきりの謝意を表したい。数年前、何かの弾みで本書の冒頭を一頁ほど訳してみたときに、妻がその訳文を思いのほか気に入って、きっとこの調子でなら全編を訳せる、と励ましてくれたことがあったが、まさにそうした妻の言葉のおかげで、一瞬の情熱は〈単なる気の迷い〉と片付けられることなく、ついに出版にまでいたることができた。二〇二〇年に娘の采理が生まれたことも、訳者にとっては大きな心の支えとなった。

* * *

これらの方々とともに、ジョルジュ・シフラに心からの追悼を示し、ここに彼の生誕一〇〇年を記念する。それぞれの目が映すものは異なるかもしれないが、違(たが)わぬ一点を——一人の不世出の音楽家の魂を——皆で見つめて。

二〇二一年一〇月
訳者

特別寄稿　シフラとともに

宮脇愼治

本書の最後に、なぜ批評家でもピアニストでもない、一介の凡人が筆を執っているのか。運命とか必然といってしまえば簡単なことかもしれないが、少なくとも、シフラに大変影響を受け、少なからず人生を狂わされた（あるいは人生に光を当ててもらった）人間の一人というのは間違いがない。付け加えておくと、ジョルジュ・シフラ（ハンガリー語では「ツィフラ・ジュルジ」と発音し、日本と同様、姓名順に表記する）本人と会ったことも演奏を生で聴いたこともないが、未亡人となったマダム・ソレイカ・シフラ（本書では「ズライカ」と表記されている）と孫のイザベル・シフラの二人と会ったことのある希少な日本人であることで、この出しゃばった行為をお許しいただければ幸いである。

初めてシフラの演奏に出会ったのは一九八〇年頃、東芝ＥＭＩから発売されていたシフラ珠玉集レコードだった。当時まだ一〇歳程度だった少年にも、その圧倒的なヴィルトゥオージティは相当な衝撃を与えた。もちろん、同じ時期にフランソワやマルクジンスキー、ポリーニやホロヴィッツ、ブーニン、アシュケナージやルービンシュタインなどのことは知っていたし、大学生の時分には梶本音楽事務所でアルバイトをしていたことでアルゲリッチのリハーサルや演奏にも立ち会ったりもしたのだが（それに大阪のザ・シンフォニーホール近くのカフェでお茶をしたこともあった！）、シフラの演奏はそうした数々の名ピアニストと比べても、別次元であった。《ラ・カンパネラ》、《メフィスト・ワルツ》、《リゴレット・パラフレーズ》などのコロコロキラキラしたパッセージ、オーケストラの大太鼓のような「ドカン！」とくる重低音、信じられない速度、すべてが圧倒的で、悪魔的に感じた。私も四歳の頃からピアノを始め、テレビで聞いた曲を即興で弾いてみたり、小学二年生の頃には《エリーゼのために》や、モーツァルトの《トルコ行進曲》などを弾いて周囲の大人たちを驚かせたりしていたから（尼崎という場所柄特に）、シフラのすごさは他の小学生よりは理解していたつもりだ。もっとも、そのときはまだ、信じられないほどの超絶技巧のピアニスト、という側面しか認識してはいなかったが。

一九九〇年頃、媒体がレコードやカセットテープから、ＣＤやＭＤに替わってきた時代。初めて自分の小遣いで買ったＣＤはもちろんシフラのものだった。リストの《ピアノ協奏曲》、《死の舞踏》、《ハンガリー狂詩曲集》の入った二枚組であった。その中に収められていたライナーノーツには、シフラの過酷な半生が記されており、ふたたび頭をガツンと打ち付けられるような衝撃を受けた。二〇世紀でおそらくもっともピアノを支配した偉大なピアニストが、実は六年以上もピアノに触れられずにいた時期があったとは！　通常のピアニストは毎日欠かさず五時間から八時間ほど鍵盤に触れていて、ようやくその技量を維持できる。一日休めば一週間、一週間休めば一ヶ月、一ヶ月触れなければ一年、もとの技量に戻すのに時間を要するといわれている。それなのにシフラは、徴兵期間と強制収容所での期間を合わせて六年もピアノから引き離されていたのだ！　私はこの頃、シフラの演奏に憧れて《メフィスト・ワルツ》や《スペイン狂詩曲》、《ソナタ　ロ短調》などに挑戦してみたのだが、譜面をなぞるのに精一杯で、まったく歯が立たなかったことを覚えている（実際に挑戦してみると、シフラの驚異的な神業を実感できるので、読者の方々にも是非お試しいただきたい）。

時は変わり二〇〇〇年頃、バブル崩壊の恩恵を受けて、勤めていた会社が清算することとなり、私は晴れて（?）自由の身となった。シフラの人生に照らし合わせていうと、戦争から家族のもとへ戻ってきたような状態に似ている、かもしれない（職もお金もない！）。大学を出て企業に入り年功序列で定年まで過ごすという社会一般のレールから脱線し、失うものがなくなってしまった。この際、本当に好きなことをして生きようと思った。そこで何を思ったか、「シフラの映画を作りたい！」と決意してしまった。本当になぜだか、わからないのだが。そう思ったら直ちに行動に移し、気付けば数ヶ月後には、当時八〇歳手前のマダム・ソレイカ・シフラと、フランスのサンリスで会っていた。

現代の日本に生きる私たちは、シフラの生きた時代について少しでも想像することができるだろうか。第二次世界大戦で敗戦して以降、私たちは米国の〈核の傘〉のもとで平和に暮らしている。テレビでは、連日、芸能人の不倫やお笑い芸人の不祥事などの話題でもちきりである。なんとも牧歌的というか平和ぼけした今の状況からすると、戦争や動乱、秘密警察など、ドラマか映画の中だけの話じゃないかと勘違いしてしまいそうだ。（長崎以降、核爆弾が使用されていないだけましになったと考えるべきかもしれないが）現代でもミャンマーやアフガニスタン、その他中東や朝鮮半島などでは殺戮が行なわれており、世界大戦以降の人類が特に何かを学習したとも思えない状況が続いているにもかかわらず。

＊＊＊

ハンガリーは第二次世界大戦後、ソヴィエト連邦陣営に取り込まれ、東西冷戦下の東側最前線の国となった。東西ベルリンがその縮図であるように、となりのオーストリアが西側の民主主義国家として発展し、豊かになっていく一方、ハンガリーはソヴィエト連邦の衛星国、共産主義国家として暗い時代を余儀なくされた。それでも、ソヴィエトに取り込まれた政治家が政権を掌握した時代を経て、一九五三年にナジ・イムレが首相に就任してからは、シフラに少しばかり運が向いてきた。ナジは疲弊しきっていたハンガリー国内情勢を改善しようと奮闘した。おそらく、シフラを強制収容所から解放し、国家公認のピアニストとして援助しようという動きもナジ政権になった恩恵であろう。ただ、民主化や言論の自由という穏健的な政策はソヴィエトの鼻についたようで、その圧力でナジは失脚させられてしまう。そうして民衆の不満はついに爆発、〈ハンガリー動乱〉が勃発したのだ。この混乱があったからこそシフラは西側に亡命できたわけだが、ハンガリー国内では、多くの市民がソヴィエトの戦車によって殺されることとなった。ナジは動乱の見せしめのように処刑され、ハンガリーはふたたび暗黒の時代へと逆戻りした。そしてハンガリーの共産主義は、一九八九年の歴史的な汎ヨーロッパ・ピクニック運動まで続いた。

＊＊＊

シフラはハンガリーに対して、どのような気持ちをもっていたのだろうか。彼を産んだ祖国であり、リストやバルトークの祖国でもあることには誇りを感じていたであろうが、ジプシーの血筋であったがための偏見や差別も受けたのではないか。貧困の沼からなかなか抜け出せない試練も受け続けた。徴兵時は最下級の扱いであったはずだし、戦後もピアニストとして養ってはくれなかった。思想犯やスパイというレッテルを貼られ、我々では想像もしがたい屈辱や拷問、今でいう非常に〈ブラックな〉労働も強いられた。生死の狭間に何度も直面している。七〇年代にふたたびシフラが故郷ハンガリーで演奏会ができるようになるまでは、理不尽の連続であった。マダムが私との会話の中で言った、

「ハンガリーは私たちに何もしてくれなかった」という言葉はとても印象に残っている。もともとエジプト人であったマダムは特にそう感じていたのであろう。

本書を読むとき、ただ〈苦労したピアニストの優雅な人生〉というだけでは語り尽くせないテーマが内包されていると感じる。タイトルが『大砲と花』であるように、〈戦争と平和〉についてだ。あるいは、〈政治と芸術〉が互いに不可侵であるべきという人類のテーマに関すること。シフラにとって戦争や大砲は好んで関わる対象ではなかった。だからなのか、シフラの回想録はそのような情勢にどこか他人事であるようにも感じる。常に冷静にその茶番を第三者的に観察しているようだ。きっと、「このような境遇はシフラの人生、ピアニストとしての活動にはまったく邪魔でしかなかったはずだ」、「この戦争で誰が得をしたのか」、などと感じた読者もあるかもしれない。しかし、それが人間の営みであり、シフラもまたその人間の中の一人である。単純な勧善懲悪の価値観だけでは理解できないことがあるのだ。シフラの卓越したエンターテイメント性は、かのビートルズのように、場末のバーで生きる術を磨いた長い時間の賜物といえるかもしれない。シフラの技巧が一〇〇年に一人の逸材だとすると、彼の境遇もまた一〇〇年に一人の運命だったといえまいか。シフラの華々しい技巧は、壮絶な境遇が生み出した必然だったのではないかと。もし彼が裕福な家庭に生まれ、戦争もなく平和で、他の優雅なピアニストのようにコンクールにでも出場していたら、〈リストの再来〉は出現していなかったかもしれない。

シフラは一九九四年にその生涯を終えたが、彼の試練は現在まだ続いていると見える。一九八一年のジュニアの死も彼を相当に苦しめたが、彼が余生をすべて捧げた〈シフラ財団〉の存続もまた、二〇〇六年にマダム・シフラが亡くなったことで危ぶまれている。私は、二〇〇〇年から二〇〇五年まで、シフラの回想録の映画化についてマダム・シフラと様々なやりとりを行なってきたのだが、二〇〇六年にその話し合いの相手がイザベル・シフラ（ジョルジュ・シフラ・ジュニアの三人の子供、イザベル、コジマ、ベンジャミンのうちの長女）に替わった。平穏に暮らしたい孫たちには、シフラの残した財団や教会、コンクールの運営、音源使用権の管理、映画化の交渉などが重荷になっているように見えた。様々な境遇にさらされ翻弄され鍛えられたシフラとソレイカだからこそ扱えるその代物は、たやすく受け継げるものだったのだろうか。二〇二一年、シフラ生誕一〇〇周年の今、それらの健全な継承についてはまだまだ道半ばであり、やはり映画化も霧の向こうである。

そうした状況ではあるが、日本でこのシフラの回想録が出版されることで、ピアニスト、ジョルジュ・シフラへの理解が高まるのは大いに喜ばしいことである。彼はたしかに亡命後一〇年ほどはそのたぐいまれなる、二〇世紀最高の超絶技巧をもって大変もてはやされ、一部には熱狂的なファンも多かった。だが他方で、理解のない堅物な批評家からはバッシングの嵐であったのだ。日本ではあまり意識されないが、特に欧州ではもともと貴族の文化であったクラシック音楽に対する権威的思想が根強く、そのような批評家にとって、演奏後に「どうだ！」といわんばかりに両手を挙げ、聴衆のほうを「ガッ」と向くような〈下品なピアニスト〉は受け入れがたかったようだ。現代においては、ようやくクラシック音楽業界も個性を認め始め、シフラのようなエンターテイメント性やジャズのパッション要素を含んだ演奏も理解されてきたように思う。平成の初期であればユジャ・ワンのように露出度の高いタイトなワンピースで演奏するなど考えられなかったであろう。シフラがもし今の時代に生きていれば、蝶ネクタイなどせずに、シャツの第三ボタンまで開けて、プログラムの半分は客からの要望に応えて即興演奏をしていたかもしれない。彼の個性は五〇年早かった！　本書は、日本においてそのような思いを馳せながら、シフラを語ることができる一助になると信じている。

このシフラの回想録の邦訳版を企画、翻訳され、またこのような執筆の機会をあたえてくれた八隅氏には大変感謝申し上げたい。私のようなシフラ・マニアが同じ日本にいたということにも感動するし、まさに〈同志〉を得たような気持ちだ。また本書の出版によって、私の夢である「シフラの映画を作る」（！）ことへも間違いなく一歩近づいたように感じる。八隅氏と私を繋いでくださった、シフラ財団オーストリア支部代表のゆみ子・ヘルテレンディー氏にもこのかけがえのない出会いをご提供いただき感謝している。また、生誕一〇〇周年のタイミングで本書が出版されるならと、仏ワーナークラシックス本部に掛け合い、四一枚セットのＣＤボックス発売を実現してくださったワーナーミュージック・ジャパンの杉本氏にもお礼申し上げたい。その他、旧ＥＭＩの児玉氏、在日ハンガリー共和国観光局元局長コーシャ・バーリン氏、元シフラ財団アーティスト・ディレクターでピアニストのイザベル・ウーミシェン氏にも多大なご協力をいただいた。シフラの生誕一〇〇周年に際して、ここにすべての関係者に対し感謝の意を表したいと思う。誠にありがとうございます。

最後に、生前マダム・ソレイカ・シフラが話してくれた印象深いエピソードを一つ。サンリスのシフラの家で、マダムが私に立派な宝石箱を見せてくれた。中には大きな宝石のついたアクセサリーがいくつもあった。「スゴイですね！」と私が驚くと、彼女は、「シフラが悪さをするたびに一つ宝石を買ってくれたの」と言い、肩をすくめてあきれ顔で笑った。英雄色を好むというが、マダムは気にも留めない様子。まさに、このマダムあってのシフラ。そのチャーミングな笑顔の裏側に、誰よりもシフラの才能を信じ、命を賭して寄り添うことを決意した、ヴィルトゥオーゾの妻たるマダムの壮絶な人生を垣間見た瞬間であった。

（みやわき しんじ・株式会社サンリス代表取締役）

【著者について】

ジョルジュ・シフラ　Georges Cziffra（1921–1994）

ハンガリーのピアニスト。ブダペスト郊外の貧民地区に生まれ、フランツ・リスト音楽院で学んだのち、第二次世界大戦に従軍。復員後はバーやナイトクラブのピアノ奏者として生計を立てたが、亡命に失敗したことで投獄される。その後、1956年のハンガリー動乱のさなかにオーストリアへ亡命すると、フランスを拠点に各地で演奏会を開きながら、世界的な名声を獲得していった。1968年にフランスの市民権を得て以降は、慈善活動や若手音楽家の支援にも力を注いだ。

【訳者について】

八隅裕樹（やすみ ゆうき）

神戸大学経営学部卒業。地域金融機関に勤務する傍ら、文化振興に取り組む。米国コロンビア大学客員研究員（2017年から2018年）、ピアノ演奏音源アーカイブ〈VIRTUOSO PIANISTS BEFORE 1950〉の共同管理人（2020年から現在）、特定非営利活動法人レミニセンス代表（2021年から現在）などを務める。これまでに、西洋文化論を福野輝郎氏と井上裕氏に、ピアノ音楽を両澤隆宏氏に、それぞれ師事。訳書に『フレデリック・ショパン——その情熱と悲哀』（彩流社）。

ジョルジュ・シフラ回想録（かいそうろく）——大砲（たいほう）と花（はな）

2021年11月5日　初版第1刷　　定価はカバーに表示してあります。

著者　ジョルジュ・シフラ
訳者　八隅裕樹
発行者　河野和憲

発行所　株式会社　彩流社

〒101-0051　東京都千代田区神田神保町3–10　大行ビル6階
TEL 03-3234-5931　FAX 03-3234-5932
ウェブサイト　http://www.sairyusha.co.jp
E-mail　sairyusha@sairyusha.co.jp

印刷　モリモト印刷㈱
製本　㈱難波製本
装幀　大倉真一郎

乱丁本・落丁本はお取り替えいたします。　ISBN 978-4-7791-2786-1 C0073